MATTHES & SEITZ BERLIN

PAPERBACK

Esther Kinsky

Am Fluß

Matthes & Seitz Berlin

The ultimate condition of everything is *river*
Iain Sinclair, Ghost Milk

dem blinden Kinde

1

König

In der Zeit vor meiner Abreise aus London begegnete ich dem König. Ich sah ihn abends, im türkisen Dämmer. Er stand am Eingang des Parks und schaute nach Osten, dorthin, wo bereits ein tiefes dunstiges Blau aufstieg, während in seinem Rücken der Himmel leuchtete. Aus dem Schatten der Büsche am Tor kam er mit kleinen lautlosen Schritten an den Rand der Rasenfläche, über der um diese Tageszeit die vielen Raben des Parks aufgeregt kreisten.

Der König streckte die Hände aus, und die Raben sammelten sich um ihn. Manche ließen sich kurz flügelschlagend auf seinen Armen, seinen Schultern und Händen nieder, stiegen wieder auf, entfernten sich ein Stück, kamen zurück. Vielleicht wollte oder mußte jeder einzelne Vogel ihn einmal berühren. So, von den vielen Vögeln umgeben, begann er die ausgestreckten Arme in leichte Schwing- und Kreiselbewegungen zu versetzen, als wohnte in ihnen eine Erinnerung an Flügel.

Der König trug einen prächtigen Kopfputz aus starren brokatenen Tüchern mit einer federgeschmückten Spange, die den Stoff zusammenhielt. Sowohl die Goldfäden in dem Brokattuch als auch die Spange leuchteten noch im abnehmenden Licht. Er war in ein kurzes Gewand gekleidet, golddurchwirkte Borten lagen schimmernd um seinen Hals und seine Handgelenke. Das Gewand, das ihm bis zu den Oberschenkeln reichte, war blaugrün, aus einem starren, schweren, steifen Tuch mit eingewebtem Federmuster. Seine langen schwarzen Beine staken darunter hervor, sie waren nackt, die bloßen Füße, die mit ihrer Runzligkeit in seltsamem Gegensatz zu den jungenhaft dünnen sehnigen Knien und Waden standen und uralt wirkten, steckten in Sandalen mit Keilabsätzen. Der König war sehr groß, und er stand ganz gerade inmitten der Vögel, während nur die Arme schwangen und kreisten, den Hals hielt er so aufrecht und reglos, als trüge er eine ganze Welt in seinem Kopfputz. Gegen den Himmel im Westen hob sich sein Profil ab, von dem ich nur sagen könnte, daß es königlich war, mit Erhabenheit vertraut, aber auch an Verlassenheit gewöhnt. Es war ein an seiner Erhabenheit traurig gewordener König, weit fort von seinem Land, in dem man ihn verstoßen oder verschollen glauben mochte. Nichts an seiner ganzen Gestalt stand im Zusammenhang mit der Landschaft ringsum: den hohen alten Bäumen, den späten Rosen dieses milden Winters, der unerwarteten Leere des Marschlands, das sich hinter dem steil abfallenden Hang des Parks auftat, als wäre die Stadt dort unvermittelt zu Ende. Er trat in großer Einsamkeit am Rand dieses von der großen Stadt etwas vergessenen Parks als König hervor, und nur die Vögel mit ihrem verebbenden Schnarren und schwarzen Flattern waren ihm verbunden.

Der Park war um diese Zeit leer. Die frommen Frauen mit ihren Kindern, die hier nachmittags spazierten, waren längst zu Hause wie auch die Chassidenjungen, die ich mittags gelegentlich hinter einem Busch nervös und kichernd rauchen sah, ihre Schläfenlocken zitterten, wenn sie froren, und sie zogen zu hastig an ihrer reihum gereichten Zigarette, wie ich an dem langen Stück roter Glut sah, das kurz vor jedem Mund stand, während aus den Fenstern ihrer Schule jenseits der Parkhecke Stimmengewirr und Kindersingen drang und vom Wind wie Wellen hierhin und dorthin getrieben wurde. Die Rosenbüsche, mit Ausnahme derer, die in diesem frostlosen milchigweißen Winter noch gelb-rosa Blüten hervorbrachten, trugen dunkelrote Hagebutten. Um die Tageszeit, wenn der König erschien, hingen die Hagebutten schwarz im aufziehenden Dämmer.

Am Fuß des Abhangs, hinter Bäumen, floß der River Lea. Im Winter schimmerte das Wasser hell zwischen den kahlen Zweigen hindurch. Dahinter erstreckte sich das Marsch- und Wiesenland, nach Einbruch des Abends war es ein großer Handteller voll dunkler werdendem Dämmer, durch den sich ab und zu das Lichterschnürchen eines Zuges fädelte, der auf dem hochgelegenen Damm in Richtung Nordosten fuhr.

In den Straßen, durch die ich vom Park zu meiner Wohnung ging, war es gegen Abend still. Ab und zu eilte noch ein Frommer vorüber, machte einen Bogen um mich, seltener auch Kinder, immer hastig auf dem Weg zu einem Gebet, einem Treffen, einer Mahlzeit, einer Pflicht. Die Kinder schwenkten knisternde Plastikbeutel mit kleinen Besorgungen, vor allem Brote, die sich durch die dünne Folie abzeichneten. Samstags und an Feiertagen, wenn die Fenster bei schönem Wetter offenstanden, floß der Singsang von Tischgebeten auf die Straße. Geschirrklappern, Kinderstimmen, kleine Scharen Frommer pendelnd zwischen Bethaus und Zuhause. Abends standen die Männer im Schein der Straßenlaternen und lachten, ihre Gesichter waren gelöst, ein Festtag lag hinter ihnen.

Zurück in meiner Wohnung, stand ich am Erkerfenster im Vorderzimmer und sah zu, wie es Nacht wurde. Die Läden auf der gegenüberliegenden Straßenseite waren hell erleuchtet, bei Greengrocer Katz wurden bis in den späten Abend Kisten gepackt, die Bestellungen umsichtiger Hausfrauen für ihre Familien: Trauben, Bananen, Kekse, bunte Limonaden. Einmal in der Woche bekam Greengrocer Katz morgens die bunten Limonaden geliefert, palettenweise wurden die orangen, rosa und gelben Plastikflaschen aus einem Lastwagen gehievt und vom Gehilfen geschultert, um in die Hinterkammer des Ladens geräumt zu werden.

Neben Greengrocer Katz lag ein Billardcafé. Es war bis in den frühen Morgen geöffnet, im trüben Licht konnte man Männer erkennen, immer Schwarze, die zwischen Schwaden von Zigarettenrauch vorgebeugt und bedächtig um einen Billardtisch schritten oder sich konzentriert darüberlehnten. Vor dem Café hielten große Limousinen, Männer kamen und gingen, gelegentlich auch in Begleitung schöner und auffällig gekleideter Frauen. Es gab Schlägereien, einmal fiel ein Schuß, die Polizei erschien, dann eine Ambulanz, das Flackern des Blaulichts erfüllte mein Zimmer.

Ich hatte mich nach Jahren aus dem Leben, das ich in der Stadt geführt hatte, herausgeschnitten wie einen Schnipsel aus einem Landschafts- oder Gruppenfoto. Betreten über den angerichteten Schaden an dem Bild, das ich hinterlassen hatte, und ungewiss, wohin es diesen herausgeschnittenen Teil verschlagen sollte, lebte ich provisorisch. An einem Ort, wo ich niemanden in der Nachbarschaft kannte, wo mir die

Straßennamen, die Ausblicke, die Gerüche und Gesichter unbekannt waren, in einer billig zurechtgezimmerten Wohnung, in der ich mein Leben vorübergehend abstellen wollte. Die Möbel und Kisten standen ungeordnet und wie vergessen in den kalten Räumen herum, unentschlossen wie ich, ungewiß, ob sich jemals wieder eine nützliche Ordnung der Wohnlichkeit einstellen würde. Wir, die Dinge, und ich, hatten das alte Haus an einem frühen blauen Morgen verlassen, als der Augustmond noch am helldunstigen Spätsommerhimmel stand, und lungerten nun hier im Osten Londons, mit Ausblick auf den Winter. Unermüdlich spielten wir versäumte Abschiedsszenen. Mit einer sich ins Endlose dehnenden Langsamkeit streiften in der Vorstellung Hände und Wangen aneinander, rundeten sich Tränen im Augenwinkel. Nicht endenwollendes Zittern der Unterlippe jedes beteiligten Buches, Bilds und Möbelstücks, zugeschnürte Kehlen stockten in jedem Winkel an ihrem Laut, ein verschleppter Abschied, der schon Narbe war, bevor er zu Ende gebracht wurde, jede Sekunde ein Tag, jede Bewegung wie in tiefem Frost nur knirschend und in unsäglicher Schwerfälligkeit ausführbar.

Wenn ich schlief, träumte ich von Toten, meinem Vater, meinen Großeltern, Bekannten. In einer kleinen, mehrere Stufen über der Wohnungsebene gelegenen Kammer, die gerade so lang war, daß ich mich gelegentlich zum Schlafen auf dem Boden ausstrecken konnte, verbrachte ich Stunden mit dem Versuch, mir jede Einzelheit, die ich in Hof, Garten und dem kleinen Ausschnitt Straße zwischen zwei Häusern sehen konnte, einzuprägen, und ich lernte das Licht. Von August bis April las ich, was der große Ahorn auf die nur von einem einzigen Fenster unterbrochene Ziegelwand des nächsten Hauses am Ende des Gartens schrieb. Es war Spätsommer, es war Herbst, es war Winter, es wurde Frühling. Westwind, die Schatten der Blätter kritzelten etwas in Richtung Bahnstation, wo ein paar Meter hinter dem Garten auf den tiefgelegenen Gleisen alle Viertelstunde ein Zug hielt. Nordwind, selten, letztes Laub war ein unruhiges Flackern über der ganzen Wand im scharfen Licht, am Mittag lag der Schatten der Baumkrone klar gezeichnet wie die Landkarte einer fremden Stadt auf der Wand. Der Winter nach einem stürmischen Herbst war ungewöhnlich windstill, der kahle Baum stand in dem milchigen ebenmäßigen Licht als nur zu erahnendes Schattenbild auf der Wand und schrieb mir schwer zu entschlüsselnde Nachrichten wie aus großer Ferne, die aber wegen der stillen Gerechtigkeit dieses Lichts gegenüber all den schattenlos stehenden Dingen nicht traurig waren.

In den Nächten lag ich wach und lauschte auf die neuen Geräusche der Gegend. An der Bahnstation hinter dem Garten hielten die Züge mit einem langen schleifenden Stöhnen und Seufzen. Mit der Zeit lernte ich, daß das Stöhnen zu den aus der Innenstadt kommenden Zügen gehörte, die kurz vor dem Bahnhof aus einem Tunnel stießen und wie von der Nähe des Bahnsteigs überrumpelt zum Halten kamen, während die stadtwärts fahrenden Züge aus den Vororten seufzten und leise quietschten. Auf dem schmalen Pfad zwischen dem Garten und der zu den Gleisen und Bahnsteigen abfallenden Böschung trieb sich jemand mit Krücken herum, die ächzten wie alte Sprungfedern. Der Krückenmann sang manchmal, leise und dunkel, im Licht der Straßenlaterne zeichnete sich der Umriß seines Kopfes über dem Zaun ab.

Er machte Geschäfte, Kundschaft kam und ging, der Wind trug Fetzen von Wortwechseln herbei. Manchmal mußte er flüchten, dann entfernten sich die gefederten Krücken mit metallischem Gehechel inmitten einer Wolke aus dumpfem Fußtrappeln derer, die mit ihm die Flucht ergriffen.

Auf dem kiesbestreuten Flachdach eines Anbaus paarten sich Füchse. Sie stießen verbissene Laute aus, unter ihren zuckenden scharrenden Pfoten flogen die Kieselsteine in alle Richtungen und schlugen gegen das Fenster der Kammer. Einmal trat ich ans Fenster, im Schein der Straßenlampe starrten die Füchse mich unbeweglich an, von da an stellte ich mir auch den Krückenmann fuchsgesichtig vor.

Ich verbrachte die Tage damit, in der Gegend zu spazieren, freundete mich mit dem Anblick der blassen Chassidenkinder an, die ich in den behüteten Inseln der Frommen auf dem Schulweg oder bei Besorgungen sah, erinnerte mich an das kleine Mädchen, dem ich vor Jahren oft nachmittags auf der West End Lane begegnet war, mit seinem schiefsitzenden wadenlangen dunkelblauen Rock, den dicken Brillengläsern, dem feinen Haar, es war immer allein und trug seine kleine Entschlossenheit vor den ängstlich kurzsichtigen Augen her wie einen Keil, vor dem die Passanten auf dem Gehsteig zur Seite wichen. Hier gingen die Kinder in Gruppen, weißhäutig und fremdenscheu, ihrer Welt beflissen zugetan, sie mochten es gut haben, so abgeschieden von dem, was sich außerhalb ihrer Straßenzüge tat. Bald nach meinem Umzug in die Gegend stieß ich auf Springfield Park. Es war ein bedeckter Tag, wenige Spaziergänger waren unterwegs, zwischen den gestutzten Heckennischen für die Ausblicksbänke bewegte sich eine kleine Gruppe bunt gekleideter Afrikanerinnen wie suchend umher, sie riefen einander laut etwas zu, schauten hierhin und dorthin, richteten den Blick auf den Boden, als wollten sie einem Weg auf die Schliche kommen, der sie in diesen Park geführt hatte und ihnen dann abhanden gekommen war. Krähen stiegen auf, ihr Flügelschlagen versetzte die Luft in Bewegung, nach einem Halbkreis über die Rasenfläche ließen sie sich an einer anderen Stelle nieder und schauten: auf die Rosenbüsche, die Afrikanerinnen, auf mich.

An diesem kaum erkennbaren Kamm, wo die gepflegte Rasenfläche mit Blumenbeeten und Teich hinter dem Eingang des Parks verwildernd zum Tal hin abfiel, stieß die Stadt an ein Ende. Am Fuß des Abhangs Bäume, der schmale Fluß, dahinter Schilf, Marschland, Gras, Weidenbäume. Die Strommasten, filigrane Riesen, breitbeinig und kopfarm, wie im Anmarsch auf die Stadt erstarrt. Nach Norden himmelfarbene Wasserspiegel der Sammelbecken.

In der Ferne, hinter dem Marschland, auch wieder Häuser, doch das schien schon ein anderes Land. Die Rosenbeete, die seltenen, aus fremden Ländern eingeführten Bäume, der Glasbau des müden Cafés, die gestutzten Hecken um die Bänke, das alles erklärte seine Städtischkeit gegenüber dem am Fuße des Abhangs ausgebreiteten Land, Flachland auf dünnem Boden über dem Wasser, das schon zur Mündungsgegend der Themse gehört.

Der River Lea, der hier die Stadt vom Leeren trennt, hat keinen weiten Weg. Er kommt aus den niedrigen Hügeln nordwestlich von London, fließt durch eine Landschaft zahmer Lieblichkeit, bis er die ausgefransten Randzonen der Stadt erreicht, dann durch den endlosen Vorortgürtel zieht, sich wie ein Arm um die Grenzen des geschäftigen, unzahm durchtriebenen alten London legt und schließlich, acht Meilen südöstlich von Springfield Park, in die sich zur Mündung ins Meer anschickende Themse fließt, einer von mehreren beflissenen Zubringern aus Norden und Westen, die ihre Kiesel und ihren Sand unter der Stadt ablagern. Auf dem Weg zur Themse streift der River Lea immer wieder die Stadt und ihre abseits liegenden Geschichten, teilt sich, bildet neue winzige Arme, die nach Wiesen und sumpfigem Dickicht fassen, er versteckt sich jeweils ein, zwei Meilen hinter anderen Namen und muß dann doch, nach Windungen der Unentschlossenheit zu einem schlammigen Delta zerfasert, zwischen Fabriken und Autobahnen durchs Leamouth in die Themse, kurz oberhalb der wie Tiere aus dem Wasser ragenden Flutsperren und der großen Zuckerfabrik, die Flußschiffern die Einfahrt in die Stadt markiert.

Der River Lea ist ein kleiner Fluß, von Schwänen bevölkert. Sie segelten stillweiß und unbeteiligt durch das abnehmende Licht, mit einer kaum merklichen Feindseligkeit gegenüber jedem Betrachter. Doch in diesem Herbst sah ich auch, wie sich etliche von ihnen damit abmühten zu verwildern. Sie jagten einander über das Wasser, stießen hilflos verdrossene Laute aus, wenn sie ein paar Meter in die Luft stiegen, reckten die Hälse vor, das Gefieder unter den gespreizten Flügeln war schmutzig und struppig, die Köpfe starr von Abenteuerlust. Kurz darauf trieben sie wieder auf dem Wasser, sie alle Besitz des Königshauses und belüstert von zugewanderten Zigeunern, die, wie es heißt, gerne Schwäne essen, ihres schweren und etwas bitteren Fleisches wegen.

Nachdem ich den Park und das Marschland entdeckt hatte, führte mich der Weg fast jeden Tag dorthin. Ich ging immer flußabwärts, jedes Mal ein Stück weiter, hielt mich an dem Fluß fest wie an einem Seil beim Balancieren über einen schmalen Steg. Der Fluß trug den Himmel, die Bäume am Ufer, die vertrockneten kolbenartigen Blüten der Wasserpflanzen, die schwarzen Vogelschnörkel auf den Wolken. Zwischen dem leeren Land auf der Ostseite des Flusses und den Siedlungen und Fabriken auf der anderen Seite fand ich Stücke meiner Kindheit wieder, andere aus Landschafts- und Gruppenfotos herausgeschnipselte Teile, die sich zu meiner Überraschung hier niedergelassen hatten. Ich fand sie zwischen den Weidenbäumen unter dem hohen Himmel, in den ärmlichen Siedlungen, die sich auf der Stadtseite im Wasser spiegelten, neben der schütteren Kuhherde auf einer Wiese, in den Umrissen alter Backsteingebäude – Fabriken, Kontore, ehemalige Lagerhäuser – gegen den selten rotorangen Sonnenuntergangshimmel, entlang dem hochaufgeschütteten Bahndamm, auf dem die Züge wie verloren und unter altmodischem Klackern in die Ferne verschwanden, und beim Anblick von schweifenden Kinderbanden, die Feuer anzündeten, Gefundenes in die Flammen warfen, sich dicht an den Flammen balgten und nicht folgten, wenn ihre Mütter, die zwischen Leinen mit flatternder Wäsche standen und unter vorgelegter Hand Ausschau hielten, nach ihnen riefen.

Den König sah ich auf dem Rückweg von meinen Gängen. Nachdem ich den Fluß hinter mir gelassen hatte und den Hang hinaufgestiegen war, erschien mir der König dort oben, auf dem Rasenplateau oder noch auf dem Weg aus dem Schatten beim Eingang, wie ein Torhüter. Ohne es zu wollen oder zu wissen und sicher auch ohne mich überhaupt wahrzunehmen, bezeichnete er für mich bei der Rückkehr vom Fluß diesen Übergang aus einer allen möglichen Wildnissen überlassenen Landschaft in die Stadt.

Ich begegnete dem König an keinem anderen Ort und hatte Mühe, ihn mir in einer Wohnung in dem dunklen Ziegelblock gegenüber dem Parkeingang vorzustellen, oder in einem der provisorisch wirkenden neueren Reihenhäuschen auf dem kurzen Weg vom Park zu der lauten Straße, die ich überqueren mußte. Ich war erleichtert, daß ich ihn nie aus einem der dunklen Gänge zwischen den alten Wohnblocks treten und nie in den bleichen Lichtkegel der Lampe über einer der Türen zu den Hausschachteln zurückkehren sah.

2

Horse Shoe Point

Am Fuß von Springfield Park lag ein kleines Dorf aus Hausbooten auf dem River Lea. Von Schwänen umzingelt, waren die Boote wahrscheinlich schon seit Jahrzehnten mit dem Schlamm und Schilf verwachsen, die Lust am Gondeln auf dem Fluß war ihnen vergangen, die Anker verheddert in den Wurzeln der Uferbüsche. Solange es nicht zu kalt war, saßen die Bewohner abends an Deck, klapperten mit Besteck und Geschirr, zwischen den Geranientöpfen buckelten Katzen. Eine aller Beweglichkeit abhanden gekommene Bühne der Seßhaftigkeit als vorläufiges Abschiedswort der Stadt. Hinter dem Fluß lag ein Erlenhain, ein halbwilder Ort, wo sich an kalten Tagen der Nebel ballte, der ganze Hain wollte Anwärter auf Erlkönigtum und Verwunschenheit sein, doch in Wildnis ungeschulte Parkarbeiter hatten hier Abholzübungen durchgeführt. Zwischen Marschland und Erlenbruch hatte man versucht, die Landschaft zu überrumpeln, man hatte mit der Anlage eines Picknickplatzes begonnen, sich dann aber offenbar eines Besseren besonnen. Bank und Tisch standen jetzt quer zur Wildnis auf einem geebneten Grasdreieck, gesäumt von Erdwällen, die mit Unkraut bewachsen waren. Die gefällten Bäume im Erlenbruch waren liegengeblieben, die Lichtung ein grundloser Kahlschlag, der inzwischen wieder mit Schößlingen übersät war. Trotz Schöllkraut, wildem

Grün von Anemonen und Veilchen um die zurückgelassenen Stämme und die verwaisten Stümpfe war es noch ein Schauplatz der Versehrung, der in mir im ersten Augenblick eine ähnliche Beklommenheit weckte, wie die kleinen Schneisen im Wald meiner Kindheit, wo die Stümpfe abgeholzter Bäume rötlich aus niedrigwucherndem Gestrüpp ragten, glattgeschnittene Sitze, auf denen die Abwesenheit von Zusammenkünften geschrieben stand, und mein Großvater sagte dann gern im Ton einer Warnung: Still, da sitzen die Unsichtbaren!

Es war ein kleines Gelände, für winzige Streifzüge geeignet, keine längeren Gänge. Tiefer im Hain war der Boden morastig, nach Regentagen stand dort ein Tümpel. Niemand verirrte sich hierher, und trotz der hineingedroschenen Kerben hatte das Wäldchen etwas Widerborstiges, ja, die Versuche, ihm zu Leibe zu rücken, hatten ihm die Unwegsamkeit für jedermann weithin sichtbar eingeschrieben, und Spaziergänger mieden den Hain, sie hielten sich an die Stümpfe vorgegebener Wege, die ins Marschland vorstießen und dann abbrachen. Junge Frommenpaare absolvierten auf diesen Wegen ihren Samstagnachmittagsspaziergang, träge Hundespaziergänger trotteten mit kurzatmigen Terriern auf den planierten Pfaden und machten kehrt, wenn die Schotterspur im Gras endete.

Unter dem Namen Horse Shoe Point fand ich das Wäldchen auf einer Landkarte. Fast eine Halbinsel, ein Vorsprung des Marschlands, das den Fluß zur Krümmung brachte, zur sanften Schleife, in die sich dieser Flecken Geheimnisland lehnte. Jeden Tag suchte ich den Erlenhain auf. Der Spätsommer glitt in den Herbst, ich saß auf den Baumstümpfen, strich über die Rinde, die krustigen Furchen zwischen wäßriger

Glattheit. Ich hörte die Brachvögel, Dommeln und Kiebitze, Schwermutslaute aus untraurigen Kehlen, ich sah meine Großmutter wieder am Fenster stehen und diese Vogelrufe ausstoßen, sich einbildend, die Vögel wären zu täuschen, sie könnte es mittels ihrer Herzenstraurigkeit den Lauten aus den an sich ganz gleichmütigen Vogelkehlen gleichtun, die doch vom Herzerreißenden ihres Klangs nicht das Geringste wußten. So geht jedem die Natur ans Leben – mit ihrem ungerührten Herzschlag, der an die herzbenannte Unruh aller Trauer rührt. In der blassen Sonne und dem weißlich schattenlosen Licht dieses Landstrichs und dieser Jahreszeiten verlegte ich mich auf eine Spurensuche, die ich immer wieder durch den Erlenhain betrat. Das teilverstümmelte Sumpfwäldchen mit seinen Kindheitsblumen und den versteckt um die Erinnerung rufenden und schlagenden Wildvögeln wurde die Pforte zum Flußabwärtsweg, auf dem ich mich in den Abschiedsmonaten daran gewöhnte, der Stadt, die ich in Jahren mühsam zu buchstabieren gelernt hatte, meine eigenen Namen zu geben, Namen, die ich überhaupt erst im Gehen und Sehen aus dem Netz der Erinnerungsrinnsale, dem Geröll der abgelagerten Bilder und Klänge und dem Gewebe ineinander verstrickter Wörter fischen und lesen mußte.

Eines Tages erinnerte ich mich auf einem Erlenstumpf sitzend einer alten Kamera. Zum ersten Mal öffnete ich an diesem Tag Umzugskisten in der Zwischenwohnung, ein gutes Dutzend, bis ich die Kamera fand. Ich probierte die alten einfachen Handgriffe aus, das Einlegen der Sofortbildfilme, das Verschließen des Rückens, den gezielten geraden Ruck, mit der die Schutzfolie und die Bilder herausgezogen werden mußten. Das Abzählen der Sekunden während der Entwicklung der Fotografie, das Abschälen der Folie.

Im Erlenhain begann ich, die mit meinen Jahren in London so unvereinbaren Dinge zu fotografieren, die ich im Tal des River Lea antraf. Ansichten, die ich behalten wollte, Zufälliges, das sich auftat oder unversehens in den Blick schob. War es Wunder oder Zufall, was ich auf den Fotografien fand? Das schwarze Gehäuse der Kamera war so leicht, daß sich darin kaum eine Optik vermuten ließ, die Mechanik so primitiv, daß der ganze Apparat wie eine plumpe Attrappe wirkte, eine Jahrmarktsschummelei oder ein Spielzeug für ungeduldige Kinder, die sich mit einem Als-ob abfinden, das sie eine Weile in der Hand halten können, um erwachsene Gebärden zu proben. Das Betätigen des Auslösers selbst kam mir jedesmal wie ein mißglückter Trick vor, trotzdem zog ich die belichtete, noch verschlossene Fotografie aus dem Apparat, hielt sie die der Witterung entsprechende Sekundenlänge in der Hand oder steckte sie bei kälterem Wetter in die Innentasche meiner Jacke. Und jedesmal überkam mich das gleiche Staunen, wenn ich sah, was sich zwischen meinem Auge, der Linse, dem Lichteinfall und den an Luft und Licht wirkenden Chemikalien ereignet hatte. Jedesmal der gleiche Gedanke, daß das Geheimnis dieser nicht besonders ansehnlichen Kunststoffschachtel womöglich darin bestand, daß ihre Bilder mehr mit dem Sehenden als mit dem Gesehenen zu tun hatten. Unter der abgezogenen Entwicklungsfolie kam auf dem Schwarzweißfoto mit seinen unzähligen Grauabstufungen eine Erinnerung zum Vorschein, von der ich noch gar nicht gewußt hatte, daß ich sie besaß. Es waren Bilder von etwas, das hinter den Dingen lag, auf die das Objektiv gerichtet gewesen war und die der Auslöser einen unmerklichen Augenblick lang beiseite gestreift haben mußte. Die Bilder gehörten in eine Vergangenheit, von der ich allerdings nicht sicher war, ob es meine war, sie rührten an etwas, für das mir der Name abhanden gekommen sein mochte, vielleicht hatte ich ihn auch nie gekannt. Etwas selbstverständlich Vertrautes lag in den Landschaftsszenen, die bis auf den gelegentlichen Zufallspassanten leer waren und mir aus dieser weiß umrandeten Ferne der Fotografie zuwinkten und weißt du noch flüsterten, du weißt doch noch. Und gleich daneben diese Welt im Negativ, nächtlich, fremdtuend, wieder in Frage stellend, was zu welcher Seite gehörte, hier oder dort, rechts oder links.

Manchmal vergaß ich das Bild, das ich bei kaltem Wetter zur Entwicklung in die Jackentasche gesteckt hatte, und erst auf dem Rückweg fiel es mir wieder ein. Die Folie löste sich dann schwer von der Fotografie, nahm Teile der Beschichtung mit und die Landschaft auf dem Bild war wie versehrt, inmitten der grautonigen nicht ganz scharf umrissenen Szenerie einer nun zum Bruchstück verkommenen Reminiszenz klaffte eine Öffnung, durch die eine gestaltlose Welt aus matten Farbschichten eindrang und die Schwarzweiß-Oberfläche als die dünne Tarnung einer wirren und mit keinerlei Erinnerung verbundenen Vielfarbigkeit entlarvte. Diese Bruchstücke von Bildern erschreckten mich gelegentlich, als seien sie Zeugnis einer Gewalteinwirkung. Sie hatten nichts mit meinen Gängen am Niemandsufer des River Lea zu tun, trotzdem betrachtete ich sie immer wieder, als berge diese Entlarvung des auf Zersetzung beruhenden Vorgangs der Bildwerdung einen Hinweis, der etwas vom Geheimnis der Beziehung zwischen Bildaufnahme und Erinnerung aufdekken könnte. Doch nur die unversehrten Bilder stellte ich auf den Umzugskisten und Möbelstücken auf und betrachtete sie so oft und lange, bis sie zu einer Geschichte wurden.

Die Tage folgten immer der gleichen Richtung: Flußabwärts und zurück. Ich brachte Bilder mit und kleine Fundstücke in Gestalt von Federn, Steinen, Samenhülsen verwelkter Blumen. Die Wohnung füllte sich nach und nach mit der Flußlandschaft, was Greengrocer Katz oder die schwarzen Billardspieler bei einem gelegentlichen Zufallsblick durch mein Fenster nie vermutet hätten. Der Fluß selbst wäre womöglich erstaunt gewesen.

3

Rhein

Was wußte ich noch von Flüssen, auf einer Insel lebend, die meerwärts dachte, wo die Flüsse seicht und hübsch schienen, sich erst in flachen Ausfransungen oder tiefen Einschnitten als Mündung ins Meer bemerkbar machten? Ich träumte gelegentlich von Flüssen, die ich erlebt hatte, Flüsse, die Kerben in Ebenen und in Städte schnitten, die ausgesperrt hinter Befestigungen lagen oder sich in hellen Landschaften kräuselten. Ich erinnerte mich an Fähren und Brücken und endlose Suchen in unvertrautem Gelände nach Möglichkeiten, einen fremden Fluß zu überqueren. Meine Kindheit lag an einem Fluß, der mir im Traum erschien, wenn ich Fieber hatte.

Der Fluß meiner Kindheit war der Rhein. Das Tuckern der Kähne hallte von den niedrigen Wald- und Weinhängen am nördlichen Rand des Siebengebirges zurück. Bei Westwind klangen die Züge vom anderen Ufer so nah, als führten die Schienen durch unseren Garten, und die Luft roch salzig und fischig, als wäre das Meer nicht weit. Aus dem Dachfenster sah man nach Westen: Hinter einem Feld fuhr, im Sommer durch das blasse Korn kaum sichtbar, die Straßenbahn, dann kamen die Fabriken, dahinter die Pappeln am Flußufer. Und in jenseitlichem Blau zeichnete sich vor dem Horizont ein niedriger Hügelzug ab, der schon am anderen Ufer war. Dort ging im Winter die Sonne unter.

Nachts ordnete der Fluß die Landschaft neu, die Dunkelheit war ein großer Hohlkörper, der die Welt anders klingen ließ als am Tag. Die Kähne tönten von den Hügeln hinter der Ortschaft, die Kiesschütte mit ihrem seufzenden trockenen Rauschen, tagsüber kaum wahrnehmbar, hing im Himmel. Ich lag wach und spürte den Fluß näher und größer als am Tag, er stellte alle Regeln in Frage, die im Hellen galten, unter der Glocke der Nacht wuchs immer aufs neue die Ungewißheit, welche Welt ich am nächsten Tag vorfinden würde.

Als Kinder gingen wir oft an den Fluß. Wir standen auf den Kribben und warteten, bis die Bugwellen der Kähne bis fast an unsere Füße schwappten. Wir winkten den Kähnen zu, die mit flatternder Wäsche, Fahrrädern und kläffenden Hunden an Deck vorüberglitten, und manchmal winkte jemand zurück aus diesem unruhigen Zwischenland der Durchreise zwischen den zwei Ufern. Wir lernten, flache Kiesel so zu werfen, daß sie mehrmals auf der Wasseroberfläche hüpften. In unseren Fingerkuppen blieb die Erinnerung an die verschiedenartigen Beschaffenheiten der Steine, der bunten, an den Kanten rundgewaschenen Glasscherben, der glänzenden Scheingoldklümpchen, die wir, immer wieder auf eine Kostbarkeit hoffend, nach Hause trugen. Wir standen neben dem Großvater auf dem Kieselstrand und lernten am Zifferblatt der Kirche auf der gegenüberliegenden Seite die Uhr zu lesen. An den Boots- und Fährenstegen lernten wir die zwei Arten der möwenartigen Inlandsvögel zu unterscheiden, die dort lungerten und kreischten wie am Meer. Am Geruch des Flusses konnte mein Großvater das Wetter voraussagen.

Der Fluß war Bewegung, Unordnung und Unberechenbarkeit in einer Welt, die nach Ordnung strebte. Auf seinem

Rücken trug er ein fahrendes unvorstellbares Leben in Gestalt der Frachtkähne, die wir nie vor Anker gehen sahen, die pendelten zwischen weither und weithin. Kähne mit schwarzer Kohle, dumpfrotem Basalt, hellgrauem Schotter, bewegliche Hügel, die vorüberzogen. Die jährlichen Hochwasser unterspülten jede Ordnung. Die Flut stieg langsam, schwappte über die Kribben, die im Sand wurzelnden Weidenbäume, die Uferwege, stieg an der Eisenbahnböschung hoch. Sie griff nach Dingen, die fest verankert und unantastbar schienen: nach Bänken, Bäumen, kleinen Ausflugspavillons, wo die Uferwege geebnet, gepflegt und umgrünt waren. Für das, was er wegholte, brachte der Fluß anderes, das er flußaufwärts abgerissen hatte und hier ablegte, Schmutz, Fremdes, allerhand Dunkles, das sich nicht benennen ließ. Wenn das Wasser fiel, blieb ein Streifen der Verheerung zurück, die sich, je nach Höhe des Hochwassers, die Böschung hinauf bis an den Bahnkörper zog, und darüber hing Gestank.

Auf unserer Seite des Rheins fuhren vor allem Güterzüge. Die Gleise führten auf hohen Dämmen neben dem Fußweg am Ufer entlang und trennten die Welt der Ortschaft von der Flußwelt. In den Ortschaften ging das Leben im Kreis und begradigte, glättete, tilgte mit jeder Runde mehr von einer Zeit, die vor unserer Kindheit lag: Ödland, ausgeblichene Geschäftsnamen auf Hausfassaden, Trümmer und Leeren, die schiefe Schuppenwelt der Hinterhöfe, die zu Rasenflächen mit Thujahecken wurden. Das letzte Territorium der Unordnung blieb das unübersichtliche Fabrikgelände mit seinen brandigen Gerüchen, dem Staub von Kalk und Stein und den dunklen Fremdarbeiterbaracken auf einem feuchten Wiesenstück zwischen Fabrik und Eisenbahndamm. Das

Hinterland war mit der Flußwelt durch Unterführungen verbunden, die muffig und feucht rochen, immer sammelte sich Wasser in der Mitte des Wegs, wir schrieen um die Wette, wer das lauteste Echo hatte, und hielten uns die Ohren zu, wenn ein Zug über unseren Köpfen donnerte. Auf der Flußseite wuchsen Brennnesseln am Bahndamm und strömten in den regnerischen Sommern einen bitter-sauren Geruch aus, die Böschung des Bahndamms war verbotenes Gelände, und der Geruch der Brennnesseln in Regensommern blieb für mich immer mit Verbotenem verbunden. Zwischen den Steinen und Weidenbäumen am Ufer lag Müll, manchmal wurden tagelang tote Fische angeschwemmt, die wir nicht mal mit der Schuhspitze berühren durften. Die Kribben schoben sich aus dem unbefestigten Ufer in den Fluß, Weidengebüsche, kleine Sandbuchten, Kieselbänke lagen unterhalb des Fußwegs. Sperriges Schwemmgut, das sich bei Hochwasser in den Weidenästen verfing, blieb dort hängen, bis es zerbrach, rostige Gestelle, denen nichts von ihrem einstigen Zweck mehr anzusehen war, ragten aus dem seichten Wasser in der Nähe des Ufers. Doch es war nicht nur diese Unordnung, das Unvorhersehbare der Fundstücke, das Ungebürstete dieses Landschaftsstreifens, das sich von den Ortschaften so unterschied, es war auch die Bewegung, der Sog dieser einen Richtung, in die das Wasser strömte, einer stets heller wirkenden Gegend nach Norden zu, wo sich die Ebene breit machte, kein Berg mehr zu sehen war, nur die Umrisse größerer Gebäude sich gegen den weißen Hintergrund des Himmels abzeichneten. Die flußabwärts fahrenden Kähne hatten es leicht, wie sie diesem helleren Stück Himmel entgegenglitten, während die sich flußaufwärts mühenden schwerer und schwärzer wirkten, unsicher, unterwegs in eine dunklere Gegend. Dort, flußaufwärts, wo das Tal plötzlich eng wurde und der Fluß noch nichts vom Meer zu ahnen schien, standen schwarzbraune Stümpfe, eine Farbe wie verkohlter Fels, die Reste einer Brücke, die es an diesem brückenlosen Abschnitt des Flusses, wo nur Fähren verkehrten, einmal gegeben hatte, und eine Erinnerung an Krieg, ein Wort, das unserer Kindheit im Nacken saß. Ich wollte nichts davon sehen, legte die Hände vor die Augen, wenn ich die Stümpfe ahnte, und nahm sie erst wieder herunter, wenn mein Vater »jetzt« rief.

Mein Vater hing am Fluß, er benutzte bei jeder Gelegenheit die Fähre, kannte alle Fährleute und stand mit ihnen im Wind, während wir Kinder uns an die Reling drückten, er hatte wie sie die Hände in den Taschen vergraben und redete über das Wetter. Einer der Fährleute hatte Handprothesen aus dunkelbraunem Leder, weil ihm im Krieg eine Granate die Hände abgerissen hatte. Wir starrten die Lederhände an, wohlwissend, daß es ungehörig war, und bekamen eine Gänsehaut, der unheimlichen Hände wegen, aber auch, weil wir starrten, obwohl wir es nicht durften. Wenn die Fähre ablegte, setzte der zweite Fährmann, der für das Zurren und Losmachen des Schiffstaus zuständig war, mit der dicken Tauschlaufe in der Hand in einem großen Sprung über den breiter werdenden Spalt dunklen Wassers zwischen Fähre und Rampe, die Eisenklappe rastete dröhnend ein, wir hielten uns an der Reling fest, schwindlig vom Blick in das strudelnde Wasser und auf die Boote, die vorüberzogen, von der in schaukelnde Bewegung versetzten Landschaft. Mitten auf dem Fluß drehte sich die Fähre, ein Quertreiber zwischen den auf- und abfahrenden Kähnen, wir sahen das Siebengebirge im Süden, das eine Ufer, dann das andere, den Himmel im hellen Norden, verloren die Orientierung, vergaßen, wohin wir unterwegs waren, fanden uns überrascht beim lauten Hinunterpoltern der Rampe auf der anderen Seite wie in der Fremde.

Im Herbst gab es Nebelmorgen, die alles Tagtägliche in Frage stellten. Die Regeln der Richtungen waren aufgehoben, es gab kein Flußauf und Flußab mehr, kein Diesseits gegenüber dem Drüben. Das andere Ufer war verschwunden, keine Fähren überquerten den Fluß, die Nebelhörner der Kähne klangen dumpf, während die Boote kaum als Schatten wahrnehmbar vorüberglitten oder gar nichts sichtbar war, sich nichts in diesem dichten Weißgrau regte, nur die Wellen klein und wie scheu auf die Kiesel am Ufer rollten und klangen wie in einem umschlossenen Raum, einer Nebelkammer, in der, für die am Ufer Stehenden unsichtbar, ein Experiment vorbereitet werden mochte – die Enthüllung einer neuen Welt. Würde sich der Nebel über einer anderen Landschaft lichten, würden hinter diesem Vorhang die Kulissen verschoben und das Meer im dünnen klärenden Licht dort zu sehen sein, wo vor dem Fall des Nebelvorhangs sonst die ersten städtischen Hochhäuser gestanden hatten.

Zuhause saß meine Großmutter an der Nähmaschine und sang uns das Lied von den zwei Königskindern vor, die nicht zusammenkommen konnten, weil das Wasser viel zu tief war. Die Liebe, die darin besungen wird, nimmt kein gutes Ende. Dabei kam meine Großmutter nicht vom Rhein, sie war an einem anderen Fluß aufgewachsen, einem Flüßlein, das ihren Erzählungen zufolge zwar von eisigen Strudeln durchsetzt, doch in einer das Rheinland in den Schatten stellenden

Lieblichkeit durch eine Landschaft sanfter Auen und heimeliger Städtchen floss. Nur bei Schneeschmelze und brechendem Eis wurde das Flüßlein rasend, und zum Beweis dafür blätterte sie manchmal mit uns ein in rotes Leinen gebundenes Album durch, das nur Fotografien einer reißenden Flut, des sogenannten Jahrhunderthochwassers enthielt. Auf den Bildern mit ausgestanzten Spitzenrändern konnten wir über Seiten den schrittweisen Zusammenbruch der Brücke unter dem Druck von Wasser und Eis verfolgen. Zuerst die Schneewälle seitens der Fahrbahn, das Eis auf dem Fluß, die tief verschneite Landschaft, dann die Eisschollen, auf dem Glanzpapier schon gilblich gealtert, die sich an den Brückenpfeilern stauten, schäumendes Wasser, mit jedem Bild höher und wilder, bis an das Brückengeländer und die Gärten am Uferhang schlagend, kleine Gestalten zwischen Schneeresten und schlammdunkler Erde, die Heuballen und Säcke auf dem Kopf balancierten, dann das Einknicken der Pfeiler, die sich nach unten zusammenfaltende Brücke, Stümpfe, die aus dem Wasser ragten, ein Stück der Brüstung quer zu einem Uferbaum. Dieses Bild einer zunichte gemachten Verbindung zwischen den beiden Ufern, dieser klaffenden Wildnis des Flusses, über den meine Großmutter in einer der Welt der Balladen und Märchen zugehörenden Mädchenhaftigkeit vorher täglich spaziert und gefahren war, blieb ein Requisit schlechter Träume.

In der Grundschule lernten wir Sprüche vom Vater Rhein, die nichts mit dem Fluß zu tun hatten, an dem ich in den Jahren vor der Schulzeit spazierengegangen war. Die Sprüche hinterließen einen unangenehmen Geschmack, der bitter wurde, als eines Tages die Bugwelle eines großen Kahns ein Kind aus der Klasse von der Spitze einer Kribbe riß. Der Rhein zeigte sich als unheimlicher Kerl. Tagelang war es, als hätte der Fluß uns die Stimme verschlagen und hinge so schwer in unseren Kleidern, daß wir uns kaum bewegen konnten. Es wurde geflüstert, getuschelt, gerüchtelt, von aufgedunsenen Körpern und weißen Särglein, bis die Leiche des Kindes nach Tagen weit flußabwärts im Ufergestrüpp gefunden wurde.

Der Rhein war die erste und stets gegenwärtige Grenze, die ich erlebte. Er lehrte das Hier und das Dort. »Unsere« Seite mit ihrer sich unaufhaltsam zersetzenden Dörflichkeit, mit Fabriken, Baracken und Güterzügen gegenüber dem Drüben, wo die Sonne unterging. Diese andere Seite, unscharf zu erkennen, vages Gelände verschwimmender Formen und zerfließender Farben, ist der Hintergrund etlicher Familienfotografien. Mein Vater wurde es nicht müde, uns Kinder am Fluß und auf der Fähre zu fotografieren, mal fährt der Wind uns in die Haare, mal stehen wir im schütteren Schnee vor einem Uferbaum, hinter uns ein schwarzer Bootssteg und Möwen in der Luft. Vor unserer Zeit wurden Feierlichkeiten mit einer Fotografie am Fluß besiegelt und belegt: hinter steifen Brautpaaren mit und ohne Eltern, Jungfern, Trauzeugen, schieben sich schwarze Kähne durchs Bild oder die weißen Ausflugsdampfer. Auf einer brauntonigen Aufnahme legen dunkelgekleidete Brüder mit steifen Hüten und Spazierstöcken zum Gruppenfoto versöhnlich die Arme einander um die Schultern, sie stehen auf dem unebenen Rheinkies, direkt am Fluß, wer hatte sie dorthin gebeten, im Anschluß an Beerdigung oder Hochzeit? Wahrscheinlich war es der Wanderfotograf, von dem mein Großvater bewundernd erzählte, ein Mann, der in seinen Erzählungen im Unterschied zu dem übrigen unsteten Personal seiner Geschichten – fliegende Händler aus anderen Ländern, Jahrmarktshelfer, Katzelmacher und Scherenschleifer – keinen Namen hatte. Er war bloß der Fotograf, der von Ort zu Ort zog, immer am Fluß entlang, mit Kamera und Stativ auf einem Wägelchen. Man schickte nach ihm, wenn Hochzeiten anstanden und hoffte auf ihn, wenn es Beerdigungen gab. Wenn das Glück es wollte, daß er zur rechten Zeit kam, fotografierte er den Toten auch gleich, aufgebahrt und im weißen Hemd, bevor er in den Sarg gelegt wurde. Das Bild eines solchen Ahnen, der so offensichtlich unlebendig in schräg einfallendem Licht ruht, während sich die Angehörigen – betend? weinend? starrend? auf eine Fotografie ihrer selbst zu Lebzeiten hoffend? – als schwarze kopflose Gestalten im Hintergrund drängen – lag lose zwischen den Seiten eines Albums, es war nicht eingeklebt, wechselte merkwürdigerweise oft den Platz. Nie wußte man, wann es erscheinen, plötzlich zwischen den Seiten, halb ein anderes Bild verdeckend, auftauchen würde, und immer bewirkte es ein kurzes kaltes Erschauern, als sei es etwas Verbotenes. Ich stellte mir den Fotografen in der Landschaft meiner Kindheit vor, den seltsamen, bestaunten Anblick, den er abgegeben haben mußte, wenn er halb unter dem schwarzen Tuch verschwand, das über seinen Apparat gebreitet war, und dann seine Wunder wirkte, die die Abgebildeten überdauerten. Wie er ungerührt seinen Apparat auf Tote und Lebende, Trauernde und feiernde Hochzeiter richtete und Fremden ihre Erinnerungsstücke besorgte, während er selbst mit wachsender Mühe versuchte, das Eindringen dieser stets gleichförmigen Ausschnitte aus fremden Leben nicht mit seinen Erinnerungen zu vermischen, die womöglich nur vom Fluß handelten.

Gegen die unstete Eigenständigkeit des Flusses gab es die dünne Landschaft von Regelmäßigkeit und scheinbarer Lesbarkeit, an der ich mich als Kind übte, ohne sie zu verstehen. Da waren die königlich durchnumerierten Namen der schaukelnden Boote und ruhenden Fähren an den unsicheren Stegen, Roswitha, Monika, Michael I, II, III, Fahrpläne und Streckendiagramme, die neben der Fahrrinne in den Flußboden gerammten Schilder mit Symbolen, denen sich beliebiger Sinn zuschreiben ließ, die Wimpel und Fahnen am Heck der Kähne und Schiffe, die Zahlen- und Buchstabenkombinationen auf den Bootswänden, die gar nichts oder alles heißen konnten, die riesigen Stromkilometer, schwarz auf weißgestrichener Fläche, oder weiß auf schwarzem Gestein, die so taten, als könnte man fließendes Wasser der Länge nach messen und eine Ordnung der Dinge festlegen, der sich in Wirklichkeit doch alles entzog. Das Üben und Lernen an diesen Zahlen und Zeichen war ein Spiel, das vorüber war, als ich anfing, den Zusammenhang zwischen den Worten und Zeichen zu suchen. Als ich keine Geschichte zwischen ihnen fand, wurde ich ihrer müde und drehte dem Rhein den Rücken zu.

Wenige Jahre später lungerte ich halbe Schultage allein am Fluß. Ich fuhr mit dem Fahrrad am Ufer auf und ab, saß stundenlang auf der mit teerverklebten großen schwarzen Steinbrocken befestigten Uferböschung und suchte nach diesen Schriften: Schiffsnamen, Stromkilometer, die Zulassungsnummern der Kähne. Mich interessierte nur noch, was flußabwärts ging, auf diese lichtere Weite zu, in der man irgendwann ans Meer stoßen würde. Eine Zeitlang führte ich ein kleines Heft, in das ich alles eintrug, was ich an den flußabwärts fahrenden Kähnen entziffern konnte, als ließe sich darin mit der Zeit etwas ablesen. Im Gedächtnis blieben mir Zeichenkolonnen, in wochenweisen Blöcken, die auf dem karierten Papier standen wie Strophen eines Gedichts, Chiffren der Bewegung, des Andernorts.

4

Gehen

Meine Spaziergänge am River Lea waren langsam und planlos. Ich schaute und horchte und suchte Erinnerungen. Ich machte Bilder und blätterte Schicht um Schicht von Erinnerung auf. Zuoberst lagen die ältesten Erinnerungen. Ich sah mich selbst durch London gehen, in den ersten Monaten meiner Zeit hier, als ich auf das neue Land lauschte. Es summte und dröhnte ringsum, über den spitzen Schornsteinhüten zogen morgens und abends bläuliche Vögel einen einzigen immer gleichen Kreis und verschwanden wieder. Die Nacht kratzte an den dünnen sirrenden Fensterscheiben, Stimmen fielen durch den schmalen Schlot in den Aschenkorb des Kamins, und zwischen zwei dunklen Mauerklötzen fuhren am Abend erleuchtete Züge quer über den Himmel.

Um die Ruhe des Ansässigen zu finden, verlegte ich mich aufs Spazieren. Im Gehen erlernte ich die Gerüche der Stadt, die so riesig war, daß man mehr als ein Leben brauchte, um sie ganz zu durchstreifen. Ich lernte den Geruch von Ziegel, Fluß und struppigem Gras auf Ödlandstreifen auswendig, den Geruch von Regen und Staub, Taubenfedern, aufgequollenem Holz und Rotdornbüschen, und die Gerüche der unzähligen Speisen Fremder, die ich bald nach dem Grad der Süße, Bitterkeit und Schärfe, die mir in die Nase stieg, unterscheiden konnte. Ich besuchte Märkte, sah rosa, graue, und bräunliche Fische im Morgenlicht zucken, obwohl sie längst hätten tot sein sollen. Am Abend lagen Köpfe, Flossen, Schuppen und Schwänze der Fische in den Gossen, durch die schmutziges Spritzwasser rann. Die Händler waren müde und zertraten achtlos die Fischreste. Das Fleisch der unzerteilten Ziegen und Schafe, die langgestreckt an schweren Haken vor den roten Planen der Schlachterstände hingen, hatte sich im Laufe des Tages dunkel verfärbt. In großen Plastikwannen lagen verschmähte Stücke zerhackter Tiere, über die sich dicke Fettschwarten zogen. Auch die Hühner waren blass und grau geworden, sie hingen an zierlicheren Haken, baumelten im frischen Wind von der nahen Küste, und die Gesichtsfarbe der Geflügelhändler schien sich im beginnenden Abenddämmer der fahlen, faltigen Rupfhaut der toten Vögel anzugleichen. Die bunten Fähnchen, die Karren mit billigen Eiern oder heimlich verfaulendem Obst schmückten, verloren ihren Glanz. Die Reste der weichgetasteten Früchte wurden an die Ärmsten verkauft, die letzte Kundschaft des Tages, die jetzt scheu aus ihren Winkeln kam. Sie boten kleine Münzen auf den ausgestreckten Handflächen, die Händler klaubten sie aus dem sauren Schweiß der lang zusammengepressten Faust, bevor sie die Ware in die aufgehaltenen Plastikbeutel kippten.

Mit einer kleinen, billigen Kamera nahm ich Fotos auf, die mich später beschämten. Wenn ich sie betrachtete, kam es mir fast unanständig vor, diese Bruchteile fremder Leben, diese Abbildungen flüchtiger Gesten, zielloser Blicke, lauernder Körperhaltungen in meinem Zimmer aufzubewahren, Lebensschnipsel völlig unbekannter Menschen, die nichts von dieser vorläufigen Unvergänglichkeit eines Ausschnitts ihrer Zeit in meiner Hand ahnten. Zwei schwarze Frauen in hellen Sportschuhen und gestreiften Jacken tauchen mehrmals auf. Sie stehen prüfend vor Fischen, die unter der rotleuchtenden Markise golden aussehen, sich in ihrer Küche jedoch als matt und gelblich erweisen würden. Sie streifen über eine Auslage heller Spitzenborten, hinter denen die Verkäuferin in einem braunen Anorak gähnt. Auf einem Bild greift eine Hand unschlüssig nach einer blassen Bananenstaude; wie zaghafte Hälse recken sich die kälterunzligen Finger, an dem unscharfen Streifenmuster des Ärmels erkennt man eine der beiden Frauen. Einmal trat mir ein junger schwarzlockiger Mann heftig entgegen und legte die eine Hand vor das Objektiv der Kamera, während er mit der anderen in der Luft fuchtelte. No no, sagte er laut, no no. Ich ging weiter und begriff erst später, daß er Angst hatte. Nach diesem Erlebnis zog ich es vor, Unbelebtes zu fotografieren. Meistens machte ich meine Aufnahmen am Kanal, einem schmutzigen und ungenutzten Gewässer, das sich von Westen nach Osten durch die Stadt zieht. Wochenends saßen Angler auf dem schmalen Betonweg, der nur wenig oberhalb der Wasseroberfläche entlangführte. Neben ihnen Thermosflaschen, Picknicktaschen und Plastikdosen mit viereckigen Fächern für Gewürm in unterschiedlichen Farben. Die kleinen Würmer wimmelten, suchten untereinander und aneinander Schutz, alle wollten in die Mitte des lauwarmen Haufens von gleichartigem Leben, das sie bildeten. Die Angler hockten reglos auf ihren Klappschemeln und warteten, bis ein Fisch anbiß. Sie zogen den Fang aus dem Wasser, immer waren es weißbäuchige Fische mit silbrigen Rücken, die an der Luft schnell stumpf wurden, unglücklich zappelten sie an der schwankenden Leine und würgten an dem Würmchen, das sie in solches Elend gestürzt hatte, doch die Angler erfreuten sich nur einen Augenblick an der Beute, dann packten sie zu, zogen den Fisch vom Angelhaken und warfen ihn ins Wasser zurück. Die verwundeten oder zu Tode erschrockenen Fische trieben bald leblos an die Oberfläche, Augen und Maul rötlich geöffnet, sie schaukelten auf den leichten, leisen Wellen, die der Wind gelegentlich aufwarf, und rings um sie bildete sich ein schaumiges Kränzchen.

Auf der anderen Seite des Kanals standen leere Fabriken, Lagerhallen und andere dunkle Gebäude mit geborstenen oder schmutzblinden Fenstern. Hinter dem trüben Glas ließen sich Stapel von Kisten, die Umrisse erstarrter Maschinen und erloschener Lampen erkennen, bis fast an die unteren Fensterreihen reichten die Flecken der aufsteigenden Nässe, mit der die Ziegelmauern vollgesogen waren. Durch Schneisen zwischen den Bauten sah man in weiter Ferne die zierlichen Türmchen prachtvoller alter Bahnhöfe und den flimmernden Glanz der von Betriebsamkeit erfüllten Geld- und Handelsinstitute.

Auf den Fotos war nicht viel zu sehen. Verbogene Gitter, in denen die gezackten Scherben der herausgebrochenen Fenster stecken, ein scharfer Schatten quer durch ein Bild, abgeplatzter Putz, unter dem alte Schichten der Bemalung ans Licht kommen. Schriften, von der Luft zerfressen, Bruchstücke von Buchstaben, die zu beliebigen Worten gereimt und zusammengesteckt werden können. Nichts ist mehr ausgewiesen, alles sich selbst überlassen. Schwarze Brandspuren an den groben Brettern, mit denen Fenster kreuzweise zugenagelt sind. Einschläge von Gelegenheitsschießereien. Abdrücke von Spitzen und Schneiden auf verbeultem Metall, von dem die letzten Reste grüner und roter Farbe platzen, der Rost, der sich wie die Glut um ein Stück Papier von den Rändern aus in die Substanz frißt, ist allem auf den Fersen. Langgestreckte Gebäude mit strengen, in Reihen von Rechtecken unterteilten Fassaden spiegeln sich im Wasser, in der Ferne liegt goldenes Licht auf den Rissen in einer unbenutzten Betonbrücke, grüne Büschel quellen aus den klaffenden Stellen, ein schöner Tag im Februar.

Abseits des Kanals besuchte ich Kneipen, wo Musik gespielt wurde, um Gäste aus den umliegenden Straßen anzulocken. In einer Kneipe namens Rosemary Branch spielten drei Männer Akkordeon, Geige und Trompete, eine Frau mit roten Haaren und gepunktetem Kleid sang. Sie trugen Lieder vor, die jeder schon einmal gehört hat, ohne sich darauf besinnen zu können, wann und wo. Schweigsame Bärtige starrten in ihre Krüge mit dunklem Bier, Frauen jauchzten und warfen die hochhackig beschuhten Beine empor, wenn ihre Begleitung sie in der aufkommenden Stimmung zwickte oder kitzelte. Man ging zur Theke und bestellte ein noch nie gekostetes Getränk, das immer anders schmeckte, als man sich vorgestellt hatte. Die Speisen rochen ranzig, doch etliche Gäste aßen munter drauflos, vor allem die gezwickten Gutelaunefrauen. Männerpaare in feiner Kleidung saßen eng aneinandergeschmiegt und steckten der Kapelle kleine Zettel mit ihren Musikwünschen zu.

Eines Abends setzte sich im Rosemary Branch ein Mann in dunklem Mantel zu mir an den Tisch. Er hatte eine unsichere Stimme, schiefe Zähne und einen struppigen schwarzen Spitzbart. Er stellte sich als ehemaliger Kunstreiter vor und behauptete, in seinen besten Tagen Weltruf genossen zu haben. Die köstlichen Tage des Weltrufs sagte er mehrere Male und leckte sich über die Lippen, die Worte rutschten ihm klobig von der Zunge und verrieten, daß er nicht einheimisch war. Als ich nichts zu erwidern wußte, streifte er seinen Mantel mit einer geübten Bewegung ab, darunter kam ein goldenes Paillettentrikot zum Vorschein. Etliche der schillernden Plättchen waren abgefallen, an diesen Stellen wurde ein etwas fadenscheiniges, gelblich-grünes Gewebe sichtbar. Glauben Sie mir! sagte er, und ich nickte. Seine Arme schienen von Tätowierungen überzogen, die man im Schummerlicht nicht genau erkennen konnte. Unaufgefordert berichtete er, wie diese Arme einst straff und schön gewesen waren. Vor jeder Vorstellung wurden sie mit Öl massiert, so daß sie glänzten und sich die vielen Lichter der Zirkuskuppel darin spiegelten, wenn er durch die Manege ritt. Seine Arme hätten die Nummer zu einer Glanznummer gemacht, versicherte er mir, das Publikum in allen Metropolen der Welt hätte ihm zu Füßen gelegen. Ich nehme an … sagte er unvermittelt auf Deutsch, ich hörte seinen Worten die lange Unbenutztheit an. Ich nickte und spendierte ihm einen schalen Wein. Als ich mich anschickte zu gehen, erhob er sich wie ein höflicher Herr. Er fuhr sich mit der Hand über den Kopf, als wolle er eine pomadisierte Frisur glätten, und zwischen seinen Fingern blieb ein Büschel Haare zurück, von denen einige in den restlichen Wein rieselten. Verzeihung, flüsterte er.

Die Begegnung mit dem Kunstreiter hatte mich unruhig gemacht, ein unerwünschter Gruß aus dem Land meiner Herkunft. Ich ging durch die dunklen Straßen, versuchte mich auf etwas zu besinnen, das mich mit dem Kunstreiter verbinden könnte, obwohl ich seit meiner Kindheit keinen Zirkus mehr betreten hatte. Es war ein Sommerabend, der letzte Dämmer hing noch irgendwo am Himmel, ich hatte mit einem starken Wind zu kämpfen, der mir den Abfall entgegenblies, all diese raschelnden Überbleibsel des täglichen Straßenhandels. In dunklen Hauseingängen drückten sich noch Händler herum, die mir die Reste ihrer Ware entgegenhielten und Verwünschungen hinterherriefen, weil ich nicht zugriff.

5

Lochkamera

Die Wohnung, in der ich lebte, lag nicht weit von Abney Park Cemetery. Hätte ich mich aus dem Erkerfenster des Vorderzimmers gelehnt, hätte ich den Eingang sehen können, der in seiner trutzigen Pracht so sehr von allem ringsum und auch von dem dahinterliegenden Friedhof abstach. Vor Jahren hatte ich auf einem Spaziergang einen Abstecher auf diesen Friedhof gemacht. Es war im Frühjahr gewesen, überall blühten Narzissen in kleinen weißen und gelben Büscheln. Obwohl ich damals nicht allein war und allerhand zur Geschichte der Gräber erklärt bekam, war mir der Friedhof wie ein tiefer Wald erschienen, eine feucht und modrig riechende Insel, ein halbwildes Stück Land, das im Fluß der Stadt trieb, ich hätte mich damals nicht gewundert, aus einem der beiden Eingänge in eine ganz andere Stadt London zu stolpern als die, aus der ich eingetreten war. Jetzt, so nah an diesem Wald mit Gräbern, ging ich selten hinein. Es war Herbst, giftige Blumen blühten im Schatten von hohen Bäumen und Gestrüpp, nach einem trockenen Sommer raschelten die Blätter, die lange ihr müdes Grün behielten, anstatt gelb zu werden. Der Friedhof erschien mir wie ein unpassendes Widerwort auf die Wildnis jenseits des River Lea, der in entgegengesetzter Richtung lag. Der Friedhof gehörte zur Stadt, war ein kleiner Auswuchs, keine Insel in einem Fluß. Ich hätte mich in keiner Erwartung einer Überraschung mehr wiegen können, was den Ausgang auf der anderen Seite des Friedhofs betraf, dort ging es in Richtung meines früheren Londoner Lebens, dessen Vertrautheit ich abstreifen wollte. Ich beschränkte mich auf kurze Runden zwischen Gräbern, Bäumen, Blumen und Gestrüpp. Ich mied die Grüppchen der Drogenhändler und -käufer und auch die versonnenen Grabsitzer in den spärlichen Sonnenflecken.

Auf einer Lichtung inmitten des Friedhofs sah ich einmal ein junges Mädchen mit ihrem Freund. Sie hatte ein blasses erschöpftes Gesicht und blickte ängstlich entzückt zu ihrem Begleiter auf, einem großen schwarzen Mann, der sehr gerade auf dem Baumstamm oder Grabstein saß und mit einem so herrschaftlichen Ernst ins Dickicht blickte, als sehe er über die Baumwipfel hinweg in eine unbekannte Ferne. Das Mädchen erinnerte an einen Grabengel, an dessen Gesicht Wind und Wetter gezehrt hatten, ihre Haut wirkte wie poröses Gestein, ihre Züge waren flächig, wie hastig geschmirgelt, um eine Schärfe zu beseitigen. Aber sie hatte schönes, langes, rotes Haar, und ich nannte sie für mich Sonja, weil sie mich an eine Figur bei Tschechow erinnerte. Wenige Tage später sah ich Sonja allein auf dem Friedhof, sie stand in einer anderen Ecke der Lichtung und hatte eine Lochkamera zur Aufnahme vorbereitet. Ich fragte sie nach der Kamera, die sie auf einem Baumstumpf mühsam ins Gleichgewicht gebracht hatte, und sie erklärte mir die einfache Konstruktion. An windstillen Tagen werden die Aufnahmen wie feine Zeichnungen, sagte sie. Und manchmal zeigen sie Engel.

Sonja glaubte an die Lochkamera. Sie erklärte mir alle möglichen wundersam klingenden Erscheinungen, die mit dieser

Vorrichtung möglich waren. Vervielfältigungen von Bildern, Zutagebringen von Unsichtbarem. Das Laub der Bäume sei auch eine Art Lochkamera, führte sie aus. Die Lichtflecken unter Laub im Sonnenschein seien in Wirklichkeit unzählige kleine Sonnen. Unzählige kleine Sonnen, wiederholte sie. Es war ein weißlichgrauer kühler Tag, und ich dachte an die drei Sonnen, die vor vierhundert Jahren von den Mitgliedern einer Expedition erblickt wurden, die in die Eiswüsten am Nordpol aufgebrochen war.

Ich traf Sonja gelegentlich auf der Straße oder in einem Geschäft mit gebrauchten Kleidern, das wenige Häuser von meiner Wohnung entfernt lag. Es wurde von einem schmallippigen Kroaten geführt, der vorgab, sein Geschäft im Auftrag eines bosnischen Wohltätigkeitsvereins zu führen. Es war vollgestopft mit Dingen: Kleidern, Koffern, Spielzeug, Schuhen. Sonja traf ich ein paar Mal beim Anprobieren von Schuhen. Die Schuhe gefielen ihr nicht oder paßten ihr nicht, einmal ging der schmallippige Mann in einen Hinterraum und kam mit einem großen Müllbeutel voller Schuhe zurück, den er vor Sonja ausschüttete. Sie fand einen Schuh, der ihr gefiel und paßte, sie jauchzte entzückt über seine Schönheit und wühlte in dem Schuhberg, doch das Gegenstück war nicht zu finden. Sonja verließ das Geschäft ohne Einkauf, der Kroate sammelte die ausgekippten Schuhe gleichmütig wieder in den Sack, auch das Einzelstück.

Um nicht in meinen Kisten nach Geschirr suchen zu müssen, kaufte ich Teegläser bei dem Kroaten und eine Teekanne aus Blech, blindgeschrubbt in Jahren des Gebrauchs in einer Kantine oder einer billigen Raststätte. Der Kroate stand hinter der provisorisch errichteten Theke, in der Schmuckstücke ausgestellt waren. Ein buntes Sammelsurium von Broschen und Ringen, die die Kleiderspender vielleicht an den Revers oder in den Taschen der hastig in Säcke gestopften Kleidungsstücke vergessen hatten. Wenn ich die Schmuckstücke betrachtete, gab der Kroate Ratschläge. Diese Brosche würde mir gut zu Gesicht stehen, jener Ring meine Hände vorteilhaft zur Geltung kommen lassen, doch ich ließ mich nicht überreden.

Sonja arbeitete in einem kleinen Lebensmittelgeschäft neben dem Wohltätigkeitsladen für bosnische Flüchtlinge. Manchmal traf ich sie dort. Einmal wollte ich ihr von den Sofortbildern erzählen, ich hatte im Kopf sogar einen kleinen Vortrag zum Zusammenhang dieser Bilder mit der Erinnerung vorbereitet, doch der Vortrag mißlang, meine Worte hörten sich wirr an, und Sonja blickte ungläubig. Ich mißtraue der Erinnerung, sagte sie. Bei der nächsten Gelegenheit erwähnte sie, daß sie jetzt mit einer fotografischen Studie beschäftigt sei. Murmelnd versuchte sie, mir die Studie zu erklären. Du weißt schon, sagte sie, Schönheit, Licht, Wirklichkeit und so. Eine Art Regel. Ihre Stimme wurde immer leiser, ich verstand sie kaum, doch als ich sie fragend ansah, zuckte sie mit den Schultern. Eine Art Gesetz, sagte sie noch einmal und reckte ihr Gesicht ganz unvermittelt vor, so daß es fast an meines stieß. Was ist denn wirklich schön an dem, was man sieht? rief sie plötzlich so laut, daß die wenigen anderen Kunden sich umdrehten. Ich mied das Geschäft nach diesem Gespräch, doch ein paar Wochen später stand Sonja vor meiner Tür. Sie war schwanger, ihr Gesicht hatte jetzt schärfere Züge, nichts mehr von einem verwitterten Steinengel, und ihr rotes Haar war zu einem Zopf geflochten, der ihr vorne über eine Schulter hing, die Augen und bläulich-zarthäutigen Lider hielt sie gesenkt, sie war nicht mehr Sonja, sondern eine präraffaelitische Vignette. Die Arbeit im Lebensmittelgeschäft hatte sie an diesem Tag aufgegeben, sie würde auf ein Hausboot umziehen, das am River Lea lag. Zum Abschied brachte sie mir ein Geschenk: Zwei Fotografien, die sie mit der Lochkamera gemacht hatte. Auf einem Bild erkannte ich den Blick auf den Garten hinter meiner Wohnung, das Flachdach mit den Kieseln, den Ahorn, das Fenster der Kammer, an dem ich so oft stand. Im ersten Moment erschrak ich, ich fühlte mich beobachtet und wie ertappt in meinen Übungen zur Erinnerungsbildung. Aber das Fenster der Kammer wirkte leer, kein Umriß war darin auszumachen.

Das andere Bild zeigte Sonjas Lichtung auf Abney Park Cemetery. Die Bäume, das Gras, halb überwachsene Grabsteine, der leere Baumstamm, auf dem sie mit ihrem Freund gesessen hatte. Es sah tatsächlich aus wie eine Zeichnung.

Ein Engel! sagte sie und zeigte auf einen dünnen, scheinbar schwebenden weißen Umriß in der unteren Ecke des Bildes von der Lichtung. Es war ein Fleck, wie sie auch gelegentlich auf den Fotos aus meiner alten Sofortbildkamera erschienen, weiße Schatten, wo Licht in das primitive Gehäuse eingedrungen war.

Danke, sagte ich, das ist sehr schön.

Sonja, die jetzt in ihrer neuen Gestalt vielleicht Gabriella hieß, verabschiedete sich. Sie ging langsam und schwerfällig, nicht in Richtung Abney Park Cemetery, sondern in die andere Richtung. Ich stellte sie mir schon in Springfield Park vor, wo sie womöglich dem König in die Quere kommen würde, doch dann sah ich sie in die Gasse einbiegen, die zwischen dem Hintergarten meiner Wohnung und der Böschung zur Bahnstation verlief. Sobald sie verschwunden war, wußte ich nicht mehr, ob ich sie an einem anderen Ort wiedererkennen würde.

Die beiden Lochkamerabilder stellte ich in der Wohnung auf. Sie standen wie zwei weit entfernte Verwandte aus einem verdorrt gewähnten Familienzweig zu beiden Seiten der Reihe meiner Aufnahmen vom River Lea.

6

Walthamstow Marshes

Am Fuß der Brücke über den River Lea schaute ich in das leere Gelände der Marshes, das ich erst allmählich als Landschaft verstand. Ich hatte so lange inmitten von Städtischem gelebt, daß ich, ungeachtet der Hunderte von Meilen, die ich über die Jahre mit dem trügerischen Gefühl der Hingehörigkeit an den Kanälen, Parks und durch die abgelegeneren Straßen von London gewandert war, erst wieder zu der Gewohnheit finden mußte, in offener Landschaft meine eigenen Wege zu bestimmen, Entfernungen, Richtungen, den Verlauf von Strecken an Punkten auszurichten, die ich mir selbst finden und setzen mußte. Ich überquerte den Fluß, näherte mich dem Erlenhain und ließ dieses Zwischen, in dem ich das Zubehör meines Lebens abgestellt hatte, hinter mir. Vor mir lag horizontwärtiger Raum unter großem Himmel, ein Gelände, das unbeschrieben genug war, um meine eigenen Namen daran zu heften.

Die Walthamstow Marshes sind nicht groß, so wie auch Kindheitsländer nicht groß sind, doch die Grenzen konnte ich mir wie von Himmel und weit zurückliegender Geschichte gezogen denken – Eisenbahndämme, Dornengestrüpp, und Sumpfland; die Industriezonen und Wasserspeicher im Osten und Norden blieben auf dieser Landkarte weiße Flächen. Die Marshes wurden für einige Zeit das herzfreundliche Übungsgelände für die anschließenden Gänge flußabwärts, ja überhaupt für dieses Londoner Abschiedsleben, den unbeholfen ausgestanzten Umriß aus der immer beliebiger scheinenden Ansicht einer Straße in Nordwestlondon, die von diesem Gelände weiter entfernt lag als das unordentliche Flußufer meiner Kindheit. Von Herbst bis Frühling lag hier, zwischen dem verstümmelten Erlenwäldchen, den Eisenbahnlinien und dem holprigen Pfad längs des Lea der Anfang für meinen täglichen Gang Richtung Süden, die schrittweise Annäherung an die Mündung des River Lea in die Themse.

Die äußersten Punkte der ersten Etappe dieses Gangs waren der Erlenhain im Norden und ein dünnes Weidengehölz im Süden, jenseits der auseinanderscherenden Eisenbahndämme und in Sichtweite einer bläulichweißen Kunststoffkuppel, die von diesem Weidengehölz aus bei günstigem Licht noch wie eine Verlängerung des Himmels wirken konnte, eine Öffnung in eine plötzliche, märchenhafte Weite, was sich erst im Näherkommen als Trug erwies.

Hinter dem Erlenhain und dem unkrautbewachsenen Erdhaufen, diesem Überbleibsel des versuchten Eingriffs in den Horse Shoe Point, erstreckte sich ein gestrüppiges Gelände, das sich an dem hohen Eisenbahndamm entlangzog. Trockenes dünnhalmiges Gras, Brombeerhecken mit verkümmerten blassen Früchten, Weidenbüsche, Hundsrosensträucher, vereinzelter Hagedorn, alles in einer Fahlheit, als sei jede Farbe hinausgezogen, von der Sonne des vergangenen Jahrhundertsommers, vom Wind, vom weißen stillen Himmel dieses Herbstes. Selbst die Hagebutten an den langen dornigen Zweigen der Hundsrosen waren nicht rot oder orange, sondern bräunlich und schwarz. Zwischen den Büschen verliefen Trampelpfade, offenbar benutzt und oft genug begangen, um nicht zu überwachsen. In der Einsamkeit hatten die stellenweise von Lumpenhaufen gesäumten Trampelpfade etwas Rätselhaftes, dieses ganze Hinterland des Weges am Fluß lag so abseits von aller Nutzbarkeit, daß ich mir keinen Reim auf sie machen konnte. Ein einziges Mal nur sah ich einen Mann dort, er galoppierte auf einem alten BMX-Rad über das holprige Gelände und tauchte so plötzlich hinter einer Wand aus dornigem Gesträuch auf, das ich erschrak, dann blieb er in einiger Entfernung hinter einem Busch stehen und schien mich zu beobachten. Ich ging weiter. Als ich mich umdrehte, konnte ich ihn nirgends mehr entdecken. Auf halbem Weg zwischen River Lea und der von einem weiteren Eisenbahndamm markierten Grenze der Marshes gabelte sich die Bahnlinie, die den River Lea auf einer alten Backsteinbrücke überquerte. Die eine Spur führte weiter nach Osten, in Richtung Themsemündung, die andere nach Nordosten, nach Essex und Suffolk. Das Dreieck zwischen den drei Bahndämmen, das man durch eine Unterführung zwischen den Brombeerhecken erreichte, lag da wie eine Insel, ebenso mattfarben wie die Landschaft vor der Unterführung, doch trotz der pendelnden Züge unter einer Glocke großer Stille. Hier wucherte weniger Gebüsch, das Gras stand höher, es raschelte weich, nur ein einziger, kaum erkennbarer Pfad durchquerte das Dreieck. Der Boden war uneben, flache Mulden lagen unter dem Gras verborgen, kleine Trichter wie im Karst, wo die Erde über unerfindlichen Hohlräumen eingebrochen war und sich eine Landschaft bildete, die aus der Ferne oft unsichtbar blieb und erst aus der Nähe, vom Rand des Trichters ihre umgekehrte Hügeligkeit offenbarte, ein Landschaftsnegativ zum Positiv ferner Erhebungen. Vertrauter als die Trichter des Karstes waren mir die Kiesgruben des Rheinlands, gesäumt von kegelförmigen Hügeln aus dem geförderten Kies und Sand und umrauscht vom Rasseln und Seufzen der Kiesschütten, unter deren Armrinne immer neue Hügel emporwuchsen. Kiesgruben waren karges Gelände, Grundwasser schimmerte grün am Boden, überschattet von Geschichten, die von Ertrunkenen handelten und von verschwundenen Kindern, die beim Spiel in den dunklen Löchern, die sich in den gelblichen Grubenwänden auftaten, verschüttet wurden.

Die Eisenbahn hier glitt nicht mit dem leisen Rauschen moderner Züge vorüber, die eckigen Waggons mit dem altmodisch gewölbten Dach, blau und gelb, klackerten langsam über den alten Gleiskörper, ein Geräusch, das der vielen Züge wegen fast ununterbrochen in der Luft hing, wie ausgeschnittene Girlanden müder Hammerschläge auf sehr trokkenes Holz, so zitterte dieses Klackern der kleinen Züge am Rand der Dreiecksinsel, manchmal nahm der Wind eine solche Girlande und zog sie über dem stillen Gelände hin und her.

Ich kannte die Strecke nach Nordosten, die von Liverpool Street Station ausging. Dort zwischen den Eisenbahndämmen stehend, erinnerte ich mich an das immer gleiche Erstaunen, wenn der Zug aus der Landschaft der Hinterhöfe, Häuser, Dächer und Schrotthaufen von Bethnal Green und Hackney plötzlich in diese weite Leere eintauchte. Fast immer war es früher Morgen, und aus der vermeintlichen Nacht in der erleuchteten Stadt tauchte man hier, jenseits des River Lea in ein graues oder schon rosa durchzogenes Morgenlicht, in dem die wenigen unbenennbaren Gegenstände und Bauten auf dem Marschland schwerelos schienen. Es kam mir seltsam vor, jetzt in dieser Landschaft zu stehen, die mir aus dem Zugfenster so unwirklich erschienen war, wo die Stadt unvermittelt in Ländliches abbrach, und noch seltsamer war die Vorstellung, hier von Passagieren der Züge gesehen zu werden. Sicher erspähte mich jemand aus dem Fenster eines Zuges auf dem Weg zum Flughafen oder zur Themsemündung, noch ganz verblüfft von diesem Szenenwechsel, womöglich auch kurz besorgt, in den falschen Zug gestiegen zu sein, und zählte mich zum befremdenden Zubehör dieser Gegend, ein namenloses Teil der spärlichen und unverständlichen Möblierung der Walthamstow Marshes.

Ich hielt mich gerne auf dieser Insel auf. Mir kamen Erinnerungen, nicht nur an die Kiesgruben, auch an eine andere Mulde, die lange unter dichtem Dornengestrüpp lag und der Schlangen angedichtet wurden, um die Kinder von ihr fernzuhalten. Die Dornen, die Schlangen, die struppige Unzugänglichkeit dieser überwucherten Grube machte sie zu etwas Bedrohlichem, über das man nicht einmal sprach, als gehörte es nicht in diese Gegend, in der man es sich zunehmend gutgehen ließ und immer mehr kleine Wildnisse unter Häusern verschwanden. Eines Sommers wurde diese Mulde, die am Rand des letzten schmalen Ackers unserer zersiedelten Vorstadtwelt lag, von Dornengestrüpp befreit, der Boden der darunterliegenden Grube geebnet und die steile Böschung mit Gras und Sträuchern bepflanzt. Männer arbeiteten Tag für Tag in der heißen Sonne, wir Kinder aus der Nachbarschaft lagen im kniehohen Hafer und starrten in die Grube hinab, auf die schweißnassen Rücken und Arme der Männer, die Bier tranken und am planierten Eingang der Grube gegen einen Holunderbusch pinkelten. Manchmal kam eine blonde Frau auf einem Pferd den apfelbaumgesäumten Pfad zu der Grube hinaufgeritten, sie trabte zu der Baustelle hinab, begutachtete den Fortschritt der Arbeit, die Männer scherzten mit ihr, und sie lachte ein spitzes lautes Lachen. Dann wurden die hinter den Apfelbäumen liegenden Ställe ausgebessert, und im Herbst wurde eine Reitschule eröffnet, die Pferde zogen ihre Kreise in der Grube, kleine Mädchen mit schwarzen Reitkappen saßen kerzengerade im Sattel und lernten Schritt und Trab und Kunststückchen. Solange es warm und trocken war, lagen wir zu zweit oder dritt weiter auf dem stoppeligen Feld, starrten auf die Reitschülerinnen und wären gerne eine von ihnen gewesen. Einmal schloß sich uns ein Mädchen an, das kam und ging, sie wohnte wochenweise bei ihren Großeltern in dem Bahnwärterhäuschen an einem stillgelegten Halt der Eisenbahn. Sie hieß Elvira, meine Großmutter nannte sie das wilde Mädchen, und wenn Elvira an unserem Küchentisch saß und mit uns Saft trank, sah ich, wie meine Großmutter ihr Haar verstohlen nach Läusen bespähte. Als die Reitstunde zu Ende war, stolperten wir über den Acker nach Hause, Elvira schaukelte noch eine Weile auf unserem Gartentor, und ich erwartete eine ihrer unglaublichen Geschichten über ihren Vater, der nach München gemacht hatte, wie sie es nannte, und ihr Fotos von seinem sagenhaften Reichtum schickte. Ich würd da nicht reiten gehn, sagte sie nur, in der Grube haben sie mal welche erschossen.

Die Insel war windgeschützt und still. Gelegentlich sah ich Füchse, es mochte auch Schlangen geben, in der Stille zwischen den Zügen hörte ich Feldlerchen in der Luft, Kiebitze aus größerer Entfernung, Krähen von jenseits der Bahngleise, das verstümmelte Krächzen der Schwäne, die sich im Flug versuchten. Ich fotografierte, was ich sah. Das Netz der Brombeerranken, die Pfützen in den Unterführungen, die starren Leitungsmasten am Bahndamm gegen das sich schräg in den Wind bettende Schilfgras. Alle Bilder hatten sehr sanfte helle Grautöne, die Umrisse so weich, als lägen die Dinge hinter einem ganz dünnen Schleier. Und auf jedem der Bilder fand sich etwas, das ich beim Blick durch den Sucher nicht bemerkt hatte: Zwei Gleisarbeiter mit einer Hacke auf dem Bahndamm. Ein Reiher. Ein Fahrrad im Gras. Mein eigener Schatten.

7
River Thames

In meiner Unterkunft richtete ich mich auf unschlüssige Monate ein. Zögernd suchte ich in Kisten nach winterlichem Zubehör, einer wärmeren Decke, einem Pullover, Handschuhen für Gänge im kalten Nebel, den ich erwartete, obwohl sich der Sommer noch so zäh an alles klammerte und nur die unverändert lauen Nächte länger wurden. Beim widerwilligen Öffnen der Kisten, in denen ich Wintertaugliches vermutete, stieß ich auf eine Schachtel mit alten Familienfotos. Mein Vater war der Fotograf in der Familie gewesen, Herr über den dunkelbraunen abgewetzten Lederbehälter mit seiner Kamera, das gelblichbraune Etui mit dem Belichtungsmesser und das schwarze Stativ. Er fotografierte Frau und Kinder, Landschaft und Sehenswürdigkeiten, versessen auf Details der italienischen Renaissance. In diesen ersten Wochen des verschleppten Abschieds träumte ich oft von meinem Vater. Meistens stand er in einem hellen Streifen Licht und winkte mir zu, in den Schatten. Es war immer Winter in diesen Träumen, er trug einen dicken, fellgefütterten Mantel, hatte die Schultern hochgezogen, als friere er, und lächelte schief, wie alle Raucher. Um den Hals hing seine Kamera in der offenen Tasche, und in diesen Träumen spürte ich auch aus der Ferne unter den Fingerkuppen die ganz leicht aufgerauhte Oberfläche der Innenseite dieser Kameratasche. Beim Aufwachen fielen mir dann, noch halb im Schlaf, als erstes seine Gesten beim Fotografieren ein. Wie er in der linken weit ausgestreckten Hand das aufgeklappte Etui des Belichtungsmessers hielt, den er mit seinen weitsichtigen Augen immer wie einen Schicksalsanzeiger studierte, wie er das Stativ ins Gleichgewicht brachte, wie er sich hinter den Sucher klemmte, wobei der von der Kamera nicht verdeckte Teil seines Gesichts kniffig vor Anspannung war. Während ich eine Fotografie nach der anderen aus der Schachtel nahm und betrachtete, wurde mir zum ersten Mal klar, daß ich das, was darauf abgebildet war – meine Mutter, meine Geschwister und mich selbst, Brücken, Plätze, Alpengipfel, das blasse Licht der Landschaft Norditaliens im Frühling, Renaissancepaläste in Florenz, die Engel Fra Angelicos – mit den Augen meines Vaters sah. Das waren die kleinen Ausschnitte der Welt, zu denen er sich hinter dem Sucher seiner Kamera entschlossen hatte und die er sicher manchmal verwundert betrachtet hatte, weil sie ihn an etwas erinnerten, auf das die abgebildete Szene einzig und allein für ihn einen Hinweis enthielt.

Die alten Farbfotografien waren rot- und grünstichig geworden oder trugen eine bläuliche Bleichheit, die die Gestalten darauf in eine unbeschreibliche Ferne rückte, die nichts mit Zeit und Ort zu tun hatte. Vor allem diese bleichen Fotos erschienen mir wie die Erinnerungen, die mein verstorbener Vater in seinem Totenreich nun haben mochte, und dieser Gedanke legte sie mir ans Herz.

Ich war erstaunt, wie viele Bilder an Flüssen aufgenommen waren. Da standen meine Geschwister und ich, zu zweit, zu dritt, manchmal auch mit meiner Mutter, oder meine Mutter allein, auf Brücken, grauen, sandsteingelben, weißen,

Brücken, ziegelroten Brücken und bräunlichen Holzbrükken. Wir standen auf Uferpromenaden, an Geländer gelehnt, auf einem Bootsdeck, uns an die Reling klammernd. Manchmal mit berühmten Bauwerken im Hintergrund, manchmal nur mit Himmel und Wasser, mit winterlicher oder grüner Landschaft. Diese scheu aussehenden Kinder, die stets verfroren wirkten, zähneklappernd und dünnhäutig, und die verkrampfte Frau, die immer an einem leidigen Schmerz zu kauen schien, standen so ohne jeden Zusammenhang mit all diesen Hintergründen da, als seien sie nachträglich und ohne ersichtlichen Grund mit diesen auf ein Stück Papier montiert worden. Einen Augenblick lang hatte ich die Vorstellung, daß es mein Vater, dieser sich unmittelbar nach jedem Grenzübertritt mit Wucht in die jeweilige Einheimischkeit werfende Mann, für den sich meine Mutter beflissen genierte, daß er es gewesen war, der uns durch seine Ablichtungen augenblickslang ein solches Hemd der Fremdheit überstreifte. Sei es, weil er uns als Fremde empfand, sei es, weil er uns in der jeweiligen Umgebung eine Fremde andichten wollte, die er selbst weit von sich schob. Ich verwarf den Gedanken sofort, er erschien mir ungerecht gegenüber meinem Vater, der jetzt so allein im Winterlicht meiner Träume stand und winkte.

Ein Bild zeigte mich auf der Westminster Bridge in London, über die Brüstung gelehnt ins Wasser blickend, die im Wind flatternden Haare verdecken das Gesicht. Ich erkannte mich an dem Mantel, an den ich mich erinnerte, an den blaugrünen Stoff und die glatten Knöpfe mehr als an dieses Stehen im Wind auf der Westminster Bridge, und ich wußte, daß ich auf diesem Bild elf Jahre alt war. Ich war zum ersten Mal in London. Es war Mai, der Wind war kalt, auf dem Bild sind Wolken zu sehen und dazwischen kleine Fetzen Blau, in einer Ecke auch ein Stück Fluß, in dem sich die Wolken und ein wenig Himmelsblau spiegeln. Mir fiel die Bootsfahrt auf der Themse ein, die wir wahrscheinlich an demselben Tag machten. Es war ein kleines Boot mit Holzbänken, anders als die Ausflugsboote auf dem Rhein, auf denen wir manchmal in Begleitung unserer Großeltern ungeliebte Tagestouren unternahmen, die an düsteren Felsen und angsteinflößenden Burgstümpfen vorüberführten. Ah, River Thames, sagte mein Vater, als das Boot ablegte, und versuchte ein Gespräch mit dem Bootsmann anzuküpfen. Der Themsedampfer schaukelte, das Wasser war sehr nah, Abfall schwamm auf den trüben Wellen. Mein Vater erklärte, daß der Fluß gezeitenabhängig war und nannte die Namen der vielen Brükken, die über uns hinwegstreiften. Die unheimliche, feuchte widerhallende Schattigkeit zwischen den Brückenpfeilern hatte ich nie vergessen, auch nie das Auftauchen ins Licht nach jeder Brücke wie auf einen neuen Fluß in einer neuen Stadt. Der Bootsmann wies uns auf Sehenswürdigkeiten hin, die man vom Fluß aus sehen konnte, mein Vater wiederholte die Namen mehrmals, kaute sie so lange, bis er seine Aussprache der des Bootsmanns angenähert hatte. Wir fuhren an Hafengeländen vorbei, an endlosen Speichergebäuden aus Backstein im Sonnenlicht, an dem grünen Hang von Greenwich Park. Mir fiel die kalte Sonne auf meinem Gesicht wieder ein, das Schaukeln des Bootes, die Grobheit des Bootsmanns. Der Geruch von salzigem Wasser, gemischt mit Fauligem, das Grellweiß der Möwen im plötzlich durch die Wolken dringenden Sonnenlicht. In meiner Erinnerung war London an diesem Ausflugstag eine leere Stadt. Leer auf dem Fluß, leer auf den Brücken, leer an den Ufern, leer um den Tower, wo wir auf der Rückfahrt von Greenwich aus dem Boot stiegen. Eine riesige Stadt, die dem Fluß ein leeres Gesicht zeigte. Lag es an dem kalten Wind? An dem ausgestorbenen Hafen, in seiner abweisenden Betrübtheit? Später aßen wir in einem leeren Lokal. Es hatte große Glasfenster, die bis auf den Boden reichten, der Blick ging auf eine Art kurzer Promenade, die eine fast mannshohe Mauer vom Fluß trennte. Zwischen der Promenadenmauer und den Fenstern des Lokals fing sich der Wind und trieb den Abfall zu kleinen kreiselnden Herden zusammen. In dem Lokal hing ein brandiger, süßlicher Geruch nach unbekannten Speisen. Blasse Kuchen waren in einer Glastheke ausgestellt. Die Kellnerin stand schweigend am Fenster, schaute hinaus und wrang ihre Schürze, während wir aßen. Are you German, fragte sie teilnahmslos, als sie abräumte, East or West? Mein Vater war um eine Antwort verlegen, er erwiderte nichts.

Ich stellte die Schachtel mit den Fotografien neben dem Fenster in der Kammer ab und öffnete sie vorerst nicht mehr. Doch wenn ich jetzt dort stand und hinaus in den Garten und auf die große Ziegelwand schaute, fiel mir immer mehr von dieser Reise ein. Eine Bäckerei in einer kleinen Stadt an der Themse. Der Fluß war sanft und schmal, gesäumt von einem Spazierweg unter Bäumen, Frauen schoben ihre Kinderwagen durch den rauhen Maiwind, ein langes Ruderboot zog vorbei, ungerührt und mit einer Gleichmäßigkeit der vereinten Bewegung, die mir nicht gefiel, doch mein Vater lächelte und erzählte, wie auch er so gerudert war, als Junge auf dem Rhein. In der Stadt wurde ein Jahrmarkt vorbereitet, Kinder in braunen Schuluniformen prügelten sich hinter einem Karussell, das gerade aufgebaut wurde. In einer Bäckerei, in der ich über die Theke auf die Verkäuferin hinabschaute, die von dort unten, in ihrem Verkäuferinnengraben auch Kunden auf der Straße durch ein niedriges Fensterchen bediente, kaufte ich gooseberry turnover, eine fast exotische Speise in diesem Namenskleid. Wir saßen im Auto und aßen die Kuchen, während meine Eltern sich darüber stritten, ob wir weiter nach Oxford fahren sollten. Ich erinnerte mich wieder an die dörfliche Themse westlich von London, bei Hampton Court und bei Henley, ein Flüßlein, ähnlich dem, von dem meine Großmutter stets so zärtlich gesprochen hatte, mit Uferwiesen und kleinen gemauerten Brücken aus grauem Stein, die der Brücke in dem alten roten Album meiner Großmutter glichen. An einen endlosen Gang von Pimlico an der Themse entlang nach Earls Court, und die Earls Court Road im Abenddämmer, ich mitten in der Menschenmenge, allein mit ein wenig Geld in der Hand, um etwas einzukaufen, während sich meine Eltern in der Pension ausruhten, wo es in jedem Winkel nach Kurkuma und Bockshornklee roch. Tumeric and fenugreek – auf Englisch hörten sich die Namen dieser orientalischen Gerüche an wie im Märchen von einem Liebespaar, dem etwas Besseres beschieden sein mochte als den zwei Königskindern am zu tiefen Wasser. Ich erinnerte mich an geschäftig hastende Gruppen Frommer, sie schritten rasch und mit schlenkernden Armen in ihren schwarzen Gewändern eine abschüssige Straße hinab, hielten sich die Hüte fest im Wind, lachten vor Unbeschwertheit, wenn sie einander im Vorbeigehen begrüßten, schwarz gewandete Könige, die es unter dem wolkenbedeckten Himmel Londons eilig hatten. Wir waren schon auf dem Weg aus der Stadt, Richtung Dover, doch kurz darauf verirrten wir uns und standen schließlich neben einem Pier, der in die weite graue Mündung ragte. Am anderen Ufer Kräne, Hafenanlagen, Schiffe, so riesig wie ich sie noch nie gesehen hatte. Wir aßen säuerlich riechende Pommes Frites aus Zeitungspapier, während Möwen kreischten und so dicht über unseren Köpfen flogen, daß sie Schatten warfen, obwohl ein ganz sonnenloses trübes Licht herrschte. Die Umrisse der Schiffe, Fabrikschornsteine und Containerstapel schienen zu schweben. Es war Ebbe, aus dem schlammigen Wasser am Ufer ragten unkenntlich gewordene Gegenstände, die uns, den Zugelaufenen auf halbem Weg zur Abreise von der Insel, nichts über irgendeine Funktion verrieten, die sie gehabt haben mochten. Es wird auf dieser Rückfahrt in Richtung Kontinent gewesen sein, daß wir Verirrten, angeführt von meinem heimreiseunwilligen Vater, in einer kleinen Stadt übernachteten, die ausgangs des Deltas lag. Obwohl es ein sonnenloser Tag gewesen war, breitete sich abends ein rosa Licht über das Wasser. Riesige Schiffe glitten durch diesen rosa Dunst, ein gegenüberliegendes Ufer der Mündung ließ sich kaum erkennen, eine blasse Zeichnung, von der man nicht sagen konnte, ob sie zum Wasser oder zum Himmel gehörte. Ein weiterer Fluß stieß zur Themse, um sich mit ihr zum Meer zu gesellen, graugrün brachte es im Osten den Horizont zum Schwanken, aus dem schon der Abend kam. Als es dunkel war, wurden in der Ferne bunte Lichter sichtbar, Girlanden und Kreise, kleiner, funkelnder Glitzer, mit dem sich die Ortschaften an der Mündung schmückten, katzensilberne Ohr- und Nasenringe für den Fluß, bevor er sich ins Meer verlor.

Mein Vater besuchte mich ein einziges Mal in London. Er holte mich an dem Radiosender ab, wo ich damals arbeitete. Es war ein sehr großes, altes Gebäude, in dem ich mich immer wieder verirrte. Die Korridore, die dunklen Büros und winzigen Studios stürzten mich in Verwirrung, noch mehr aber die Aufnahmen meiner eigenen Stimme, die ich kurzen Berichten aus fernen Ländern leihen mußte. Meistens ging es in diesen Berichten um politische Unruhen oder Unglücksfälle. An dem Tag, als mein Vater mich abholte, hatte ich mich beim Schneiden des Tonbands mit meiner Aufnahme zum wiederholten Mal in den Finger geschnitten, und ich wußte, daß auf dem Band Blutspuren zurückgeblieben waren. Ich gab es trotzdem ab und beschloß, nie wiederzukommen. Mein Vater wartete im Foyer auf mich. Er saß in einem hochlehnigen Sessel mit dem Rücken zu der Tür, aus der ich kam, ich erkannte sofort das Büschel gilblichgrauer Haare, das über die Rückenlehne ragte und fand sowohl seine Kleinheit in dem Sessel als auch die Gilblichkeit seiner Haare erschreckend und komisch zugleich. Wir gingen zur Themse, über die stets schwankende Hungerford Bridge auf die andere Seite. Die alte Hungerford Bridge, der wacklige Steg entlang den schwarzen Stahlstreben der Eisenbahnbrücke, war lange meine liebste Brücke. Nach Osten tat sich soviel Himmel über der Stadt auf, der schützende Schatten der Eisenbrücke mit den Zügen nach und von Charing Cross, hatte etwas Tröstliches, wenn ich in den Nischen von Hungerford Bridge Geister aus der Zwischenkriegszeit flüstern hörte. Interwar, das war ein Wort, das ich auf dieser Brücke gelernt hatte. Ich versuchte meinem Vater meine Vorliebe zu erklären, aber er verstand mich nicht. Ich will immer das Offne, sagte er. Wir spazierten bis zur Westminster Bridge, es war Winter, mein Vater trug seinen fellgefütterten Mantel, denselben, den er seit Jahren hatte, wir fanden nicht viel zu sagen, es war wie auf ähnlich schweigsamen Spaziergängen in meiner Kindheit am Rhein. Wir standen einen Augenblick an der Brüstung der Westminster Bridge und schauten ins Wasser, bevor wir einen Bus nach Hause nahmen.

Im darauffolgenden Sommer starb mein Vater. Ich hatte eine vorübergehende, mir zufällig bescherte Anstellung in einem Kellerbüro des Jewish Refugee Comittee. Das Büro lag in einem dunklen Gebäude an einer unablässig befahrenen Straße in der Nähe der großen Bahnhöfe Nordlondons. Dort war es meine Aufgabe, russische und serbokroatische Briefe zu übersetzen und Anfragen nach dem Verbleib jüdischer Flüchtlinge aus Deutschland zu bearbeiten, die in den dreißiger Jahren nach England gekommen waren. Erben wurden gesucht, auf die Hab und Gut einsam Verstorbener wartete. Solche, die sich anschickten zu sterben, besannen sich auf Verwandte, die vor über fünfzig Jahren irgendwo zwischen Breslau und Aachen in einen Zug gestiegen waren, um sich in England in Sicherheit zu bringen. Ungefähre Namen aus kleinen und großen Orten in Deutschland vor langer Zeit, eingebettet in makelloses höfliches Anfragenenglisch. Nach den wenigen Stunden, die ich täglich dort arbeitete, stieg ich aus dem dämmrigen Aktenkeller hinauf in das schwüle schmuddlige Sommerwetter jenes Jahres und den Lärm der Euston Road, die Namen der Gesuchten saßen mir im Nakken. Ich drehte Kilometer von Mikrofilmen durch das Lesegerät, Kopien von Akten, Briefen, Dokumenten. Ich verglich Namen, Daten, Anschriften, verstrickte mich in die

Geschichten Fremder, nach denen gar nicht gefragt war, und wurde tagelang nicht los, was ich meinte mir anhand der spärlichen Angaben zusammenreimen zu können, folgte einem Namen über ein Dutzend Adressen in kleinen und großen Städten, von denen unzählige den Fluß, an dem sie lagen, im Namen trugen. Immer brach die Spur ab, ein Todesdatum war vermerkt, die Weiterreise in ein anderes Land.

Es war der heißeste Juni des Jahrhunderts, und der Tag, an dem mein Vater starb, war der heißeste Tag in diesem Juni. Auf dem Heimweg aus dem Büro mußte ich die Hammersmith Bridge zu Fuß überqueren, weil sie für den Busverkehr gesperrt war. Es war so heiß, daß die Sohlen meiner Schuhe immer wieder im Asphalt steckenblieben. Die Themse floß langsam, braungrün unter der Brücke. Ruderer trainierten, im Lärm des Nachmittags hörte man den Trainer, der ihnen durch sein Megaphon Befehle zurief, die folgsamen, fleißigen, strebsamen Ruderer sahen von oben aus wie Aufziehspielzeug. Der Fluß, der sie umgab, war unter der Sonne so gleißend, daß es den Augen wehtat, eine andere Themse als die, die ich kannte.

8

Krater

In meinem ersten Herbst in London lernte ich das Wort equinoctial gale. Die Frühjahrs- und Herbststürme waren die Kraft, die an der Tag- und Nachtgleiche zerrte und sie ins Schwanken brachte. Nächtelang lag ich wach und hörte auf den Sturm, auf die zerrissenen Stimmen draußen, auf das Ächzen des Hauses, die ganze Unruhe der Stadt wogte um mich, es war ein mühevolles Ritual der Gewöhnung an den Wind und gehörte zur Seßhaftwerdung in der Stadt, deren Fremdheit ich mir lange nicht eingestehen wollte.

Ich lebte anfangs in einem kleinen Reihenhaus. Die Straße war gesäumt von ähnlichen Häuschen, die vor einem Jahrhundert dorthin gesetzt wurden und in ihrer ganzen Klapprigkeit gelernt hatten, sich aneinander festzuhalten. An stürmischen Tagen fuhr der Wind durch die Ritzen. Draußen quietschten die Karren der Sammler von Lumpen und Schrott, die unermüdlich und bei jedem Wetter durch die Straßen zogen und ihre Sprüche leierten, stets auf der Suche nach dem, was ihnen Verdruß oder Trauer längs der Straßen in die Hände spielen konnte. In einer großen Stadt wird viel gestorben, mancher hinterläßt ein Häuflein Lumpen oder einen Koffer Schrott, fast jeder hat mal auf das Ansammeln von Hab und Gut gesetzt und auf Reichtum gehofft. Auch wenn die Hoffnung schnell zerkrümelt, will sich der eine oder andere nicht gleich vom Ersammelten trennen, verstaut und vergißt es bis zum Tod, und die Hinterbliebenen, um alle Hoffnung auf ein glückliches Erbe gebracht, werfen es den herumziehenden Lumpensammlern gegen ein kleines Geld auf den Karren. Das Zunfttier der umherziehenden Lumpensammler war der dreibeinige Hund, der fröhlich und geschickt neben dem Karren humpelte und stolperte, unfreundlichen Tritten mit beachtlicher Geschmeidigkeit auswich, sich überhaupt zu benehmen wußte und schwieg wie ein echtes Wappentier, der die kampfbereiten Straßenkatzen mißachtete und mit dem Karren weiterzog wie ein Automat.

In den windgebeutelten Wochen schulterte ich immer wieder meinen abgetragenen Koffer mit dem Vorsatz, eine Reise zu unternehmen. Doch ich kehrte jedesmal schnell um, gleich nach dem Antritt erschien mir die Reise schon beschwerlich und rief mir den im zugigen Häuschen abhandengekommenen Wunsch nach Seßhaftigkeit wieder in Erinnerung. Nicht allzuweit von der Stadt lag das Meer, das überwunden werden wollte, die Küsten, auf die ich treffen würde, hatten wenig zu versprechen. Nichts trauriger als der Anblick einer ersehnten Küste, an die sich Hoffnungen geheftet haben, und die sich dann als trostlos erweist: trübe Umrisse, graue Ausläufer eines flachen Lands, dahingeworfene Siedlungen, wo nichts als Wäsche im Wind flattert, abgesoffene Boote im Schlick. Mit der Zeit lernte ich, ohne Reisegedanken und Koffer umherzustreifen, ich wurde im Spazieren heimisch und stieß mit immer größerer Hingabe den Blick in die kleinen Dinge, die unbeachtet am Wegrand lagen, Verlassenes und Ungeborgenes, Verlorenes und Verworfenes, das da vor sich hin zerfiel und unkenntlich wurde. Mir gefielen die verwaschenen Schriften auf Papierfetzen, die Haarbüschelchen und Knopfsplitter, die zerbrochenen Schreibutensilien, die Schnallen und Spangen und blechernen Schmuckstücke, Turnhosen und fremdländischen Münzen. Ich nahm nichts mit, ich betrachtete es nur am Fundort, manchmal zeichnete ich es in ein kleines Notizbuch oder beschrieb Auffälligkeiten, die ich zu vergessen befürchtete: Turnhose, blau, rotes Namensschild Ben Jacobs, U5b. Geldbörse aus Fell, weiß, in Gestalt eines Tierohrs, Inhalt 36 p. War es ein Schafsohr? Ein Ziegenohr? Vielleicht ein Abschiedsgeschenk in einem fernen Land, von einem Hirten oder dem Besitzer einer großen Herde, an den, der in die Fremde ging, nichtsahnend, daß er diese kleine Börse unweit meiner Straße beim Naseputzen, bei einer kleinen Prügelei oder auf der Flucht vor einer zwielichtig erscheinenden Gestalt verlieren würde? Manchmal standen sogar kleinere Möbelstücke am Straßenrand, ich hätte sie gut gebrauchen können, aber ich fürchtete mich davor, mit ihnen ein Schicksal bei mir eintreten zu lassen, das sich breitmachen würde. Es würde in einer Ecke sitzen, erst leise, dann immer selbstbewußter, mit den Füßen wippen und am Ende gar rauchen und plaudern wollen.

Ich zog immer engere Wanderkreise um die hellen, strahlenden Vergnügungsviertel der innersten Stadt und wagte mich schließlich auch hinein, ließ das Licht der Vergnügungsstätten auf meine Hände und staubigen Schuhe fallen und atmete die Düfte, die aus den Speiselokalen quollen. Ringsum herrschte eine Besinnungslosigkeit, von der ich mich weit entfernt sah, die bunt und selbst für die seltenen lauen Abende in diesem Klima zu dünn gekleideten Menschen lachten mit verstörender Inbrunst und unausgesetzt, sie fielen Fremden und Freunden in die nackten Arme, überall hörte man noch unter dem Gelächter das leichte Schmatzen der bloßen Körperteile, die sich umeinander schlossen und wieder voneinander lösten, das Wispern der Reibung von Haut auf Haut, und das Knistern der Haare, die sich ineinander verfingen. In allen Eingängen und den weitgeöffneten Fenstern der Kneipen stand man und trank und trank, man lachte und trank und streckte die Hände und Arme nach einander aus, und überall fielen kleine Stücke und Streifen Musik aus den Fenstern und Türen und zuckten im Schein der flackernden Leuchtanzeigen, zwischen den trinkenden, lüsternden Mengen und den mit schwindender Hoffnung darin stakenden Einsamen, deren Hände immer wieder ins Leere griffen, deren nackte Arme sich mit Gänsehaut überzogen und deren Lachen bleich und farblos klang. Es kam auch zu gelegentlichen Szenen aufglimmender Gewalt, wenn Absichten und Ansprüche auf bestimmte Körperteile aneinandergerieten, wenn man sich um Getränke, Berührungen, Gelächter, vielleicht sogar Liebe oder Geld geprellt fühlte und plötzlich die dumpfen Laute aufeinandertreffender Fäuste, Nasen, Handkanten und Ellbogen hörbar wurden. All dieser bitterfeurigen Überschwenglichlichkeit der Vergnügungsviertel zum Trotz jedoch zeigte sich die Stadt Tag für Tag bei Morgenanbruch wieder in so versöhnlich sanftem Licht.

Diese Sanftheit allerdings konnte sich jederzeit als Täuschung offenbaren. Explosionen zerrissen die Luft, es gab geradezu eine Saison für Explosionswarnungen, in denen fast täglich der Verkehr stillstand, Bahnhöfe und U-Bahnstationen geräumt wurden, man stundenlang – die Hiesigen gelassen, die Fremden kopflos – in Wind und Regen stand und vergeblich auf eine angekündigte Explosion wartete. Die Grenzen zwischen Unglück, Mißgeschick und Anschlag waren fließend. Menschen strömten zusammen, als hätten sie irgendwo auf Bereitschaft gesessen, um im Falle einer tosenden Erschütterung sofort aufzuspringen und fliegenden Schrittes an die Stelle der vermutlichen Verwüstung zu eilen. Sie drängten sich am ausgefransten Rand des frisch in die Erde gerissenen Kraters und starrten neugierig in die Tiefe. Schon hörte man Sirenen in der Ferne und den rhythmischen Galopp der berittenen Polizei, die sich näherte und in Windeseile die Schaulustigen in die zweite Reihe gedrängt hatte, um eine schützende Menschenkette um den Krater zu bilden. Die Schaulustigen wandten sich ohne Murren den verstreuten Trümmern zu und ließen von den Versuchen ab, in den Krater zu starren. Unterdessen stiegen Unversehrte aus der Tiefe und wurden wie Helden begrüßt. Ihre Gesichter waren schwarz von Schmutz und Staub, doch die Augen leuchten hell darin. Die Verletzten und auch die Unversehrten wurden gezählt und fotografiert, die Unversehrten durften mit ihren Sofortbildern nach Hause gehen. Die Pferde einer weiteren herbeigeorderten Polizeiabordnung schnaubten und wieherten. Sie wurden an den Eisenteilen angebunden, die aus verstreuten Trümmern ragten, die Polizisten bezogen Stellung. Die Schaulustigen zerstreuten sich. Jeder hatte ein kleines Andenken nach seinem Geschmack gefunden. Die Sonne ging unter, Abendrot spielte um die gläsernen Kuppeln der modernen Bahnhöfe in der Ferne und spiegelte sich in einer wie durch ein Wunder heil gebliebenen Fensterscheibe, die auf einem Trümmerbrocken noch in ihrem Rahmen steckte. Die Trümmer wurden abgeriegelt, die Polizisten drückten ein

Auge zu, wenn die Schaulustigen mit ihren mehr schlecht als recht in Jacken und Taschen verborgenen Andenken abzogen. Kaum hatte das Publikum ihnen den Rücken zugewandt, zückten die Polizisten wie ein Mann kleine Thermosflaschen mit Tee aus ihren Halftern und setzten sie an den Mund. Sie tranken im Abendlicht.

Ich schauderte bei dem Gedanken daran, wie die Wucht der Explosion noch wochenlang in den aufgesammelten und davongetragenen Andenken nachzittern würde und mied die aufgerissenen Krater, bis sich die ersten Spuren der Vernarbung zeigten, wenn die scharfen Zacken des Kraterrands weich und stumpf geworden waren und schon kleine Halme hervorgebracht hatten, wenn die wenigen unversehrt gebliebenen Gegenstände nach und nach Witterung und beiläufigen Zerstörungsversuchen zum Opfer fielen. Wenn Regen und Wind die Kanten der Scherben abgeschliffen hatten, wenn der salzige Geruch der aufgerissenen Erde verdampft, die Huf- und Fußspuren verwischt und die Warn- und Mahnschilder im angriffslustigen Seewind verwittert waren. Nach der ersten Aufregung blieben die Krater monatelang unbeachtet. In allen Stadtteilen traf ich auf mehr oder weniger überwucherte, begrünte oder provisorisch bebaute Schorfstellen dieser Art, doch es lag in der Natur der Einheimischen, kein Wort mehr über diese Anlässe zu verlieren. Ich beobachtete verwundert, wie schnell und buchstäblich Gras über etwas wachsen konnte und wie dieses Etwas dann auch in den Erzählungen der Zeugen seiner vergangenen erschreckenden Versehrung zu etwas anderem, Harmlosem wurde.

Wenn ich mich allein glaubte, bückte ich mich unauffällig und scharrte mit der Fußspitze an der dünnen Schicht angewehter Erde, die sich über den Trümmern und Resten gesammelt hatte. Meine Funde blieben allerdings spärlich. Ich gab mich mit der Scherbe einer billigen Teetasse zufrieden oder mit einer zerknitterten Fotografie. Die wenigen kleinformatigen Fotografien, die ich bei solchen Gelegenheiten fand, nahm ich fast widerstrebend, mir gefiel die Vorstellung nicht, solche Zeugnisse großer Zerstörung zu meinem kleinen Besitz zu machen. Ich legte die Bilder in eine Schachtel, die ich als Kind mit den dünnen, zerbrechlichen Muscheln vom Flußufer beklebt hatte. Von den Muscheln waren nur noch kleine Scherbenstümpfe übrig, die mit der Kleberschicht verwachsen waren. Ich nahm die Fotografien selten hervor, um sie zu betrachten, und wenn ich es tat, dann weniger aus Interesse als aus einem Pflichtgefühl heraus, als schuldete ich den Abgebildeten Aufmerksamkeit. Sie stellten Menschen dar, die mir nichts bedeuteten und auch nicht gefielen. Eine Gruppe streberhafter, gefallsüchtiger Kinder, ein Paar mittleren Alters, dem Verdruß auf die Stirne geschrieben stand, und ein Mann in Wandertracht mit einem schwarzweiß gefleckten Hund. Ich hatte darauf gehofft, daß der Zufall bei diesen Funden ein Spiel trieb, dessen Sinn sich eines Tages offenbaren würde, aber ich hatte mich geirrt. Mir fiel zu den Fundstücken nichts ein.

Einmal traf ich den Kunstreiter an einem solchen Krater. Auch er schlich etwas heimlich herum, erst streiften sich unsere Blicke nur und kehrten schnell wieder auf den Boden zurück. Aber dann ging die Sonne unter, und wir wünschten einander einen guten Abend. Haben Sie etwas Schönes gefunden? fragte ich, um das verlegene Schweigen zu brechen, das nach dem Gruß eintrat. Er verneinte. Funde lohnten sich nicht mehr für ihn, behauptete er. Mit einer altmodischen Geste der Höflichkeit lüftete er seinen Hut, und ich sah, daß er fast ganz kahl war. Nur noch vereinzelte Haarbüschel standen auf seiner Kopfhaut. Wir verließen den überwucherten Unglücksort gemeinsam und spazierten am Fluß entlang. Es war dunkel geworden, und die Lichter der Stadt spiegelten sich im Wasser. Ich fragte ihn, ob er seinem Kunstreitertum noch anhänge und wollte mir dabei tröstend vorkommen, doch er wischte meine Frage mit einer ärgerlichen Handbewegung beiseite. Alles ein Schwindel, sagte er. Vom Strahlen der trompetengoldenen Paillettentrikots und der starken, ölglänzenden Arme geblendet, jubele das Publikum Chimären zu, versetzte er. Er zischte seine Worte zwischen den Zähnen hindurch, es hörte sich an, als übe er einen bestimmten Laut. Wir kamen an eine Brücke, wo sich unsere Wege trennten. Es war herbstlich, die Luft roch bitter. Abseits des Flusses drängten sich Menschen auf den Straßen, und überall strahlten und flackerten Lichter.

9
Laubhütten

Vom Morgen an stand der schmallippige Kroate vor seinem Geschäft, blinzelte in das weißliche Licht und rauchte. Er hatte bis zum Nachmittag oder frühen Abend kaum etwas zu tun, er hätte sogar erst mittags sein Geschäft öffnen können, aber er war schon draußen vor der geöffneten Tür zu seinen Schätzen, wenn die Kinder in die Schule gingen, und trank langsam Kaffee aus einem geblümten Becher, während die immer gleichen alten Nummern von Neil Young und Grateful Dead bis auf die Straße hinaus tönten. Ich fragte mich, ob er in seinem Laden wohnte, sich abends ein Bett aus benutzten Mänteln richtete, Bettzeug darüber breitete, das in vornehmeren Haushalten längst ausgedient hatte, und sich mit den breiten, etwas muffig riechenden Kaschmirschals weitgereister oder reich beschenkter Damen zudeckte? Vielleicht gingen dann auch Neil Young und Grateful Dead schlafen, und balkanische Volksmusik säuselte leise. An einem kleinen Stück Wand hinter der Theke waren Postkarten mit Landschaften des Mittelmeers angeheftet, blau, rosa, piniengrün und felsengrau, serbokroatische Grußaufschriften zogen sich über die Landschaftsansichten, die genausogut italienische oder griechische Grüße hätten tragen können. Er bekam Anrufe von Landsleuten, dann drückte er sich, den Telefonhörer ans Ohr gepresst, tief zwischen die Herrenhosen, die der

Theke am nächsten hingen, und murmelte hinein, auf Kroatisch oder Serbokroatisch, je nachdem, wie er seine Sprache nannte. Einmal versuchte ich, ihn in ein Gespräch über das ehemalige Jugoslawien zu verwickeln, ich ließ die Namen von Orten fallen, die ich kannte, hatte Harmloses im Sinn, ein Probegespräch nach Schweigetagen, doch er schaute mich nur schmal und schief lächelnd an, zog an seiner Zigarette und zuckte mit den Schultern. Very bad thing, sagte er nach einer Weile mit bekümmertem Ausdruck und wippte dazu mit dem Fuß im Takt zur Musik. Everybody knows this is nowhere, klirrte es in den Lautsprechern seines Kassettenrecorders.

Der rauchende Kroate grüßte im Morgenlicht die ganze Nachbarschaft. Selbst mit den Frommen, die vorüberkamen, plauderte er in kameradschaftlichem Ton und machte sogar Anstalten, kleinen kippatragenden Jungen mit Schläfenlocken übers Haupt zu streicheln. Die gleiche Freundlichkeit wandte er auf jeden an, sogar auf die Rastafarier, die wie wandernde Feuersäulchen um den Block schweiften. Mit dem pakistanischen Betreiber eines Internetcafés, wo sich nach dem Unterricht die Jungen aus der benachbarten Schule in ihren weißen Kaftans und Käppis um die Computerplätze balgten, trank der Kroate nachmittags Tee, dann blinzelte er von der andern Straßenseite ins Licht und warf gelegentlich einen Blick auf seinen kleinen Laden. Sein Interesse am Handel war allerdings nicht groß. Er trat Kleider und Spielzeug für ein paar dünne Münzen ab, ganze Familien kleideten sich bei ihm für den Winter ein, und nur ein bescheidener Geldschein wechselte die Hände, eine symbolische Gabe für die Familien bosnischer Kriegsopfer. Trotzdem schien das Geschäft des Kroaten nie leerer zu werden, und in der Hinterkammer türmten sich die Säcke mit Gebrauchtem, das ausgepackt und zur Schau gestellt werden wollte. Wenn ich im Vorübergehen einen Blick in seinen Laden warf, sah ich ihn manchmal inmitten seiner Güter stehen, die Hände um die Thekenplatte geklammert, die mittelmeerischen Postkarten nur Schatten in seinem Rücken, und so starrte er zu beliebigen, unerträglich passenden Liedern von Neil Young mit weitaufgerissenen Augen hinaus auf die Straße, ein hoffnungsloser Kapitän, der seine Untauglichkeit für die Seefahrt niemandem mehr verheimlichen konnte.

Die Frommen in der Gegend richteten jetzt das Laubhüttenfest und trugen das Zubehör für ihre improvisierten Hütten durch die Straßen. Aus diesen Flechtzaunwänden, Büscheln von Zweigen, Strohmatten bastelten sie auf Veranden, Balkonen und in den dunklen Höfen der schmalen viktorianischen Häuser ihre Laubhütten, wo ihnen die Sterne in die Suppe scheinen konnten, wie ich als Kind einmal gehört hatte. Dieses Bild war mir geblieben, feierlich und absurd zugleich, ein Teller mit nachtfarbener Suppe und leuchtenden winzigen Sternen darin, zu verspeisen in der rauchigen feuchten Herbstluft früher Abende, wenn die Winteräpfel noch dunkel an den Bäumen hingen.

Bei Greengrocer Katz standen Behälter mit Lulavs im Fenster, den Feststräußen aus Palm- und Weidenbaumwedeln, und daneben lagen die prächtigen zitronenartigen Etrogs. Die gepackten Kartons mit Bestellungen stapelten sich in seinem Geschäft, Kinder kamen und holten ausgediente Obstkisten für den ärmlicheren Hüttenbau, eine Hütte mußte sein. Am ersten Morgen der Festvorbereitungen war es schon zu einem Konflikt gekommen, als sich ein fliegender Händler ritueller Gebinde zu nah am Geschäft von Greengrocer Katz aufgebaut und auch gleich zwei Frommen mit ihren folgsamen Kindern Strauß und Etrog hatte verkaufen können. Der Kroate spazierte über die Straße und begutachtete die Etrogs des fliegenden Händlers, die ihn als Südländer sehr interessierten, als Greengrocer Katz persönlich vor sein Geschäft trat, um den Zufallsverkäufer zu verweisen. Der Lulavhändler war ein schüchtern blickender Mann, der nicht wußte, wie er sich der Hilfe des Kroaten erwehren sollte, der ihm einen Platz vor dem Billardcafé zuwies und beim Tragen der spärlichen und empfindlichen Ware an den neuen Standort unbedingt zupacken wollte.

Die ganze Woche des Laubhüttenfestes über herrschte das gleiche weiße, sonnenlose aber helle Licht, in dem es keine Schatten gab. Es regnete nicht, der Wind blieb sanft, alles lag so still ausgebreitet wie auf einem alten Bild. Die Bäume längs meiner Straße verloren langsam die Blätter, auf dem pappelgesäumten Stück Niemandsland, an dem ich täglich vorbeikam, quoll das weißblütige Septemberkraut büschelweise aus den Rissen im Asphalt. Hinter dem mit rostigen Ketten und Vorhängeschlössern versperrten Gittertor lag das Gelände unter einer Wolke süßlichen Dufts, der von den gelben weichen Laubherzen der Bäume aufstieg. Das Waten durch Pappellaub an halbverbotenem Ort, der besitzerlosen Wildnis hinter unserem Garten, war Teil meiner Kindheit gewesen, der Geruch immer verbunden mit scheuen Heimlichkeiten, von denen man als Kind nicht genau weiß, warum man sie verbirgt.

Wenn ich durch die Straßen ging, hörte ich Tellerklappern, Stimmen, Tischgebete aus den festlich verkleideten Gärten und Hinterhöfen der Frommen. Ich war froh, daß es nicht in ihre Speisen regnete und bedauerte, daß sich der unbeweglichen dünnen Wolkendecke wegen kein Stern in den Suppen der Kinder spiegeln würde. Ich hatte etwas übrig für dieses Fest der einstudierten Vorläufigkeiten und der gespielten Dürftigkeit des Obdachs. Es war das Gegenteil von Heimatlosigkeit, es war nicht einmal die jährliche Neuinszenierung einer Zwischenzeit der Wanderjahre, die Heimat von Brauch und Wort war so groß, daß man den Himmel einladen konnte, sich im Essen zu spiegeln.

10

Leyton Marsh

In den ersten Wochen am River Lea ging ich immer nur bis zum Weidengehölz. Ich streifte den Erlenhain, wanderte über die Insel, kehrte zurück auf den Weg am Fluß entlang, durch die Eisenbahnunterführung. Unter dem Backsteinbogen war es immer feucht, Pfützen standen wochenlang, die Schritte auf dem unbefestigten Weg hallten rauh von den Wänden wider. Ich wartete bis ein Zug kam, Brücke und Boden bebten leicht, das Stoßen und Schlagen der Räder auf dem alten Gleisbett entfernte sich, ein Rhythmus, der mich an den Klang der Züge erinnerte, die durch die Nächte meiner Kindheit fuhren, wenn sich im Dunkel die Richtungen aller Geräusche verkehrten.

Erst hinter der Unterführung begann der offene Flußweg. Die Schwäne gaben sich abwechselnd sittsam und schrill, der Himmel lag auf dem Wasser, unter dem Spiegelbild der billigen kleinen Siedlungshäuser auf der anderen Seite, um die es immer still war.

Ganz selten war außer mir jemand am River Lea unterwegs. Ein, zwei Male sah ich einen Angler, heimlich zwischen zwei Büsche am Ufer geduckt, mit nervösem Blick, offensichtlich nicht einheimisch, doch kundig genug, um zu wissen, daß es sich hier nicht so einfach angeln ließ. Vielleicht angelte er aus Hunger, vielleicht aus Sehnsucht nach dem Angeln, nach dem

Stehen am Wasser, nach dem Starren auf das Abbild des Himmels auf dem leise fließenden Fluß. Vielleicht war er auch nur einer der berüchtigten Schwanenfänger, bei denen es gelegentlichen Gerüchten zufolge Sitte war, an Herbstabenden unter Brücken zu sitzen und auf offenem Feuer Schwäne zu braten, begleitet von fernen Klagelauten der Artgenossen der Beute.

Der Weg verlief ein Stück zwischen dem Fluß und einem Sumpf mit hohem Schilf, der immer von Geräuschen erfüllt war, von Wind und Getier, vor allem Vögel. Durch das Schilf waren Spazierstege angelegt, sicher von der gleichen Ordnungsliebe ersonnen wie die Rodung im Erlenbruch und ebenso wie diese eher als Schutz vor der Wildnis gedacht als für sie. Manchmal streifte eine Frau mit ihrem Hund auf den Stegen umher, die langen grauen Haare zu einem Zopf geflochten, ihre Kleidung sah winterlich schilffarben aus, ihr Hund wollte jagen und wartete bebend und mit unterdrücktem Fiepen auf ihr Handzeichen der Erlaubnis. Wenn sie die Hand hob, warf er sich ins Sumpfland, Unruhe machte sich zwischen den Stengeln breit, der Hund brachte eine kleine Beute. Einen Fußbreit aus der Stadt und schon wurde gegen den Hunger gejagt.

In der Ferne sah ich das Weidengehölz, dort ging der Sumpf mit einem Tümpel zu Ende, hinter den Weiden zweigte ein Weg ab in offenes Gelände, längs des Weges Raingebüsch des ländlichen England – Hasel, Weißdorn, Ulmen. Um den Tümpel weideten Kühe, sie blickten ahnungslos, wußten nichts davon, daß sie mit den heimlichen Jägern zusammen zu Hütern dieser Zwischenwildnis bestellt waren.

Ich betrachtete, musterte, fotografierte das Weidengehölz von allen Seiten, aus der Ferne und der Nähe, und fand keinen Namen für das, was ich daran so schön fand. Auf den Fotografien erschien es mir als das Wahrzeichen einer Grenze, von der ich lange nicht wußte, was sie wovon schied. Es war sehr still hier, das Geräusch der Züge nur noch ein fernes Auffädeln kurzer stumpfer Holzperlen, die sich dann in Luft auflösten. Über die vom Wind gekämmten Schilfgräser hinweg schien der Eisenbahndamm weit weggerückt, die Insel war unsichtbar. Dafür sah man ein kleines Gebäude bei den Gleisen, das man von der Insel aus nicht bemerkte, ein gemauerter Schuppen mit einem großen nicht zu entziffernden Graffito auf der Rückwand. Wahrscheinlich trennten sich an diesem Punkt die Eisenbahnlinien, und Weichen mußten gestellt werden, in dem Schuppen wurde das Zubehör der Gleisarbeiter und Streckengänger aufbewahrt, die die Schienen und Schwellen nach Schäden abklopften und nach angefahrenen Tieren absuchten. Vielleicht saßen sie auch bei Regen manchmal an der geöffneten Tür des Schuppens, tranken Tee aus Thermosflaschen und blickten auf die Insel, stets bemüht, die Rückkehr in die Stadt hinauszuzögern.

Nirgendwo auf dem ganzen Weg von Springfield Park bis zur Mündung des River Lea war der Himmel so groß wie hier. Auch wenn der Himmel andernorts gleichförmig weißlichgrau schien, hier hingen immer Wolken, wenn andernorts der Wind leise war, war er hier heftig, und die Wolken änderten ständig ihre Schichtung und Gestalt, es waren Meerwolken, von der Themsemündung fort oder auf sie zu treibend, hier, über diesem Streifen Land machten sie kehrt. Zwischen Weidengehölz und Eisenbahndamm tat sich eine Schneise auf, Land, das sich der Nützlichkeit verweigerte, eine unbezeichnete verletzliche Stelle der Stadt, durch die etwas eindrang, was die Unbarmherzigkeit aller Ordnungen unterspülte. Unter mehr Himmel als man brauchen kann, wenn man geregeltem Leben nachgeht, lag diese Stelle in der Obhut des Weidengehölzes, das ich unvermittelt im selten scharfen Licht unter bunten, nach Osten zu eilenden Herbstwolken als Grenzbild schlechthin aus jedermanns Kindheit erkannte, ein schütterer Hain, der unscheinbar zwei Welten trennt, von denen man weiß, daß man sich nur einer wird zuschlagen können.

Eines Tages sah ich von weitem schon Kinder neben den Weidenbüschen herumspringen, Rauchwolken hingen zwischen den Zweigen, die Kinder hatten ein Feuer gemacht, fachten es an, sie warfen Gegenstände hinein, setzten mit Anlauf über die Flammen, ich konnte ihr unbändiges rauhes Gelächter hören, ihre lauten Rufe, sogar die Püffe, die sie sich gegenseitig versetzten bei den gespielten Versuchen, einander beim Springen über die Flammen zu Fall zu bringen. Sie wurden immer wilder, bogen die Äste der niedrigen Büsche tief herab, damit sie Feuer fingen, und ließen sie dann funkenstiebend hochschnellen. Einer von ihnen schüttete den Inhalt einer Tüte in die Flammen, die Kinder johlten, als sich Rauch zu großen undurchsichtigen Schwaden ballte, das Knistern wurde lauter, doch dann sanken die Flammen in sich zusammen, nur Qualm stieg noch in zähen Spiralen auf und verbreitete den Geruch von verbranntem Kunststoff. Wie auf Befehl wurden die Kinder plötzlich still, nahmen ihre Fahrräder aus dem Gras und radelten zum Fluß, über die kleine Brücke auf die andere Seite.

An diesem Tag ging ich zum ersten Mal weiter, bis zu der Kunststoffkuppel, unter der die verwaiste Schlittschuhbahn lag, und der Lea Bridge Road, die über den Fluß führt und die Marschlandschaft in zwei Teile schneidet. Drüben, auf der anderen Seite war ein Jahrmarkt aufgebaut. Die Buden, Karussells, Autoscooter und Überschlagschaukeln standen auf einer großen Grünfläche, dahinter eine Reihe hoher Platanen, die die Grasfläche von den dunklen alten Blocks trennte. Vielleicht waren die Feuerkinder in dem Pulk, der sich am anderen Ufer schnell um sie geschart hatte, dorthin nach Hause gegangen, vielleicht waren sie auch bei denen, die am Rand des Jahrmarkts umherschweiften und versuchten, hinter dem Rücken der Jahrmarktsleute in die Wagen des Autoscooter zu klettern. Auf dem Jahrmarkt war noch nichts los, auf einer lindgrünen Schießbude wurden Lichter montiert und ausprobiert, das Flackern wirkte im Spätnachmittagslicht arm und traurig. Musik kam nur aus den Wohnwagen, wo die Schausteller jetzt ein frühes Abendbrot aßen. Vielleicht schminkten sich die Frauen, die im Bademantel am Klapptisch saßen, während die Männer mißmutig mit den Zahnstochern in den Zähnen herumbohrten. Der letzte Jahrmarkt der Saison, unter lauter armen Leuten.

Es wurde schon dunkel, und ich kehrte an diesem Abend durch eine Straße hinter der Siedlung zurück, die an stillgelegten Fabriken entlangführte. Die Straße stieg an, und von oben sah man zwischen den Schornsteinen und Türmchen der ausgestorbenen Werke hinaus aufs Marschland. Der Himmel hing tief und war etwas dunstig, man sah keine Sterne, nur in Richtung Südosten flackerten ein paar Lichter über dem leeren Gelände gegen den Horizont, gingen dann aber in dem mit einem plötzlichen schiefen Fanfarenstoß und vergnügerischer Musik einsetzenden Blinken, Glitzern und Strahlen der Jahrmarktsattraktionen unter.

Am nächsten Tag sah ich mir die Feuerstelle an. Sie war nicht groß, kleiner als Flammen und Rauch hatten vermuten lassen. Die Zweige der angrenzenden Büsche waren versengt. In der Asche, die immer noch nach verbranntem Kunststoff stank, lag eine angekohlte Puppe, die Haare waren zu einer schwarzen Masse zusammengeschmolzen, die Arme und Beine schwärzliche Klumpen, doch die blauen Schlafaugen starrten unversehrt aus dem rußbedeckten Gesicht in den Himmel. Es war eine gewöhnliche Puppe, von einer müden Mutter oder Großmutter auf dem Heimweg von der Arbeit aus dem Regal eines Billigmarkts gezogen, am Vorabend eines Kindergeburtstags, eine Puppe unter vielen, die kreuz und quer auf dem Regalbrett hockten, aber diese kleine Frau im Glitzerkleid, die unter ihren langen Wimpern der Mutter oder Großmutter heimlich aus der Kindheit zublinzelte, die sollte es sein. Mit einem solchen Ende hätte niemand gerechnet, weder die Kassiererin des Billigmarkts noch die Mutter oder Großmutter, auch nicht das beschenkte Mädchen und ihre Brüder und Freundinnen. Dabei kennt jeder diese waghalsigen Opferaltärchen der Kindheit, nach denen nichts mehr so ist wie zuvor.

11

St Lawrence River

Mein Kistenstapel wurde zu einer zerklüfteten Landschaft. Bei der Suche nach Gegenständen, die ich wider Erwarten brauchte oder deren ich mich plötzlich versichern wollte, wurden Kartons umgeschichtet und aufgeklappt, andere rissen unter der Last, die auf ihnen ruhte, das ganz Gebilde meiner versammelten Habseligkeiten geriet ins Wanken, Kisten stürzten, platzten, Dinge verschafften sich unvorhergesehene Aufmerksamkeit. Ein Opfer der sich verschiebenden und verlagernden Schichten in meiner Kartonwelt war die Schachtel mit Landkarten, die unter zwei Bücherkisten immer weiter einknickte. Beim Versuch, den Stapel zu richten, zog ich sie heraus, der Boden gab nach und faltete sich auf, die Sammlung meiner erworbenen, gefundenen, geerbten Landkarten flatterte zu Boden. Karten von Ländern, die ich vergessen hatte, die mir jetzt unerreichbar fern erschienen, die es gar nicht mehr gab. Ich schob die Karten zusammen, stopfte sie in die Ritzen und Lücken zwischen den Kisten und machte mich auf den Weg an den Fluß.

In Springfield Park sah ich drei alte Frauen auf einer Bank sitzen. Sie waren bis hin zu den schweren Schnürschuhen schwarz gekleidet, unbeholfen zurechtgemacht und wie versprengt an diesen Ort. Sie unterhielten sich in einer Sprache, die ich nicht verstand. Als ich zurückkehrte, saßen sie immer noch dort, drei Räbinnen, die auf eine Vorstellung warteten, mit werweißwelchen Versprechungen hatte man sie ins Theater von Springfield Park gelockt, vielleicht mit der Ankündigung der Königserscheinung. Sie nickten mir freundlich zu, als erblickten sie in mir bereits eine Bekannte. Dann, als ich ihnen schon den Rücken zugekehrt hatte, flog mir ein Wort aus ihren Räbinnenschnäbeln zu – Mississauga. Wahrscheinlich war das Wort im Flug von ihrer Bank zu meinem Ohr erst zu Mississauga geworden und hatte am Anfang seines Wegs ganz anders gelautet, doch jetzt war es Mississauga, wie auf den Wegweisertafeln im gleißenden Frühsommerlicht in Ontario, vor einem Viertel, Drittel, halben Leben? Selbst noch fast ein Kind, fand ich mich mit meinem wenige Wochen alten Kind in einem Auto wieder, das man in Deutschland auch in den Siebzigern noch als Straßenkreuzer bezeichnet hätte. Die Frau, in deren Haus ich wohnen würde, hatte mich vom Flughafen abgeholt, sie sprach eine Sprache, die ich nicht ganz ausmachen konnte, später begriff ich, daß in ihrem Mund ein mir fremder deutscher Dialekt und Englisch in unablässigem Kampf miteinander lagen, sich lähmten und dann wieder gegeneinander rasten, nur ab und zu aus Unachtsamkeit oder Gönnerlaune ein erkennbares Wort in der einen oder anderen Sprache, wie etwa formula oder Boxboitl, von der Zunge springen ließen. Ihre sechsjährige Tochter saß auf dem Vordersitz. Nach zwei Söhnen, die unter den kantigen Püffen der aufstiegslüsternen Eltern zu weichherzigen Hallodris herangewachsen waren, sollte dieser blondzopfige Nachkömmling den Einwandererkarren endgültig aus dem Dreck ziehen. Das Mädchen unterbrach ihre Mutter gelegentlich mit Rezitationen patriotischer Schulgedichte, immer wieder drehte sie sich in der Deklamation nach hinten, ließ den vagen Kinderblick durchs Heckfenster schweifen, auf den flimmrigen Asphalt des hinter uns davonfließenden Expressway, schlenkerte die Hand in einer übertrieben erwachsenen Gebärde der Wegwerferischkeit und sprach durch ihre Zahnlücken: The olden days they lie behind us.

Zu jung, zu verwirrt, zu schwindlig vom Flug und dem Blick auf Eisschollen, Wasser, Wasser, Inseln und schwer auszumachendes karges Land, um die olden days als abgeworfene Last zu verabschieden, hielt ich mich an meinem Kind fest und an dem Namen Mississauga auf den die Fahrbahn hoch überspannenden Schildern. Wo war ich – angekommen, gestrandet, selbstverbannt? Toronto, Ontario, Mississauga, Namen fremd und schön, einmal durch den Fluß dieser Namen schwimmen, und dann – mir kamen die Eisschollen in den Sinn, die ich aus dem Flugzeugfenster gesehen hatte, diese Mündung, die ein Meer für sich war – dann würden the olden days, the olden lands vergessen, verschwemmt, verwirkt sein, in einem anderen Raum liegen, in einer anderen Dimension.

Ich hatte lange nicht mehr an Toronto gedacht, erst als dieses vom Wind und dem fernen Gekreisch eines seltenen Möwenschwarms über den Hausbooten am River Lea verdrehte Mississauga durch den Ostlondoner Abend von der Räbinnenbank zu mir geweht kam, fiel es mir wieder ein. In der Wohnung zerrte ich die Landkarten hervor, die sich so schön in die schiefen Klüfte zwischen den Kisten gefügt hatten und faltete die Karte von Ostkanada auf. Unter der Fingerkuppe spürte ich das stille helle Blau der kalten Mündung, die unzähligen kleinen Erhebungen der Inseln, weiß und hellgrünlich im Strom, sie rieben gegen die Fingerspitze, drückten sich in die Ringe und Rillen der Tasthaut.

Es war die erste eigene Landkarte, die ich besaß, das fast unberührte Abschiedsgeschenk meines auf Landkarten versessenen Vaters, das er weinend am Flughafen in den Kinderkorb steckte. Ich hatte meinen Vater noch nie weinen sehen und hielt es zuerst für einen Trick, eine unbeholfene Komödiantenfinte zur Zeitvertreibung auf dem Flughafen, oder ein Zwinkerspiel, für das wenige Wochen alte Kind, oder für mich, ein Clownsstückchen, das sagen sollte: auch du sollst zu den Kartenlesern gehören, doch dann kamen die Tränen, die zu keiner Schmiere oder Posse mehr passen wollten und ich wandte mich etwas beschämt ab, erleichtert, daß der Flug aufgerufen wurde.

Ich hatte die Karte nur einmal ausgebreitet, auf dem Boden des spärlich möblierten dunklen Zimmers im Souterrain des Holzhauses in der Roxborough St West. Ein Raum mit Kochecke und Bädlein, in einem Moment der Waffenruhe im Mund der Zimmerwirtin stürzte ihr das Wort gahdenruhm von den Lippen, und mit dem Kinn wies sie auf die mit einem Haken verschließbare Fliegentür, die auf den schmalen Müllkübelgang ging, der zwischen diesem und dem Haus nebenan verlief und durch magere Vorgärten auf die Straße führte. Dazu drehte die Sechsjährige Pirouetten und sang ein kanadisches Heimatlied auf Französisch, die Zöpfe flogen und peitschten mir einmal schmerzhaft über den bloßen Arm.

Die Karte breitete ich aus, als Tante Liesl mir erklären wollte, wo sie gelebt hatte am Sanktlorenzstrom. Tante Liesl sprach eine Art Österreichisch mit englischen Sprenkeln, sie hatte eine Kammer im großen Haus der Zimmerwirtin, unterm Dach, und jeden Morgen stieg sie, noch im Finstern, in ihren klobigen schwarzen Schuhen die ächzende Treppe hinunter und machte sich auf den Weg in die Hungarian Bakery, wo sie unter dem Namen Ershinäinie in einer Sprache redete und lachte, die ich nicht verstand. Als ich jetzt die Karte wieder zusammenfaltete, wurde mir klar, daß die Räbinnen mich an Tante Liesl erinnert hatten. Lag es an den Schuhen? An der hilflosen Blondschicht auf den greisen Locken, an dem geschminkten schmalen Mund im herzleidensbläulich blassen Gesicht? Tante Liesl war bei dieser einen Gelegenheit mit ihrer gepflegten ältlichen Hand über die Landkarte gefahren, den Strom hinauf, den Strom hinunter, am großen Sanktlorenzstrom, sagte sie immer wieder, ich meinte zu spüren, wie sich die kleinen Inselchen auf der Landkarte unter ihrer spitzen Fingerkuppe buckelten, wie die Eisschollen weiter oben in der Mündung ein feines Sirren erzeugten, wenn sie die Rillen in der Haut von Tante Liesls Fingerspitzen streiften.

Tante Liesl brachte abends in einem weißen Leinenbeutel Brot mit, das in der Bäckerei übriggeblieben war, dunkles Roggenbrot mit einer glänzenden harten Kruste, angetrocknete Hörnchen, die sie als kifli anpries, Pappschachteln mit Strudelschnitten. Sie gab der Zimmerwirtin davon, manchmal auch mir, einmal lud sie mich ein, bei ihr Kuchen zu essen. Das Fenster in ihrem Zimmer war geöffnet, ich sah in die Wipfel der Bäume, die viel höher wirkten als Bäume in Europa, voll mit fremdstimmigen Vögeln. An den Wänden hingen Fotodrucke, Kalenderbilder mit Sonnenuntergängen, die weite Ebenen überstrahlten und glatte Wasserflächen. Wir aßen den Strudel aus der Pappschachtel und tranken Ingwerbier, während draußen in den hohen Bäumen die Vögel ihre schrillen Melodien flöteten und trillerten, eine Verständigung über eine Landschaft aus Wipfeln und Dächern, von der ich dort unten in meinem Zimmer keine Ahnung gehabt hatte. Tante Liesl nahm einen alten Schuhkarton vom Schrank, auf der Pappe klebte noch ein Zettel mit dem Musterbild der schwarzen Schuhe, die sie trug, wenn sie in die Bäckerei ging. Sie legte Fotos auf den niedrigen Tisch, Schwarzweißbilder und blaustichige Farbfotos, auf denen grünliche Blässe die Gesichter der Abgebildeten überzog. Als teile sie Karten aus, blätterte sie die Fotos mit kurzen Kommentaren auf mehrere kleine Stapel: einer war für ihren Mann, der »hatte über den Fluß in die Staaten gemacht«, ein breitschultriger Kerl mit unverbindlichem Lächeln und Strohhut. Ich fragte mich, wie ich mir dieses über-den-Fluß-Machen vorzustellen hatte, mit oder ohne Strohhut, schwimmend, im Boot, auf dem Rücken eines Riesenfischs reitend, womöglich auf einer altmodischen Fähre, auf der er als Fahrkartenverkäufer angeheuert hatte, um dann in einem unbeobachteten Moment im Ufergebüsch der »Staaten« zu verschwinden? Ich hatte keine Vorstellung von der Beschaffenheit der Ufer am Sanktlorenzstrom. Waren sie bewaldet oder bebaut, gestrüppig, mit biegsamen Schwemmlandbäumen bestanden, oder offenes Auland, waren sie von geschäftigen Ortschaften gesäumt?

Die anderen Stapel galten Tante Liesls Schwester, die gern in Trachtenkostümen posierte, der Landschaft und, wie Tante Liesl sagte, der alten Zeit. In der alten Zeit hatte Tante Liesl an einem ganz kleinen Flüsslein gelebt, das war die Raab, sagte sie, als gebe es das Flüsslein nicht mehr, das dort durch die alte Zeit gesprudelt und sanft geglitten war, gelegentlich Hochwasser führend Häßliches angerichtet hatte, auch das war abgebildet, schäumende Raab und ramponierte Holzbrücke, die eine junge Tante Liesl mit ihrem soldatischen Mann bekümmert musterte. Mein Kind begann zu schreien, Tante Liesl nahm es auf den Arm und wiegte es ruckartig nahe am Fenster, als wollte sie es hinaus in das Gezwitscher, Geschwirr und Geträller stoßen, ihm ein Bad in diesen fremden Klängen verpassen. Ich folgte ihren Anweisungen und nahm mir ein Foto nach dem anderen vor, stellte fest, wie auf jedem am Sanktlorenzstrom aufgenommenen Foto Schiffe im Hintergrund zu sehen waren, große schwarze Lastkähne, riesige Tanker, schwimmende Kräne, kleine weiße Ausflugsboote mit winkenden Passagieren an der Reling, das andere Ufer sehr weit entfernt.

Ich bin am Rhein aufgewachsen, erwähnte ich, als ich die Fotos angeschaut hatte. Mein Kind war von dem ruckartigen Wiegen ganz still geworden, sie legte es zurück in den Tragekorb, der für das Baby allmählich zu klein wurde. Ich nehm dich mal mit zum Sanktlorenzstrom, sagte sie.

Es war ein sehr heißer Sommer in Toronto. An den Häuserwänden triefte das Wasser aus den surrenden Entfeuchtern, dehumidifier war ein Wort in aller Munde, das ich noch nie gehört hatte. Ich trug mein Kind in den Ramsden Park, wir lagen im Schatten, ich starrte in die Baumkronen, lauschte auf den Kinderlärm des Planschbeckens. Andere junge Frauen mit ihren Kindern gesellten sich dazu. Ihre Gespräche drehten sich meistens um Mengen: Wie groß war das Baby, wie schwer, wieviel hatte es zugenommen, diese Fragen wurden abgehakt wie für einen Katalog. Die Frauen waren alle jung, arm und arbeitslos, ein paar noch jünger als ich, Mädchen mit Rattenschwänzen, in den billigen T-Shirts ihrer Exfreunde und abgeschnittenen Jeans, sie spielten mit ihren Babies wie mit Puppen, hatten immer Hunger, drehten Joints, lachten viel und malten sich Zukünfte aus, in denen sie es zur Friseuse oder Rezeptionistin brachten. Ein Mädchen namens Sandy mit roten Haaren war etwas älter, sie besaß einen Kinderwagen für ihre kleine Tochter und erzählte von ihrem Wochenendjob in einem Motel im Westen der Stadt. Richtung Mississauga, sagte sie und wedelte mit der Hand vage zum nächstgelegenen Parkausgang hin. Ihr Freund arbeitete Nachtschicht in einer Fabrik, sie wollten raus aus der Stadt. Sandy hielt den Kinderwagen für eine gute Investition, weil es ihr damit in den chinesischen Supermärkten der Gegend leichter fiel, Lebensmittel zu stehlen, die sie um das Baby herum unter eine Decke und in den Korb stopfte. Von dem Rest der winzigen Erbschaft, mit der ich nach Toronto gekommen war, kaufte ich ein dunkelblaues Gefährt, das, altmodisch als baby carriage bezeichnet, im Bargain Hunter angeboten war, einen Plattenspieler und eine gebrauchte Reiseschreibmaschine, denn die Zimmerwirtin hatte mir eine kleine Arbeit vermittelt, die darin bestand, für einen Vertrieb teurer Porzellanwaren Geschäftsbriefe zu übersetzen. Die Zimmerwirtin war stolz auf ihren Erfolg und schwor, in wenigen Jahren könnte ich es zur Chefsekretärin des Porzellanhändlers bringen. Einmal in der Woche rief mein Vater an, das Telefon hing im Hausflur der Zimmerwirtin, sie ließ die Küchentür offen und lauschte ungeniert, hörte mich manchmal weinen oder zu meinem Vater sagen: Wein doch nicht, es geht mir gut, anschließend gab sie mir Ratschläge zum Geldsparen beim transatlantischen Telefonieren, die ich an meinen Vater weitergeben sollte. Manchmal lud sie mich ein, mit ihrer Familie in der Küche fernzusehen, der Fernseher war sehr laut gestellt, um den surrenden dehumidifier zu übertönen. Ich saß zwischen Küchentisch und Kühlschrank und sah die Köpfe der drei Familienmitglieder, die sich gegen den Bildschirm abzeichneten. Der dicke Vater kam zum Wochenende von der Baustelle in Rochester in den Staaten nach Hause, er hockte im Unterhemd auf seinem Stuhl und starrte mehr vor sich hin als auf den Bildschirm. Die Familie aß Leber mit Gurkensalat und riesigen trockenen Salzkartoffeln. Das kleine Mädchen drehte sich ab und zu zopfschwirrend zu mir um und lächelte, ein Bröckchen Freundlichkeit für die Fremde auf dem billigen Sitz. Ich schlich mich bald davon. Wenn mein Kind schlief, lag ich im Dunkeln auf dem Bett und hörte leise die Neil Young Platten, die ich aus Deutschland mitgebracht hatte, oder lauschte auf die Waschbären, die sich an den Müllkübeln zu schaffen machten.

Ich nahm bei Sandy Lektionen im chinesischen Supermarkt um die Ecke. Als ich zum ersten Mal allein einen Korb hellgrüner Klaräpfel stahl, kam mir der Ladenbesitzer schreiend hinterhergelaufen, eine Schar schwarzbezopfter Chinesenkinder stand vor der Obstauslage aufgereiht und fuchtelte mit den Armen, doch der Mann gab rasch auf, um seinen Laden nicht im Stich zu lassen. Draußen bereitete sich nach Tagen der Schwüle ein gewaltiges Gewitter vor. Eine Windbö ergriff ein frisch aus der Reinigung geholtes Kleid, das in der Zellophanhülle über den Rücksitz eines Kabrios gebreitet gelegen hatte und setzte es knisternd auf meinem Kinderwagen mit den Klaräpfeln ab. Die Frau im Auto hatte die Flucht des Kleids nicht bemerkt und bog mit quietschenden Reifen in die Avenue Road, während die hochgebauschte Plastikfolie langsam in sich zusammensank. Es war ein dunkelblaues Sommerkleid mit kleinen weißen Blumen und einem weißen Kragen, ein ärmelloses Chiffonkleid, in dem sich die Besitzerin auf einer Gartenparty oder bei einem Cocktailempfang gesehen haben mochte. Jetzt hing es an der Tür meines Kellerzimmers, und die Zellophanumhüllung der Reinigung blähte sich müde in den Windstößen, die durch die Fliegentür schlugen. Im nächsten Moment entlud sich ein ohrenbetäubender Regen, kurz darauf war die Luft erfüllt von den Sirenen der Feuerwehrautos im Kampf gegen Wasser-, Feuer- und Sturmschäden.

Ich flocht mir die Haare zu Zöpfen, schnitt mir vor dem Taschenspiegel einen Pony und zog das Kleid an. Ich besaß keinen großen Spiegel, schaute nur an mir herab und fühlte mich wie früher, in den Gewändern, die meine Großmutter uns für Verkleidespiele aus ihren abgetragenen oder mottenbenagten Sachen schneiderte.

Der Sommer lag schwer und reglos auf der Stadt, eine Art Tier, mit einem langsamen lastenden Seufzen. Die Luft war so feucht, daß ich manchmal meinte, nicht mehr atmen zu können. Sandy und ich nahmen die U-Bahn zum See und spazierten mit den Kinderwagen durch Budapest Park, eine Grünanlage und Promenade mit Ausblick auf den See und kleinen Holzhäuschen, in denen man schattig saß. Wie alle Holzlauben in öffentlichen Parks rochen sie nach Urin und Moos, vom See schlug uns der warme Dunst von Wasser, Öl, Teer und Abfluß entgegen, Möwen lagen träge auf den kleinen Luftbewegungen über der matt spiegelnden Wasseroberfläche. Sandy erklärte, der See sei eigentlich ein Fluß, sie bezeichnete den See als einen riesigen Flußbauch, der sich nach Nordosten wieder verdünne und ins Meer entleere. Überhaupt, sagte sie mit ausholender Geste, überhaupt sind alle diese Seen hier nur Flußbäuche, gewaltige Erweiterungen der Flüsse, die zu viel Wasser aufgenommen hatten, um es zum Meer zu führen, so gebaren sie einen Flußbauch nach dem anderen, in dem die Wassermengen schwappend lagen, sich wie kleine Meere gebärdeten und darauf warteten, sich meerwärts bewegen zu dürfen. Sandy redete sich in einen Eifer, als wären diese Gewässer ihre Herzensangelegenheit, sie beschrieb die Formen der Seen in der Luft, nannte Vögel und Fische bei Namen, die ich noch nie gehört hatte, erhob sich, als wollte sie sich mit ihren Ausführungen direkt an das Gewässer wenden, und vor mir stieg das Bild einer Landmasse auf, deren eine Hälfte noch träumerisch der Sintflut anhing und sich in einem steten Atem abwechselnd Ozean und Festland zuneigte. Jedes Wasser will zum Meer, sagte sie abschließend und setzte sich wieder. Der Ontario See selbst wirkte wie ein Meer, die vielen Möwen, die sich aus unersichtlichen Gründen aus gaukelnder Ruhe zu unruhigen, kreischenden Schwärmen formierten, der Hafengeruch, die sich im Dunst abzeichnenden großen Tanker und Kähne erinnerten an etwas Ozeanisches. Nie erschien der Umriß eines gegenüberliegenden Ufers.

Einmal nahmen Sandy und ich die Fähre nach Toronto Island. Es war ein sehr heißer Tag im September, das Laub hing müde an den Bäumen, und die Tage waren schon spürbar kürzer als im Sommer. Es war ein Sonntag oder Feiertag, die Fähren pendelten unermüdlich, auf den Rasenflächen und an den Picknicktischen hatten chinesische Großfamilien unzählige Schalen, Teller, Schüsseln ausgebreitet. Ich schob neben Sandy meinen baby carriage über die Wege und fühlte mich wie ein Kind mit einem Puppenwagen, während wir uns von unseren Kindheiten erzählten, vom Stehen am Fluß und dem meerwärtigen Schauen und den Kähnen, die vorüberfuhren. Zwei Selbstgespräche, in denen der St Lawrence River, weiter nördlich, aus den Bäuchen befreit, dieses sagenhafte von unzähligen Inseln bewohnte Gewässer, das ich aus dem Flugzeug gesehen hatte, den Rhein übertönte, der aus dieser großen Ferne des anderen Kontinents geschildert, so klein und schmächtig wirkte, daß meine Kindheit an seinem Ufer mit einem Mal gewichtslos und flüchtig erschien. Wir saßen am Ufer des als See getarnten Flusses und aßen unser schmales Picknick, warfen Steine ins Wasser und betrachteten die dunkelviolette Wolkenfront, die sich näherschob. Wind kam auf, der See warf Wellen wie im Kielwasser eines Riesenschiffs, es donnerte, die Familien sammelten hastig ihre Picknickauslagen ein und formierten sich zu kleinen Trupps, die zur Anlegestelle der Fähre trabten, die Plastikregencapes im Lauf ausbreitend, weißliche, blaue und rosa Laufvögel, deren Schwingen kurz darauf, vom Regen überwältigt, am Körper klebten. Wir schoben los, doch vor dem wilden plötzlichen Regen mußten wir in einem kleinen Pavillon Schutz suchen, aus dessen Fenstern wir sahen, wie die Skyline der Stadt hinter Wasserschleiern verschwand und Wellen bis auf die Rasenflächen und Spazierwege klatschten. Die kleinen Fähren blieben aus, ab und zu schob sich eine Schiffssirene mit einem hohlen, wehmütigen Klang zwischen das Regenrauschen und den Donner. Die Kinder in ihren Kissen schauten bang, wir lachten ihnen Mut zu und sangen ihnen Helpless vor, denn das war das einzige Lied, das wir beide auswendig kannten, schließlich verstummte der Donner, und der Regen fiel dünner.

Mit diesem Gewitter kam der Herbst, ich verlor Sandy aus den Augen, nachdem ich in eine Wohnung im ersten Stock eines anderen Hauses meiner Zimmerwirtin übersiedelte, wo ich aus der Küche in einen winterkahlen Baum und ein Stück Garten blickte, dessen sich niemand annahm. Mein Kind saß auf einer Decke am Boden und spielte mit bunten Löffeln und einer Flickenpuppe, während ich Russisch lernte und ihm die kleinen Lektionen vorlas, durch die ich mich arbeitete. Ich schob den Kinderwagen durch den Schnee zur Hungarian Bakery, und plauderte mit Tante Liesl hinter der Theke. Manchmal kam sie vorbei und brachte in ihrem Beutel übriggebliebenes Brot und trockenen Kuchen. Sie setzte sich in den einzigen Sessel, den ich besaß, ein altes dunkelrotes Stück, dem der gelbliche Füllschaum aus Rissen und aufgeplatzten Nähten entkommen wollte. Zum ersten Geburtstag meines Kindes brachte sie ihm ein rotes Feuerwehrauto mit sechs kleinen Feuerwehrmännern, die aufgemalte Schnurrbärte trugen und starr in ihren kleinen Vertiefungen standen, die Hände soldatisch an die aufgemalte Hosennaht gelegt.

Erst im darauffolgenden Frühling sah ich Sandy wieder. Sie arbeitete jetzt gelegentlich in einem Laden namens Mother Earth, wo sie ziegelsteinschwere Brote, Melasse und Sojasprossen verkaufte. Ihre Haare waren nicht mehr rot sondern pechschwarz und hingen ihr in langen dicken Zöpfen auf den Rücken. Wir schoben unsere Kinder in der Morgensonne der Maitage zum Spielplatz, wo sie unlustig zwischen zudringlichen grauen Eichhörnchen im Sandkasten spielten. Eine unscheue graue Natur, die sich schon ganz dem Abfall der Stadt verschrieben hatte, machte sich überall bemerkbar: die dicken Eichhörnchen, die Waschbären, die Krähen, sogar die Möwenschwärme, die morgens vom See über die flacheren Teile der Stadt schwenkten – sie alle waren grau.

Sandy erzählte mir, sie sei in Wirklichkeit First Nation. Ich hatte das Wort noch nie gehört, sie sagte »Indianer« wie hinter vorgehaltener Hand, im letzten Sommer hätte sie ihre Haare rot gefärbt. Auf dem Weg zum Spielplatz kamen wir am Arbeitsamt vorbei, vor dem sich morgens Trauben von Männern sammelten, die Indianer überragten alle anderen um Haupteslänge und standen still und schweigsam abseits, sie blieben auch ungerührt, wenn Sandy sie mit Gebärden und unverständlichen Worten zu grüßen suchte.

Eines Tages erzählte Sandy, sie würden die Stadt verlassen und sich in einem Wald niederlassen. Sie malte mir die Vorzüge des Lebens in ihrem compound aus, ein Wort, das militärisch klang und nicht nach dem wilden Leben, das sie beschrieb. Sie verschwand, der Sommer breitete wieder seine feuchtwarmen Tücher über der Stadt aus, und in den heißen Nächten saß ich mit meinem Kind auf den Stufen der Vorderveranda, bis wir so müde waren, daß wir schlafen konnten. Das Viertel um Bernard war in diesem Sommer eine Gegend der Sekten und Ausreißer, die die alten Holzhäuser zerwohnten, bis die Große Verschönerung sie mit ein paar Besenstrichen hinausfegen würde. Hare Krishna-Anhänger hatten sich in einer aufgelassenen Kirche an der Ecke eingerichtet, sie schoben in orangen Trauben durch die Straßen und bleiche, teiggesichtige Frauen in langen schmutzigen Gewändern führten ihre kahlgeschorenen Kinder auf den Spielplatz. Die Häuser waren in billige Einzimmerapartments unterteilt, wo junge Paare lebten, manchmal auch Wohngemeinschaften auf einer Etage. In der schwülen Luft hingen die Marihuanawolken reglos und dicht, aus den Wohngemeinschaftsfenstern schwappten die Klänge aufgekratzter Kokainparties, Flaschen gingen zu Bruch, Polizeiautos krochen langsam, leise und ziellos durch die erleuchteten Straßen wie in amerikanischen Filmen. Gegenüber spielte nachts ein Mädchen in gelbem Kleid Gitarre und sang schrillstimmig dazu, zwischendurch kam sie herüber, kitzelte mein Kind freundlich unter dem Kinn mit den Gebärden eines unbeholfenen Schauspielers, der einen Onkel darstellen will, sie behauptete, auch ein Kind zu haben, erzählte, sie ginge bald aufs Land, diesen Sommer noch hier, dann in der Natur, there's nothing like nature, sagte sie immer wieder. Nie sah ich sie tagsüber, immer nur nachts, manchmal schweifte sie durch die Straße im Arm eines jungen Mannes, sie schlenderten, blieben hier und da stehen, knüpften Gespräche an, überall saßen die Schlaflosen auf den Verandatreppen und starrten auf die Variationen des Spätfilms, der sich dort draußen Abend für Abend abspielte. Kaum eine Woche verging, ohne daß ein Haus abbrannte. Eines Nachts stand die Kirche der Hare Krishna in Flammen. Die Sirenen der Polizei und Feuerwehr heulten stundenlang, an der Ecke meiner Straße geriet ein Löschwagen aus der Kurve und prallte gegen einen Laternenpfahl. Die Wagen der Feuerwehr in Toronto sahen aus wie große Spielzeuge, die Feuerwehrleute standen außen auf Trittbrettern und hielten sich an eisernen Griffen fest, starrten unter den Helmen mit unbewegten Gesichtern ihrem Schicksal entgegen. Bei der Entgleisung des Wagens an der Straßenecke kam zum Glück keiner von ihnen zu Schaden, sie waren geschickt und geübt im vorzeitigen Abspringen, um am Brand rasch Stellung zu beziehen. Jetzt standen sie ein wenig betreten herum, bis sich der Wagen wieder auf die Fahrbahn manövriert hatte. Der Aufprall war nicht heftig gewesen, die Feuerwehrmänner stiegen mit einem Ruck wieder auf ihre Trittbretter und brausten davon, die erloschene Straßenlaterne ragte schief in den Vorgarten des Eckhauses.

Eines Morgens erschien Sandy in einem großen alten straßenkreuzerischen Auto, um mein Kind und mich zu einem Ausflug aufs Land abzuholen. Wir fuhren am Flughafen vorbei, unter den Schildern nach Mississauga hindurch. Immer wieder schien die Stadt schon in lückenhaften einstöckigen Laden-, Autohandels- und Werkstattzeilen am Wegesrand abzubröckeln, um dann doch wieder in einer neuen Vorstadt Luft zu holen und den Atem zu strecken. Irgendwann mischte sich Ödland und Gestrüpp zwischen die Ladenzeilen, inzwischen nur noch Buden, die eine große Leere kaschieren sollten. Schließlich breitete sich offenes Land aus, riesige Felder, junge struppige Haine.

Sandys compound befand sich in einem schütteren Waldstück nicht weit von einer kleinen Stadt, die in ihrem eigenen kleinen Ring geduckter Budengeschäfte lag. Zwischen den Bäumen sah man helles Wasser schimmern, zur einen Seite zog sich ein hoher dunkler Zaun durch den Wald, hinter dem werweißwas liegen mochte. Man lebte in zeltartigen Hütten, die Sandy unsere Wigwams nannte, auf zusammengebundenen Ästen und Abfallhölzern waren rissige Planen, Kartons, Wellblechstücke befestigt, Stückwerksdächer mit Ritzen, durch die man die Sterne hätte sehen können, hätten sich nicht die Wipfel der hochstämmigen Bäume darübergewölbt. Ausgemusterte Gegenstände standen zwischen den Wigwams, schäbige Fundstücke, Spenden, Überbleibsel des Lebens vor dem Wald: ein alter Ofen, ein Sofa, ein Sonnenschirm. In einer kleinen Mulde abseits des compound, türmte sich der Verpackungsabfall, den Tiere zerrissen, zerscharrt und zerbissen hatten, Milchtüten, Cornflakesschachteln, Schokoladenpapiere, Bierdosen und die Schaumstoffteller mit den Spuren blutiger Fleischstücke.

Am Mittag ging Sandy zum Fluß um zu angeln, die Kinder schliefen im Schatten. Wir saßen auf einem alten Betonbrocken am Ufer, Sandy redete pausenlos vom neuen Leben im Wald und am Fluß, davon, wie sie wieder indianisch handeln, von Beeren, Pilzen und Fisch leben und die Sterne lesen würden. Die Kinder erwachten weinend, Sandy fing keinen einzigen Fisch und hielt mich an, mit ihr Reisig für ein Feuer zu sammeln, das am Abend die Mücken vertreiben sollte.

Der Abend war schön. Sterne erschienen über den Wipfeln der Bäume, vom Fluß wehte ein Wind, es war still, man hörte leise die Wellen. Sandy machte Feuer, wobei sie tatsächlich den Anschein erweckte, sie verstehe sich auf die Kniffe des wilden Lebens, das Feuer flammte auf, brannte lustig und knisternd. Ein schnauzbärtiger Mann spielte auf der Gitarre und sang dazu. Look at mother nature on the run in the nineteenseventies. Das konnten alle mitsingen, was eine beklemmende Art von Gemütlichkeit erzeugte, vor der ich gerne geflüchtet wäre.

Ich teilte mir den mitgebrachten Schlafsack mit meinem Kind und konnte nicht einschlafen. Im Wigwam roch es muffig, der Schnauzbärtige und seine Freunde murmelten und summten am Feuer, aus der Ferne trieben jetzt schroffe Musikfetzen durch den Wald, Ziehharmonika und vielstimmiger Gesang, die das Rascheln und Wispern der Wildnis übertönten. Die Donnerschwaben, sagte Sandy erklärend ins Dunkel, die sind hinter dem Zaun.

Am nächsten Morgen war der Himmel milchigweiß. Es war sehr warm, die Vögel schrillten lustlos in den Wipfeln, Fliegen rotteten sich in vibrierenden Wolken um jeden Krümel am Boden. Sandy zeigte mir eine Stelle, wo man von einem leicht zu erkletternden Baum über den Zaun schauen konnte. Auf hellgrünem Rasen standen große Wohnwagen aufgeputzt wie kleine Eigenheime auf Rädern. Ein swimming pool schimmerte türkis in einiger Entfernung. Vor einer langgestreckten Baracke deckten zwei Frauen in geblümten Schürzen einen Tisch. Aus den geöffneten Fenstern der Baracke schallte der Klang von Kirchenglocken. Der ganze Park, anscheinend von einem gleichmäßig hohen Zaun umgeben, wirkte wie in ein blendendes Licht getaucht, obwohl der Wald unter bedecktem Himmel lag. Alle wollen ein Paradies, zu dem der Engel keinen Zutritt hat, sagte Sandy.

Erst viel später begriff ich, daß es Donauschwaben waren, die sich in dieser Abgeschlossenheit vielleicht hofften vorgaukeln zu können, der Fluß am Fuße ihrer säuberlichen Siedlung sei die Donau, die sich verflossen haben mochte unter diesen Himmel Nordamerikas, der so viel höher war als in Europa.

Später am Tag fuhren wir zurück in die Stadt. Wir hielten an einem schiefen Lokal am Stadtrand, wo Sandys Freund kleine Geschäfte betrieb. Mein Kind wimmerte vor Hitze auf der klebrigen Kunstlederbank. Kunstleder nannte man hier leatherette, ein Wort, das angesichts dieser Bänke etwas absurd Zärtliches entfaltete. Zum Trost für die Künstlichkeit schenkt man den Dingen einen Kosenamen.

Sandys Freund spendierte süße Getränke und schob ihr ein Bündel Geldscheine für Einkäufe zu. Um die kleinen Lachen verschütteter Flüssigkeit neben den Gläsern sammelten sich Fliegen, Sandys Freund erwartete einen Kunden, wir brachen auf. Im Autoradio gab es viertelstündlich Nachrichten über einen rätselhaften Virus, den jemand aus Afrika ins Land geschleppt hatte. Die Einschlepperin war auf dem Flughafen tot zusammengebrochen, die Passagiere ihres Fluges waren aufgefordert sich in Quarantäne zu begeben, die möglichen Symptome der Krankheit wurden aufgezählt. Die Krankenhäuser der Stadt waren Stunden nach der ersten Meldung bereits mit Patienten überfüllt, die an einem oder mehreren der beschriebenen Symptome erkrankt waren. Sandy lachte bei der stets gleichlautenden Nachricht jedesmal kurz grölend auf, während wir uns langsam über die hitzeflimmernden Straßen in die Innenstadt schoben und nach dem bewölkten Tag eine rote Abendsonne im Rückspiegel stand.

Im Spätsommer wurde Tante Liesl von einem Feuerwehrauto angefahren und starb nach zwei Wochen an ihren Verletzungen. Das erfuhr ich von der Zimmerwirtin, die mir beim Kassieren der Miete davon erzählte. Ein paar Tage später war das Begräbnis bei Kingston, wo Tante Liesl einen Grabplatz gekauft hatte. Die Zimmerwirtin bot mir großzügig einen Mitfahrplatz zum Begräbnis an. In den Tagen bis zur Beerdigung verfolgte mich die Vorstellung der wortlosen betretenen Feuerwehrmänner, die den Körper der Verunglückten umstanden. War es ein Wasser- oder ein Feuereinsatz gewesen? Hatte Tante Liesl in einer Gewitterpfütze gelegen, im noch strömenden Regen, oder auf dem heißen Asphalt, im Dunkeln, im Licht einer Straßenlaterne?

Am Tag der Beerdigung wehte ein kühler Wind, nicht mehr sommerlich, bitter, das Licht hier war anders als in Toronto, es kam mir schärfer vor, die Schatten spitzer. Bald war es wieder Herbst. Wir standen unter rasch ziehenden Wolken am Grab, ein kleines Grüppchen ohne Tränen. Der Priester stimmte ein Lied an, das niemand singen konnte. Nach der Beerdigung ging ich mit meinem Kind am Fluß spazieren. Ich nehm dich mal mit zum Sanktlorenzstrom, hatte Tante Liesl gesagt. Die Sonne schien schräg von Westen her, über den Wolken stand ein grünliches Blau. Ich sah den Fluß hinauf, nach Nordosten und fühlte mich etwas näher an Europa, bis mir die Eisschollen einfielen, die ich bei meiner Ankunft aus dem Flugzeug gesehen hatte. Mein Kind sprach kein Wort, als nähme es keinen Anteil an den Namen der Dinge, aber es warf lachend Steine ins Wasser und breitete beim Anblick der großen Schiffe die Arme aus. Ein Dampfer schaukelte vorbei, der an der Reling ein Werbeschild trug: St Lawrence River Gateway to North America. Einen Augenblick war ich verwirrt und bestürzt. Wohin führte dieser Fluß? Hinaus ins Meer oder hinein ins Land? Ich blickte aufs Wasser, konnte keine Flußrichtung erkennen, die Wellen liefen gegeneinander und auseinander, hierhin und dorthin, und mich überfiel eine plötzliche, alle Vernunft überrumpelnde Angst, mein Kind und mich einer Gegend ausgeliefert zu haben, in der wir uns nie auf etwas würden verlassen können, nicht einmal darauf, daß ein Fluß dem Meer zufließt.

Ein paar Wochen später fuhren mich die weichherzigen Hallodrisöhne der Zimmerwirtin zum Flughafen. Sie nahmen verlegen als Abschiedsgeschenk meine drei Neil Young Platten entgegen, wahrscheinlich besaßen sie sie schon. Es war ein selten schwüler Herbsttag, der an den Sommer erinnerte. Die Luft über der Straße zum Flughafen war von Staub erfüllt, die Sonne saß schwer und rot unter dem Schild »Mississauga«, das sich über die Fahrbahn spannte. Ich meinte, das schiefe Lokal zu erkennen, in dem Sandys Freund seine Geschäfte führte und hielt Ausschau nach einem straßenkreuzerischen Auto, in dem Sandy und ihr Kind vorbeisegeln mochten. Am Flughafen drückte ich den Hallodris die Hände, sie verzogen freundlich die weichen Gesichter und kniffen mein Kind wohlmeinend in die Wange. Es weinte, ich nahm es rasch auf den Arm, und bevor ich das Flughafengebäude betrat, warf ich uns beiden drei Handvoll staubigen Dämmer über die linke Schulter nach hinten. Das, hatte Sandy einmal gesagt, machen die Indianer vor der Überquerung eines Flusses.

12
Waschhalle

Nach den ersten Wochen in London machte ich mich auf Arbeitssuche. An Anzeigen herrschte kein Mangel, man las viel und eifrig Zeitung, überall standen Zeitungsverkäufer, die sich gegenseitig mit ihren laut ausgerufenen Schlagzeilen übertönten, was gar nicht nötig gewesen wäre, denn allen riß man gleichermaßen und zu allen Tageszeiten die frisch gedruckten Blätter aus der Hand und legte ihnen dafür ein silbriges Geldstück hinein. Die Mülleimer quollen über von hastig hineingestopftem Zeitungspapier, in der stürmischen Saison ergriffen unberechenbare Böen die Zeitungen an allen Ecken und trieben sie in Wellen durch die Straßen, wo sie sich in Hecken und Bäumen verfingen und, wenn der Wind keinen Ausweg fand, Fahrzeuge und sogar kleine Häuser unter sich begruben.

Doch die Fülle der Anzeigen gab wenig her, ich stellte mich vor, sprach vor, zeigte mich, ließ meine Stimme hören und bot Kostproben meiner Fähigkeiten an, aber fand keine Anstellung. Ich bedauerte, keine praktischen Fertigkeiten erworben zu haben, mit denen ich vielleicht mehr Eindruck hätte machen können. Mit dem blitzschnellen Verwandeln pastellfarbener Stoffservietten in militärisch anmutende Mützchen etwa, wie man sie in den unzähligen indischen Restaurants aufgebaut sah, die mit Vorliebe die Namen von Schlachtfeldern, Admiralen oder Viceroys und ihren Gattinnen trugen. Auch als erfahrene Serviettenverwandlerin jedoch wäre es mir schwergefallen, es mit den Kellnern in diesen Lokalen aufzunehmen, die man zu allen Tages- und Nachtzeiten durch die Fenster dabei beobachten konnte, wie sie benutzte Servietten der eben verabschiedeten Gäste mit schwindelerregender Geschicklichkeit wieder zu Mützchen falteten, die dem erwarteten neuen Gast einen blütenreinen Zipfel zeigten. Jahrelang hatte ich mich damit beschäftigt, Worte von der einen in die andere Sprache zu schieben, eine geheimnisvoll wirkende Tätigkeit, die einem immerwährenden Brettspiel glich, doch in London nicht gefragt war. Ich wußte nicht einmal mehr, ob mir diese Tätigkeit fehlte, sie lag im trüben Glanz der Ferne, jenseits eines Strichs, den ich durch das Wasser des Ärmelkanals gezogen hatte. Für diesen fernen Glanz jedoch konnte ich mir, wie man hier und da grob zu sagen pflegte, nichts kaufen, und drückte mich deshalb an Geschäften, Bürohäusern und öffentlichen Einrichtungen herum, stets in der Hoffnung, eine Arbeitslücke zu entdecken, die ich mit den einen oder anderen beiläufigen Fähigkeiten füllen könnte.

Täglich kam ich an der öffentlichen Waschanstalt meines Stadtviertels vorbei, ein prächtiger Backsteinbau mit Giebeln, Erkern und Türmchen, erbaut am Anfang des Jahrhunderts, als Wasser in Mode kam. In einer großen Halle standen alte blaue Waschmaschinen, deren Bedienung nur in der Waschfrauenschule erlernt werden konnte. Die Waschfrauen waren alle große Weiber, die den Kunden die Wäsche vor Resolutheit aus den Händen rissen und gebündelt auf einer altmodischen Personenwaage wogen. In der Heißmangelecke war den meisten Geräten mit Kordel das handgemalte Pappschild

»out of order« umgehängt, das aussah wie die schief bekritzelten Namensschilder landverschickter Arbeiterkinder in der Zwischenkriegszeit. Dort zwischen den defekten Mangeln ließen die Waschfrauen stillschweigend manierliche Obdachlose schlafen. Die Obdachlosen wichen tagelang nicht von der Stelle, sie schliefen, aßen und tranken leise zwischen den verdrossenen Heißmangeln und bekamen gelegentlich von ihren Wohltäterinnen sogar Benutzermarken für das Schwimmbad zugesteckt, das man von der Waschhalle durch eine Glastür betrat. Es war eine schöne alte Schwimmhalle mit gekachelten Wänden und einem kuppelartigen Dach, in dem sich die Glasluken allmählich mit Moos überzogen. Alles Zubehör, wie Wasserhähne, Handtuchhaken, Leitern, die Bänke an der Wand, stammte noch aus den sogenannten alten Zeiten, als das Schwimmbad erbaut worden war, und war von den vielen vergangenen Jahren so überhaucht, das es vor allem durch die leicht beschlagene Scheibe der Glastür kostbar schimmerte.

Es gab auch Badekammern, die in unbeobachteten Momenten wahrscheinlich auch von den Obdachlosen genutzt wurden. Sie waren schon dem Untergang geweiht und wurden nicht mehr geschrubbt und von wandelndem Ungeziefer befreit. Die Kabinen mit Wannen aus emailliertem Eisenblech dämmerten dem Tag entgegen, an dem sie aus den Verankerungen gerissen und von den Rohren und Leitungen gesägt würden, grünlicher Kalk würde aus den Rohrstummeln auf den Steinboden fallen, die abmontierten Armaturen würden dumpf und dröhnend in den Wannen kollern. Dort oben in den Badekammern war es im Vergleich zur Waschhalle traurig und leer, ganz selten kamen magere ältere Herren mit wehendem weißen Haar, die bei den Waschfrauen Bademarken kauften, unter ächzendem Beugen der spitzigen Knie die schmale Treppe emporstiegen, um dann womöglich gar nicht zu baden, sondern ihrer Kinderkunst zu frönen, die darin bestand, auf den Eisenwannen Melodien aus der Kinderzeit zu spielen, die sie allein kannten. Für diese kleinen, wie aus einem anderen Land in die Waschhalle tönenden Darbietungen brachten sie kleine, lang erprobte Erinnerungsgegenstände mit – zerbrochenes Spielzeug, ramponierte Federkästen, eingedellte Schießgewehre aus buntem Blech – die die Wannenränder in Schwingung versetzten.

Ich schlich mich ein-, zweimal hinter dem Rücken der Waschfrauen die Treppe hinauf, sah mich um und fand nichts außer einer verrosteten Zopfspange, in der ich bereit war, noch den Zeugen vergangener Familienbadetage zu sehen: strenge Reihenfolge der Badewannennutzung, der Vater als der schmutzigste zuerst, während die kleinen kichernden Mädchen, die als letzte in das lau und trüb gewordene Wasser stiegen, höchstens einen Marmeladestreifen hinterm Ohr und ein bisschen Dreck unter den Fingernägeln wegzuwaschen hatten und nach ein paar Minuten bibbernd und von Vaters Wochenschmutz erdunkelt aus der Wanne stiegen.

Unten in der Waschhalle jedoch hätte ich gerne gearbeitet. Die Waschfrauen wechselten nicht viele Worte mit den Kunden, ihre Bewegungen waren abgezirkelt und beherrscht, begleitet von dem Zwitschern, Seufzen, Schleifen und vibrierenden Summen der Geräte und Maschinen, in hellem Licht, im frischen Wind, der zwischen den Pendeltüren der Ausgänge zu beiden Seiten entstand, immer in Bewegung: Kunde, Bündel, Waage, Abholmarke, Maschine. Zwischendurch die wortlosen kurzen Gespräche mit den Obdachlosen, den weißhaarigen Badewannennutzern, Tuscheln und Hellauflachen der Waschfrauen untereinander. Ich drückte mich zwischen den wäschebepackten Kunden herum, die fügsam Schlange standen, um ihre muffigen Bündel loszuwerden, und versuchte, mir die Routine der Waschfrauen einzuprägen, die Gesten und Gebärden, mit denen sie ihren Dienst versahen, so zu speichern, daß ich sie zu Hause üben konnte. Wer weiß, vielleicht würde ich sie eines Tages brauchen und erfolgreich vorführen können, etwa nach der auf den Bügelbrettern ausgerichteten Entlaßfeier für eine Waschfrau, die aufs Land heiratete und mit rosa glasiertem Crèmekuchen und einem dünnen Nelkenstrauß verabschiedet worden war. Noch würden die Kuchenreste unter den lüsternden Augen der Obdachlosen auf den Papptellern liegen, die Becher mit dem Satz des süßen Holunderschaumweins auf den Waschmaschinen stehen, da würde ich schon den günstigen Zeitpunkt der Erschöpfung der Waschfrauen nach Kuchen und Wein nutzen, und ihnen zeigen, was ich gelernt hatte. Aber dazu kam es natürlich nie, ich trieb mich solange dort beobachtend herum, bis man in mir einen Kandidaten für die Mangelecke vermutete. Nein, nein, ich schüttelte den Kopf, zeigte auf die billige Kamera, die ich umhängen hatte, gab mich damit als Fremde oder gar Touristin zu erkennen und erntete Blikke kalter Verständnislosigkeit. Das war das Ende des waghalsigen Traums, in dem ich mich als Waschfrau in einer schönen viktorianischen öffentlichen Bade- und Waschanstalt sah, und ich machte mich wieder auf die Suche, obwohl mir nach diesem Mißerfolg die Lust auf eine respektable Londoner Arbeit fast vergangen war.

Kurz darauf stieß ich auf meinen Wegen wieder auf den Kunstreiter, den ich schon aus den Augen verloren geglaubt hatte. Er saß auf einer von dornigem Gestrüpp umwucherten Bank am Kanal und war so in sich zusammengesunken, daß ich meinte, unerkannt vorbeischleichen zu können. Doch kaum war ich auf der Höhe der Bank, ließ er seinen Stock blitzartig quer über den Pfad schnellen, daß ich fast darüber gestolpert wäre und erschrak. Ich bin ein kranker Mensch, sagte er unvermittelt und schlug sich die Hände kurz vors Gesicht. Sein schwarzer Mantelärmel rutschte zurück, auf dem Unterarm wurden rote Flecken sichtbar, die jede Spur von einer Tätowierung zunichte gemacht hatten. Ich erzählte ihm von meiner Suche, er hörte mit einem Lächeln auf den Lippen zu, das nach müdem Hohn aussah. Alles wie gehabt, alles wie gehabt, sagte er schließlich. Ich rate zur Großen Internationalen Radioschau. Vornübergebeugt, die Arme auf die Knie gestützt und den Blick auf das immergrüne Unkraut der Stadt gerichtet, das zwischen den geborstenen Gehsteigplatten des einstigen Treidelwegs hervorkroch, berichtete er in selbstgesprächlerischem Murmeln von der riesigen, unermüdlichen, schlaflosen Arbeit des Internationalen Radiosenders, der zu allen Tages- und Nachtzeiten in allen Sprachen in die ganze Welt Sendungen ausstrahlte. Er entwarf das Bild eines Universums der Stimmen, Stimmlagen, angeschlagenen Töne aus unzähligen Kehlen, ein sich ins Endlose webendes Netz der Sprachen, das sich, verborgen hinter einer Fassade erschlagender Pracht, um alle Menschen und Gegenstände in den Kammern und Sälen des Radiosenders spann.

Nach der Schlappe in der Waschanstalt erschien mir die Vorstellung einer Arbeit in dämmrigen Räumen und Wolken unentwegten unverständlichen Gemurmels verlockend. Man würde, so stellte ich mir vor, eine Stimme sein, ungesehen, unerkannt, man würde eintreten in die Internationale Radiowelt, wo nur noch die Hörbarkeit zählte, und klein, übernächtigt, verschwindend blaß, aus ihr hinaustreten, sich in den dichten Verkehr fädeln und nach Hause tragen lassen, um sich bis zum nächsten Auftritt auszuschlafen. Nicht einmal an einem unbedacht laut auf der Straße ausgesprochenen Wort würde man mich erkennen oder beim Namen nennen können, denn die Internationale Radioschau war nicht für dieses Land bestimmt.

13

Theater

Das Fenster in der Ziegelwand, auf die ich aus der Kammer schaute, war jetzt nachts immer erleuchtet. Durch die Milchglasscheibe konnte man im weißen Licht zwei Schattengestalten erkennen, leicht vornübergebeugte Köpfe mit Hauben oder haubenartigen Haarschöpfen, hantierende Hände, Gegenstände, die sich nicht ausmachen ließen. Sie bückten sich, reichten einander Dinge, griffen hierhin und dorthin, auf und ab und hin und her mit flinken Armen. Ich stellte mir vor, daß sie Speisen zubereiteten. Da sich in der Nähe kein Lokal befand, mußten sie Auftragsköche sein, deren Gerichte in Eimern, Körben und Kisten von einer Hintertür auf einen Wagen gereicht und werweißwohin gebracht wurden. Oder sie waren nur Küchenhandlanger, die schälten, würfelten, entkernten, rieben, zerlegten und häckselten, was andere braten, kochen und backen würden, ein Beitrag zu der riesigen Menge der Speisen, die täglich in der Stadt verschlungen und vergessen wurden. Die Schatten waren bis in die frühen Morgenstunden beschäftigt, bewegten sich rasch, manchmal flogen die Hände vor ihren Gesichtern hin und her, als gestikulierten sie in einem lebhaften Gespräch. Eines Nachts sah ich, wie eine der beiden Gestalten sich vorreckte und plötzlich ein großes Messer hob, es stand sekundenlang zwischen den beiden Gesichtern und nichts regte sich in dem erleuchteten Fenster. Dann sank die Hand mit dem Messer, kurz darauf waren beide wieder bei ihrer Arbeit.

Trotz der Messerszene erschienen mir die kleinen Schattenaufführungen in den Nächten freundlich, und ich sah mich als den einzigen Zuschauer auf diesen Hinterhofrängen. In dem abgefallenen Laub, das jetzt den ganzen Garten bedeckte, raschelten die Füchse zu der lautlosen Darbietung hinter dem Fenster, im Schein der einzigen Straßenlampe an der Gasse wirkten die angrenzenden nächtlichen Hintergärten, in die man jetzt durch die leeren Sträucher und Bäume ungehindert blicken konnte, geheimnisvoll. Was sich tagsüber als Ansammlung von Umbauabfall und zusammengebrochenen Schuppen zeigte, sah nachts aus wie ein mit Theatertrümmern dekorierter Bühnenraum, der auf die richtige Beleuchtung wartete, während das Schattenspiel als eine Art Vorprogramm geboten wurde.

In einer solchen Nacht brannte ein paar hundert Meter von mir entfernt ein Haus in meiner Straße aus, ohne daß ich in meiner Kammer etwas davon merkte. Das Haus lag gegenüber dem eingezäunten Ödlandstreifen mit den Pappelbäumen, es war schmal und alt und den vielen Klingelknöpfen am Eingang nach zu urteilen in mindestens ein Dutzend Schlaf- und Wohnzellen unterteilt, in denen in dieser Nacht mehrere Menschen verbrannten.

Als ich am nächsten Morgen ans Vorderfenster trat, um Greengrocer Katz meinen heimlichen Gruß hinter der Gardine zu entbieten, sah ich die Jungen der islamischen Schule, die ein paar Häuser von meiner Wohnung entfernt lag, in einem Pulk auf der Straße stehen. Es war ein schöner Morgen mit fast winterlichem Licht, und die Jungen trugen dunkle wattierte Anoraks zu ihren weißen Kaftanen und Käppis. In ihrer Ratlosigkeit schubsten sie einander und balgten und schrieen durcheinander. Ihre Schule lag nur zwei Häuser von dem Unglücksgebäude entfernt, der ganze Block war gesperrt. Ein Polizist bewachte ein blauweißes Absperrband, das quer über die Straße gespannt war, ein anderer dirigierte den Verkehr zurück auf die große Straße. Auf Fragen der Fußgänger antworteten die Polizisten mit einer herrscherlichen Gebärde in Richtung der Gasse hinter dem Garten, wo sie den Block umgehen konnten. Greengrocer Katz sperrte die eiserne Rollade vor seinen Schaufenstern auf wie jeden Tag und ließ sie ratternd hochfahren, während der Kroate angeregt, mit dem Kaffeebecher in der Hand, mal auf die eine, mal auf die andere Seite der Straße schritt und versuchte, mit Passanten und Polizisten Gespräche anzuknüpfen. Jemand kam und führte die Schulkinder durch die Gasse irgendwohin, ein Hubschrauber kreiste, ein Lieferwagen brachte Waren für Greengrocer Katz, der an dem Tag große Bestellungen erwartete, und durfte nach kurzem Wortwechsel mit den Polizisten parken.

Ich erfuhr erst am Mittag, was geschehen war. Als ich zu meinem Spaziergang aufbrechen wollte, sah ich das Absperrband, die letzten Polizeiwagen vor dem Brandort. Der Kroate stand allein vor seinem Laden und schaute sich unruhig um. Aus Ehrfurcht vor dem Unglücksfall hatte er seine Musik nicht angeschaltet. Das Ereignis verlieh ihm persönlich eine neue Bedeutung, mit dem Brandgeruch hatte er gleich die Rolle gewittert, die er spielen konnte, und sah sich als Mittler zwischen Ahnungslosen und dem Unglücksfall. Er trat mir in den Weg, erklärte, was geschehen war, warf mir einen mißtrauischen Blick aus halb geschlossenen Lidern zu, als ich sagte, ich hätte in der Nacht nichts gehört. Er malte seine entfernte Zeugenschaft in Farben, denen man anmerkte, daß sie im Verlauf des Vormittags immer greller geworden waren. Er sprach von Brandstiftung, Racheakten, Angehörigen der Bewohner, die in der vom Feuer erleuchteten Nacht haareraufend vor dem Haus gestanden hatten.

Während der Kroate gestikulierend ein Bild des Feuers in die Luft zu malen versuchte, mühte sich der Gehilfe von Greengrocer Katz mit unzähligen Packungen der bunten Getränke ab, die auf dem Gehsteig abgestellt worden waren. Mr Katz selbst stand im Laden und packte Kisten, wog Orangen und Bananen ab, Äpfel und Birnen, kritzelte auf seine Bestellungsliste. Er war ein ernster Mann, gleichmütig und fromm. Die Schaufäden seines Gebetsschals hingen unter seinem Hemd heraus und bewahrten ihn vor Irrtümern.

Ich machte den vorgeschriebenen Umweg durch die Gasse. Vor der Tür zu dem Haus mit dem nächtlichen Schattenspiel wuchs hohes Unkraut, als sei schon seit Monaten niemand mehr hineingegangen, und die Fenster zur Gasse waren mit Metalläden verschlossen.

Als ich von meiner Wanderung zurückkam, war die Absperrung aufgehoben. Nur vor dem ausgebrannten Haus stand noch ein Polizist und hielt Wache. Im Vorgarten, unter den dunklen, rußumkränzten Fensterhöhlen lagen Glasscherben und Gegenstände, die die vom Feuer überraschten Anwohner hatten retten wollen und die jetzt vom Löschwasser und den Fußstapfen der Feuerwehrleute beschmutzt und flachgetreten waren: Kleidungsstücke, eine flauschige Decke, ein buntes Plastikspielzeug. Auf der Vorgartenmauer hatte man schon zwei, drei magere Blumensträuße abgelegt, blasse Nelken oder Fresien, in Zellophan verpackte Stengelchen mit müden Köpfen, wie sie an der Kasse jedes beliebigen Supermarkts bereitstehen. Es gab immer Willige, die es eilig hatten, bei der Nachricht von einem mit ihrem Leben in keinem Zusammenhang stehenden Unglück mit diesen Sträußchen ein Dankesopfer für die Verschonung ihrer selbst abzulegen. Auf dem leeren eingezäunten Stück Ödland gegenüber war das Laub der Pappeln jetzt ganz vertrocknet und mit Ascheflocken bestreut.

Mit dem Feuer hatte es sich anders verhalten, als der Kroate es dargestellt hatte. Es war ein Brand aus sich selbst, hieß es später allenthalben, ein sich selbst entzündendes Feuer, wie es immer wieder vorkam, als schlummerten in dieser Stadt die Funken unter den Fußbodendielen, zwischen Dachbalken oder in vergessenen Ecken, um eines Tages aufzuwachen und sich aufs Brennen zu besinnen. Die Verbrannten waren Fremde, drei Männer, die gemeinsam in einer kleinen Kammer – gerade groß genug für ein dreistöckiges Bett – geschlafen hatten und nicht einmal die Sprache kannten, in der man versucht haben wird, sie zu wecken und vor der Gefahr zu warnen. Sie waren sicher sehr müde gewesen, begierig zu schlafen und im Schlaf andere Orte aufzusuchen als diese Kammer, und hatten allen Lärm, der sie kurz aus dem Traum gerissen haben mochte, in den Wind geschlagen.

Noch wochenlang stand ein gelbes Schild der Polizei vor dem Haus, das die Passanten aufforderte, sich auf die drei Opfer des Feuers zu besinnen. Auf Namen, Nationalität, Arbeitsplatz. Irgendetwas. Eines Tages, nach einer der wenigen stürmischen Nächte dieses Winters, war es verschwunden. Wenn ich am Zaun des Ödlandstreifens stand, wo sich die Ascheflocken längst unter dem Einfluß des Wetters aufgelöst hatten, hoffte ich, halbversengte Ascheschnipsel mit den Namen der Verbrannten würden auf dem glücklicherweise meist von Westen wehenden Wind bis an ihren Heimatort gelangen.

Das Licht am Tag nach dem Feuer jedenfalls war unvergeßlich und unenglisch, hellblau und silbrig, wie durch eine augenblickslange Fehldrehung der Erde aus dem tiefsten Mitteleuropa, von Bug und Weichsel eingeströmt.

14

Hackney Marsh

An der Eislaufbahn, dieser von fern stets so trügerisch himmelsfarbenen Kunststoffkuppel, waren die Walthamstow Marshes zu Ende. Eine kleine Brücke über den Fluß führte zu einer leeren, von alten Platanen gesäumten Grünfläche, North Mill Fields, Jahrmarktsstation und Feld für den Wind, der hier Luft holte für neues Gelände, das spröde Gras flachstrich, abgefallenes Platanenlaub hierhin und dorthin trieb. Im Hintergrund alte Wohnblocks, Stille, die sich zwischen den Häusern, den glattrindigen Baumstämmen, über dem Gras ausbreitete, dünne Schatten von Leben, die am Mittag um die Häuser strichen, Wäsche, die steif auf den Balkonen hing, ein Zwischenraum des Schweigens zwischen Marschland und Stadt.

Der Fluß kräuselte sich am Fuße der North Mill Fields vorbei an Bootsschuppen und um eine Halbinsel voll ratloser Vögel und gestrandetem Abfall, bevor er unter einer Brücke verschwand. Die Straße, die hier das Marschland teilte, war eine der alten Adern zwischen Stadt und Ferne, Umland, Land. Wundfüßige Stadtsucher aus den Dörfern, aus ferneren Städten und von anderen Küsten hatten hier Zeit, Umkehr zu erwägen, sich übers Brückengeländer gebeugt im Fluß zu spiegeln oder entscheidungsunsicher flußauf und flußab zu schauen. Stadtflüchtige mochten, den mahlenden

Lärm der Stadt noch im Nacken, angesichts der offenen Weite vor ihnen mit der Hand abwechselnd nach ihrem Herzen und nach dem Brückengeländer greifen.

An dieser Kreuzung von Fluß und Ausfallstraße war Durchlässigkeit spürbar, ein Sog um die heimlichen Kiemen dieses Stadtfischs auf dem scheinbar Trocknen. Hier strömte Fremde ein und aus, kamen und gingen die Schausteller, die auf North Mill Fields ihren Jahrmarkt aufschlugen, hier entschied man sich seit Jahrhunderten zwischen Stadt und Land, Themse und Meer, Fabriken und ländlicher Vorstadt. Über das flache Land, das sich von der Ostseite der Stadt bis zu den Halbinseln, Mündungsfasern und Landzipfelchen an der Kanalküste erstreckt und meerwärts immer mehr Wasserläufe an die Oberfläche treten läßt, wogten Stadtsuche und Stadtflucht, solange es die Stadt gab.

Hinter der Brücke teilte sich der River Lea in den begradigten alten Schiffahrtskanal auf der westlichen und ein von Wildnissen gesäumtes Flüßchen auf der östlichen Seite, dazwischen das weite Auland der Hackney Marsh, wo an kühlen Morgen dünner Nebel lag, aus dem wie rätselhafte Gestelle Fußballtore und in der Ferne die Strommasten ragten. Nahm ich den einen Weg nach Hackney Wick, wo die beiden Stränge des River Lea wieder zusammenfanden, ging ich den anderen nach Norden zurück. Der Weg am Kanal war sperriges Gelände, bis er sich zu den Spielfeldern öffnete: nicht wild und nicht zahm, im ersten Abschnitt, wo Wasser und Pfad zwischen einer Ziegelmauer und dichtem Gestrüpp am anderen Ufer verliefen, von Schwänen und Krähen beherrscht, mit unergründlichen, unzugänglichen Gebäuden, hier und da bestückt wie mit abgeschobenem Mobiliar: Brükken, die keine waren, Treppenstufen ins Nichts, fensterlose Klötze, Zäune in hohem Unkraut, Abfall, der sich in Zweigen und Unkrautdickicht verfangen hatte, herübergeweht von der Stadtseite, die hinter dem gestrüppigen Streifen ganz dicht ans Wasser rückte, neuere Siedlungen, vor denen Schwäne reglos auf dem Wasser saßen. Ein stiller Abweg, der nirgendshin gehören wollte, gleichermaßen ausgesperrt von der Stadt und der Wildnis hinter der Mauer. Die Stille machte beklommen, erinnerte mich an andere Wege, die in solcher nutzlos entwilderten Leere lagen, sich mit einer Schicht von wucherndem Kraut und Verwahrlosung überzogen und allem Schönen fremd blieben. In meiner Kindheit gab es solche voreilig asphaltierten Wege ins Nichts, in Erwartung von Siedlungen zwischen Fluß und Ortschaft, entlang den Eisenbahnböschungen, hinter den nassen Unterführungen, und im zitternden Schatten spitzer Bäume, gesäumt von schnellwachsendem Gestrüpp, Orte für die flüchtigen Heimlichkeiten Fremder, die man nach der Entdeckung schnell wieder vergessen wollte. Die verunkrautenden Arbeitswege abseits ausgeschürfter Kiesgruben, in Sichtweite des Kraterrands, zwischen schmächtigen Überbleibseln von Kies- und Sandhaufen. Vorboten von Landschaftsumwälzungen, die manchmal nur Gerücht blieben, Ausläufer des Traums von der Großen Begradigung der Welt.

Hinter einer Biegung öffnete sich die Sicht. Westlich des Kanals die Zweckbesiedlung in ungeliebtem Gebiet, Sozialwohnungen und Billighäuser, Blocks und kleine vorgestanzte Familiengehäuse aus einer Zeit, als Schäbigkeit Gebot wurde und Wohlstand nicht absehbar war, erbaut auf Trümmerland des Krieges und dem lehmigen Grund der alten Ziegeleien, wo früher die Bausteine für die ausufernde Stadt gebrannt wurden. Das hastige Hinwerfen von Behausungen zur Tilgung von Spuren auf dem darunterliegenden Land war die grobe Begleiterscheinung meiner Kindheit gewesen, in einer dem Wohlstand eher zugetanen und näheren Gegend als es London lange war. Ständig wurde abgerissen, ausgeschachtet, planiert, mit undurchdringlichen Krusten überzogen, was zur schiefgerutschten Vergangenheit gehörte, bröckelndes Ziegelwerk, in dessen Ecken noch die Haare zu Schnee gewordener Bewohner im knisternden Spinnweb hingen, wurde unter dem hellgrauen Preßstein der Nachkriegszeit begraben und durfte unter den neuen Straßen wieder zu Erde werden. Tag für Tag fielen vor unseren Kinderaugen Wildnisstreifen der Bauwut zum Opfer, knorriges Gelände hinter rostigen Toren, in denen Rosen zu blütenlosem Gehölz verkommen, ungestutzte Obstbäume ineinander verwuchert waren, wo einstmals grüngestrichene Bänke unbändigem Unkraut im Arm hingen und bei der Berührung durch Menschenhand zu Staub zerfallen wären, Gärten, deren unerinnerte Besitzer ihren eigenen Namen davongeflogen waren. Hier, in London, waren die Gründe für Spurentilgung andere als im Land meiner Kindheit, die Traurigkeiten, die sich in den seichten und stumpfen Klüften zwischen den Häusern niedergelassen hatten, sahen sich jedoch zum Verwechseln ähnlich.

Abfall trieb auf dem Wasser, gelegentlich hingen Wortwechsel und Kindergeschrei, Spiel- und Kampfrufe über dem Fluß in der Luft, Fetzen und Stimmschlieren des Geschehens hinter und zwischen den Häusern, die sich still und dunkel im Wasser spiegelten und jede Vorstellung von Kähnen verstellten, die von hier aus mit Ziegeln beladen flußauf und flußab fuhren. Ziegel für London wurden längst an anderen Orten hergestellt, und Kähne verkehrten hier auch längst nicht mehr. Das Wasser war nur noch Grenze zwischen bebautem Land und unbebautem Land, zwischen den Siedlungen von Homerton und dem weiten Auland der Hackney Playing Fields, die sich auf der Ostseite des Weges öffneten, bis hin zu den Hainen und Gebüschen, die den Lauf des wilden Geschwisters dieses Schiffahrtskanals markierten. Ich machte ein Bild vom Spiegelbild der Häuser im Wasser, und als ich die Folie abzog, fiel mir das Bild in den Fluß. Die Schwäne am Rand des Spiegelbilds der Häuser reckten nur die Hälse, ohne sich vom Fleck zu bewegen. Ich brach einen Zweig von dem kleinen Weißdornbaum, der mit wenigen anderen spärlichen Büschen eine schüttere Grenze zu den Hackney Playing Fields abgab, bückte mich über den Rand der grasbewachsenen Böschung und fischte das Bild aus dem Wasser, es wellte sich in meiner Hand, ein trüber Film zog sich darüber, ich stellte es zum Ersatz für den abgebrochenen Zweig in eine Astgabel des kleinen Weißdorns, und dort stand es noch Wochen, der kleine verworfene Spiegel eines Ausschnitts der anderen Seite, bis es irgendwann ausgangs des Winters, nach einer kurzen Periode heftiger Stürme verschwunden war.

Die Hackney Playing Fields waren eine riesige Sportwiese. Fußballtore standen verstreut herum, wenn kein Nebel herrschte, sahen sie auf der weiten grünen Fläche wie zartes Spielzeug aus, oder wie etwas Vergessenes, das ein heftiger Wind umwerfen konnte, womöglich gar ein Sturm herbeigetragen hatte, etwas beliebig Abstellbares und Abgestelltes, das Kinder nach Laune mit vereinten Kräften, unter kindlichem

Hauruck und ohne irgendwelchen Schaden zu nehmen von einer Stelle zur anderen tragen würden.

Die Tage wurden schon jetzt winterlich kurz, der Morgendämmer zögernd und spät. Nur an Wochenenden fanden sich gelegentlich schüttere Fußballmannschaften ein, um hier zu üben, Väter kamen mit Kindern, kleine schweifende Grüppchen, die auf der großen Fläche verloren wirkten. Jugendliche auf bockigen Fahrrädern trieben sich am Rand herum, ließen beiläufig die Fahrräder ins Gras fallen, um sich in kleine Spiele zu mischen oder in den von trockenem Winterunkraut umwucherten Umkleideräumen nach Liegengebliebenem zu stöbern. An nebligen kühlen Sonntagmorgen hingen die Stimmen der Spieler in der Luft, kältezitternde Bittbefehle in allen möglichen Sprachen, keinem Rufer zuzuordnen, eine blindlings aus der großen Kiste Sportplatz gezogene Tonspur, die sich über dieses Bild der kleinen Figuren auf der großen morgendunstigen Wiese schob, ohne unbedingt etwas damit zu schaffen zu haben. Außerhalb der Wochenenden war die Wiese fast immer leer, das winterzu täglich fahler werdende Gras legte sich im Wind hierhin und dorthin, manchmal stand ein Raubvogel in der Luft, ein stadtfreundlicher Beutespäher, jeder wirklichen Wildnis längst entwöhnt und ganz diesem Zwischenland und seinem unvorsichtig huschenden Kleingetier zugetan. Ich ging immer tiefer in die Stille hinein, bis irgendwann das leise Sirren der Strommasten am Rand der Sportplatzwiesen die Luft zum Zittern brachte, die nicht zu dechiffrierende Sprache dieser reglosen Riesen, die hier so schwebend und leicht im weißen Frühwinterlicht standen und nur von ferne an ähnliche Gestalten erinnerten, die ich von den trostlosen Äckern im Hinterland des Rheintals kannte, wo sich die Strommasten breitbeinig in Reih und Glied stellten, hohlbrüstige Armeen, durch die der Wind pfiff und zwischen deren Streben sich das Licht verhedderte.

Von den Playing Fields aus betrachtet hatten die unbestimmbaren grauen Gebäudeklötze längs des Pfads Zweck: Umkleideräume, Hallen für kleine Veranstaltungen, Unterstand für den Fall plötzlicher Unbilden des Wetters. Das Bild zweifarbig gekleideter Scharen drängte sich mir auf, die unter Wolkenbruch und Blitzschlag geduckt übers Feld hasten und sich unter der schweren Betondecke des Unterstands aneinanderdrängen, atemlos und tropfend, vom Herzklopfen dunkel.

Ähnlich wie in der Tiefe der Sofortbilder aus der klobigen Kamera lagerten auch in der Mitte der offenen Hackney Playing Fields verborgen Erinnerungen, die ich erst allmählich zu lesen verstand: das stehende Summen eines unsichtbaren Flugzeugs über der weißen Wolkendecke, das Zirpen der Strommasten mit ihren lispelnden Botschaften aus der Luft, das dünne Rascheln des winterblassen Grases unterm Wind, dazwischen die Stille, die die Nähe der Stadt überlagerte. Mir fiel der Sportplatz meiner Kindheit ein, den hiesigen Playing Fields so fern und fremd, ein Erinnerungsstück, das aus den kleinen Trichtern emporwuchs, die sich im Kopf zwischen den Worten Playing Fields und Sportplatz auftaten, zwischen den kaum sichtbaren Kreidespuren auf dem Gras und dem plötzlich aufsteigenden Bild von Kreidezeichen und -kreisen auf borstig getretenem Rasen, Sand, Basalt. Der Sportplatz meiner Kindheit war eine mit dem puffigen vulkanischen Schotter der Gegend bestreute kleine Ebene, zwischen Müllhalde und Weinbergen gelegen, gesäumt von einem flachen

Hallengebäude mit angrenzender Wohnung des Turnwarts. Turnwart – was für ein Wort, umweht vom sommerlichen Müllhaldendunst, vom Linoleumgeruch der Turnhalle, vom Schweißgeruch, der wie unsichtbare Fähnlein jeden Sportbezirk markiert. Der Turnwart hatte zwei Töchter mit blonden Zöpfen, die immer in Trainingshosen gekleidet waren, stets auf dem Sprung, eine sportliche Übung auszuführen, zu zeigen, was sie konnten, Räder zu schlagen und Purzelbäume zu schießen, Salto über das wacklige Geländer des Turnhalleneingangs, mit fliegendem Gezöpf und Turnschuhen, die unter dem rötlichen Schotterstaub weiß sein mochten, womöglich von der Frau des Turnwarts zu Sportsfeiertagen sauber geschrubbt und gewaschen auf den Fensterbänken in der Sonne trockneten. Vor den Fenstern der Turnwartswohnung blühten Geranien, die man damals Pelargonien nannte. Wenn die Tür zur Sporthalle aufstand, sprang mich der Geruch von Linoleum, Gummi und Leder an wie ein unbemerkt aus einem Käfig entwichenes Tier, ein schneidiger Turngeruch, der mir an die Kehle gehen wollte. Der Turnwart, dem die Töchter auf den Pfiff aus der Trillerpfeife hin folgsam waren, gab sich als mürrischer Mann, der Kindern das Spielen um die Tore – ähnlich leichtgewichtig und windanfällig wie auf den Hackney Playing Fields – nach eigenem Gutdünken erlaubte oder untersagte und gelegentlich mit einem großen Knüppel auszog, um Ratten zu jagen, die sich an der Müllhalde herumtrieben. Er erschlug sie, wo er sie erwischte, legte Gift für die übrigen, sammelte die toten Körper der eingegangenen Ratten und Katzen ein und verbrannte sie in einem stinkenden Feuer. Eine dunkle Fläche Erde zwischen Sportplatz und Müllhalde, gesäumt von stets versengt wirkendem, schütterbräunlichem Gestrüpp, ein ohne ausgesprochene Übereinkunft zum Abseits erklärter Geländestreifen war damals das Feuerland, wo nicht nur Kadaver vergifteter Tiere in Flammen aufgingen, sondern auch Freuden- und Festtagsfeuer entzündet wurden, für die ebenfalls der Turnwart zuständig war. Sommers und winters gab es Anlässe, zu denen der Turnwart Holz zusammentrug und mit anderem Brennbarem, das er kurzerhand aus der Müllhalde zerrte, so aufschichtete, daß sich ein besonders prasselndes und weithin sichtbares Auflodern erwarten ließ. Seine Töchter sprangen bei den Vorbereitungen eifrig und geschäftig um ihn herum, schleppten Morsches und Mürbes herbei, das sie flink und unerschrocken aus all dem unbrauchbar Geglaubten des auf die Halde gekippten Abfalls bargen, schauten dem Vater die Kniffe ab, die zum Aufbau eines großartigen und dennoch gehorsamen Feuers gehörten. Der Turnwart verstand sich aufs Feuermachen so gut, daß man ihn auch Feuerwart hätte nennen können, jedenfalls zu diesen Anlässen, wenn es um Größe und auch Gewalt des Feuers ging, dem feierlichkeitshalber etwas zugeführt wurde. Im Spätherbst, nach einem Fackelumzug durch die von Regen und dem Rauch aus Kohleöfen schwere Luft wurden die Schulkinder angehalten, die selbstgebastelten, so mühsam durch Wind, Wetter und Fremdheit des Novemberabends geretteten Lampions in das vom Turnwart entzündete und geschürte Feuer zu schleudern, eine rattenverschreckende Opfergabe, gegen die sich die Kinder sträubten, denn sie hatten gerade erst, beim Gang durch diesen Abend, ihr Herz an dieses Leuchten verschenkt, in dem ihre ganze handwerkliche Unbeholfenheit zu einer tröstlichen hellen Buntheit zusammenschmolz. Die Püffe von Lehrerhand in Rippen oder

Genick, die sie sich in ihrer Unbeholfenheit eingebrockt haben mochten, der sich über ihre Mißgeschicke ergießende Spott der anderen, die mit ähnlich kleisterverschmierten Fingern und bang über ihrem Spottmund flackernden Augen die eigenen Mißratenheiten vor den Blicken anderer zu schützen suchten, lösten sich in dünne Rauchkräusel über den Kerzen auf. Doch vergeblich weinten die Kinder, die jetzt diese geläuterten Prachtstückchen aufgeben sollten, die Turnwartstöchter waren überall, als hätten sie sich im Schein des Feuers vervielfacht, ihre Zöpfe warfen lange behende Schatten, während sie die Kinder drängten, zurechtwiesen, auch schubsten und zerrten, um sie zum Loslassen der Fackelchen zu bewegen.

Nach diesen Verlusten blieben Kinder der Feuerstelle lange fern, der Geruch nach Verbranntem hing noch Tage in der sich zum Wintern anschickenden Luft, und auch die Zopfschatten geisterten allenthalben umher. Den halben Winter mochte man brauchen, um sich von diesem Feuer zu erholen, von den Gesichtern der Großen, der Alten, der Lehrer, des Turnwarts, der Töchter, die mit diesen Flammen unter einer Decke steckten und im Takt zu ihrem Knistern zuckten, grinsten und grölten.

Im Sommer grassierten auch andere Feuer als die vom Turnwart hergerichteten, gelegentlich kam es vor, daß von den kleinen Kadaververbrennungen ein Funke unbemerkt in die Müllhalde übersprang, wenn der Besorger nicht die nötige Obacht walten ließ, wie es hieß, und Schwelbrand machte sich breit, bräunliche Schwaden krochen in alle Richtungen, nur wenige Meter über dem Boden, als sei der Rauch klebrig und schwer. Die Feuerwehr rückte an, der Sportplatz wurde abgeriegelt, die Turnhalle versperrt, die Zöpfe der neugierig spähenden Turnwartstöchter hingen zwischen den Pelargonien. Der Turn- und Feuerwart mußte sich Unachtsamkeit und Fahrlässigkeit vorwerfen lassen, ratlos, mißmutig und betreten stand er untätig am Rand der Löscharbeiten. In kleinlautem Verdruß wandte er in den folgenden Wochen dem Feuerland den Rücken zu, was sich einmal Zigeuner zunutze machen konnten. Über Nacht erschienen sie mit ihren struppigen Pferdchen und führten ihr Leben in der Mitte der zu einem schützenden Geviert aufgestellten Wohnwagen. Auf dem Schulweg sahen wir die zugereisten Kinder, die im Holunder- und Weidengestrüpp auf der anderen Seite des Sportplatzes nach Reisig suchten, die Turnwartsmädchen kamen gelaufen, um an ihres geschmähten Vaters statt nach dem Rechten zu sehen. Frauen mit Kopftüchern und in langen Röcken standen vor den Wagen und ließen unter vorgelegter Hand den Blick über die Müllhalde gleiten. Die kleinen Feuer, die im Wohnwagenhof glommen, machten sich außerhalb des Gevierts nur an den dünnen Rauchlocken bemerkbar, die sich in den blaß bewölkten Himmel verloren, es waren sonnen- und schattenlose Tage, die Zugereisten blieben scheu, suchten verstohlen nach Metall und Eisernem in der Müllhalde, mit wenig Hoffnung, denn es war eine Zeit der Schrottkönige, die ihre in stillem Einvernehmen miteinander abgesteckten Reichlein regelmäßig und gründlich abernteten. Die Kinder der Zigeuner leisteten uns ein paar Tage in der Schule Gesellschaft, dann zogen sie alle wieder ab und hinterließen auf dem Feuerland nur einen schwarzen Krater inmitten des versengten Braun, wo sich ihre Feuer tiefer gefressen hatten als die des Turnwarts.

Eines Frühjahrs hieß es, des Turnwarts Frau sei ihm durchgebrannt, die Pelargonien ließen die Köpfe hängen, die bezopften Mädchen schlichen in ungeschrubbten Turnschuhen umher. Unter der bemunkelten Trunksucht des verlassenen Turnwarts verfielen die Sitten, der Sportplatz wurde zum Spielplatz, kleine Gruppen schweifender Fußballkinder trieben, was sie wollten, und auf dem Pfad zwischen dem wuchernden Dornengestrüpp, das von keinem Kadaverfeuer mehr im Zaum gehalten wurde, lungerte ein Mann herum, der gern die Hose herunterließ, wenn die Fußballjungen im lauen Abend nach Hause streunten. All dem – Turnwart, Turnhalle, bezopften Mädchen, Sportplatz, Müllhalde, gelegentlichen Zigeunerlagern, den Feuern und der heruntergelassenen Hose – machte schließlich eines der großen Einebnungsvorhaben ein Ende, in dem Gestrüppwülste niedergewalzt, Feuerkrater und Müllsenke aufgefüllt und zu einer rohen dunklen Ebene planiert wurden, flach wie der hohe Vollmond im Winter. Schon im nächsten Frühjahr säumten gleichförmige blendendweiße Eigenheimwürfel frisch asphaltierte Wohnstraßen, die all dieses Gewesene unter sich begruben und zu Vergangenheit werden ließen.

Das Winterlicht, weiß, milchig, alles Scharfe besänftigend, vermischte sich mit der Stille zu einer Decke, die sich über die wochentags leere Hackney Marsh breitete. Das Klackern der Züge auf den Bahndämmen durch das Schilf- und Wiesenland jenseits der Lea Bridge Road drang in ganz leisen Wellen heran, Schwaden von Tönen, die sich irgendwo losgerissen hatten und unzugehörig über den Wolken flatterten, dazu das helle, von gelegentlichem Stottern unterbrochene Summen eines kleinen Flugzeugs, unsichtbar über den

Wolken, hoch über dem Weißdornbusch, der das verdorbene Foto trug. So hatten sich die Flugzeuge angehört, wenn wir als Kinder versteckt in den verbotenen Höhlen der Kiesgrubenwände hockten, lautlos, reglos, mit hochgezogenen Knien, darauf warteten gefunden zu werden, halb hoffend, daß der Sucher noch größere Angst vor der Einsturzgefahr dieser Höhlen hatte als wir. Unter dem trägen vibrierenden Dröhnen des unsichtbaren Flugzeugs an dem blauen Himmel, der als wellenrandiger Ausschnitt schräg über der Höhlenöffnung stand, wähnten wir uns eine Zeitlang auf ein unbestimmtes Immer unentdeckt und ungefunden.

Ich trug ein Bild des kleinen Weißdornbaums zurück in meine Wohnung, vorbei an den Eisenbahndämmen, dem Erlenhain, den Raben in Springfield Park, die den König erwarteten. An dem kleinen improvisierten Café waren zwei Kellnerinnen dabei, eine große Topfpflanze in den Glasvorbau zu hieven. Eine fromme Frau mit einer Schar kleiner Kinder schaute zu. Die sittsamen Kinder stellten Fragen, vielleicht ging es um die Pflanze, ich hörte die Frau sagen: Hadassah. Hadassah, Hadassah riefen die kleinen Mädchen. Ich kannte das Wort und hatte vergessen, was es hieß. Meine versammelten Brocken Ivrit lagen in einem Bündelchen zusammengeknotet abseits meiner Erinnerung. Dabei hatte ich einmal gemeint, Zunge und Kehle seien auf diese hartweiche Sprache wie auf keine andere zugeschnitten.

15
Nahal Ha Yarkon

Nach dem Tod meines Vaters reiste ich zum ersten Mal nach Israel. Ich stopfte den Koffer, den ich mir aus seinen hinterlassenen Dingen erbeten hatte, voll mit den unnützen Dingen, die man packt, wenn man nicht weiß, warum man reist und wann man zurückkehrt. Ich hatte weder Ort noch Plan und zum ersten Mal bei einem Flug keine Angst. Aus dem Flugzeug ließ sich schon einige Zeit vor der Landung ein rötlicher Dämmerstreifen am Horizont ausmachen, doch am Boden herrschte noch Dunkelheit, als ich ausstieg. Ich ließ mich von der Menge der Reisenden stoßen und schieben, stieß und schob meinerseits, in der großen Ankunftshalle regierte Grobheit, als sei eine Maske der Höflichkeit von den Gesichtern der Passagiere geglitten, die im Flugzeug noch bemüht gewesen waren, einander nicht auf die Füße zu treten. Als wollte sich jeder schon für etwas stählen, so wurde gerufen und gedrängelt, und die Ellbogen kamen zum Einsatz. Es ging auch militärisch zu, und ich hatte schon Waffen blitzen sehen, bevor ich mein Gepäckstück erreichte. Mein alter Koffer erregte Aufsehen, ein paar Menschen scharten sich um mich, darunter auch zwei oder drei bewaffnete Soldaten. Ah, ein Fluchtkoffer, stellte jemand sachkundig fest und stieß leicht mit der Fußspitze dagegen, als erwarte er von dem Koffer eine Reaktion, die seine Vermutung bestätigte. Der Koffer rührte sich nicht, doch die Beamten blieben wachsam und folgten mir in einigem Abstand. Ich tat ungerührt, doch im Grunde gefiel mir das Aufsehen, das dieses Erbstück meines Vaters bei meiner Ankunft in Israel erregte, und die Schnelligkeit, mit der man seine Eigenart erkannte, machte mir Eindruck.

Ich trat hinaus ins Freie, der Tag war angebrochen. Der süße Geruch, die Hitze, die sich anbahnende Helligkeit gehörten zu einem anderen Erdteil. Auf der Fahrt nach Tel Aviv sah ich das blaue Morgenlicht über den Industriegebieten, die hier wie überall die Ausläufer der Stadt bildeten, ein sanfter Schein über einem Land, in dem leere Kargheit und dichte Geschäftigkeit so nah beieinander lagen. Der Himmel war noch etwas morgenrot, aber schon sah man die Luft in der Ferne flimmern, wie es sich für heiße Länder gehört.

In der Stadt lebte ich ein paar Tage in verschiedenen Unterkünften, lauter enge, schachtelartige Kammern mit Blick in die Tiefe von Straßen, die im Bau befindlich waren, bis ich in einem großen Wohnblock unterkam. Die Wohnung war bescheiden, sie hing fast leer in einem Raum fremder Geräusche, die Tag und Nacht durch die Wände schwappten. Der Morgen setzte früh und schlagartig ein, Stimmen, Schreie, unablässiger Lärm mahlender Maschinen, die mit Aufbau oder Abriß beschäftigt sein konnten. Die Gerüste schwankten im Wüstenwind, die Arbeiter schrieen, wenn sie einander etwas mitteilen wollten. Das sanfte blaue Morgenlicht wurde mit aufsteigender Hitze bald trüb und weißlich. An windigen Tagen war es grell. Der Schatten war trügerisch, bestand nur aus dunklen Umrissen, die keine Kühle boten. Ich schlich durch die ausgedörrten Parks, am schmächtigen Rinnsal eines kleinen Wasserwegs vorbei, manchmal bis zum Strand, wo das gemeinsame Gleißen von Himmel und Wasser blendete.

Die Hitze behinderte bald mein Denken und zehrte an meinen Kräften. Oft erreichte ich nach einem Gang durch die Stadt nur mit Mühe den Wohnblock, schleppte mich in den Aufzug und öffnete mit zitternden Händen die Wohnungstür. Es kam vor, daß ich mich im Stockwerk irrte, dann stocherte ich in fremden Schlössern herum, bis jemand von innen öffnete, das Gesicht von Erwartung verzerrt, die bei meinem Anblick sogleich in bittere Enttäuschung verfiel. Ich zog mich zurück, bevor man mich mit der Heftigkeit, die oft auf eine Enttäuschung folgt, wegstoßen konnte, und bedauerte die Traurigkeit, die ich bereitet hatte.

Die Dunkelheit fiel rasch, die Straßen wurden stiller. Die stumpfhellen Farben der Fernseher spiegelten sich in den Balkontüren und offenstehenden Fenstern. Männer standen auf den Balkons und rauchten, sie sprachen in ihrer rauhen, von kleinen, heiseren, manchmal glucksenden, manchmal bellenden Lachwellen unterspülten Sprache, von der ich nur wenige Worte verstand. Später in der Nacht setzte ein Stöhnen und Wimmern ein, das durch die dünnen Wohnungswände drang und mich ratlos machte. Es paßte nicht zu den grellen, geschäftigen Tagen, zum Scheppern der Geschirre während der Essenszeiten, dem tiefstimmigen Lachen der Frauen und den glucksenden Gesprächen der Männer, nicht zum Rattern des Aufzugs und zum Klappern der Schritte auf den hallenden Treppen.

So lag ich in den Nächten wach und versuchte mir einen Reim zu machen. Auf dieses Land, auf seine Geräusche, die

Hitze, das Licht und die Schatten, die Gerüche nach verbranntem Gummi und Abwässern, nach Minze, Kaffee und Staub, das Wimmern der Nächte. Ich kam nicht weit. Ich ließ die Menschen, die ich tagsüber sah, an mir vorüberziehen und versuchte, ihre Gesichter mit den nächtlichen Geräuschen in Einklang zu bringen. Morgens betrachtete ich immer unverhohlener die Passanten und Mitbewohner, ich musterte ihre Mundwinkel und Augen, suchte nach Tränenspuren und Salzkrusten und lauschte auf die Rauheit und Heiserkeit der Männerstimmen, doch die Sprache selbst war heiser und rauh und mir ganz fremd, ich kam zu keinem Schluß.

Eines Tages machte ich die Bekanntschaft einer Nachbarin. Mi war eine unförmig dicke Frau, ihre Stimme war heiser wie die der Männer, die nachts auf den Balkonen plauderten, ihr Lachen ähnlich bellend und glucksend. Sie rauchte pausenlos. Ihre Handhabung von Zigarettenschachtel, Feuerzeug und Zigarette hatte etwas Automatenhaftes an sich. Die kleinen, kissenartigen Hände führten die Bewegungen gezielt und sparsam aus, flink und geschickt, wie unabhängig von dem schwerfälligen großen Körper. Ihre dunklen Äuglein in dem aufgedunsenen Gesicht waren in ständiger Bewegung, auf der unentwegten Suche nach einem Halt, den sie nie fanden. Sie redete fast ohne Unterbrechung. Einen Teil ihrer Kindheit hatte sie wie ich am Rhein verbracht, zehn Jahre vor meiner Kindheit, auf der anderen Seite des Flusses. Vielleicht verband uns das, jedenfalls kam es mir vor, als wären wir beide in diesem Land die einzigen, die diese Ortsnamen, die wir gelegentlich aufzählten, miteinander gemein hatten. Wenn Mi von diesen Jahren erzählte, sah ich sie vor mir, ein unbeholfenes Mädchen mit dunklem Haar, das am Ufer stand und auf die andere Seite blickte, auf meinen Heimatort und mein Ufer. Einmal zeigte sie mir Fotos von sich als Kind. Hier steh ich am Rhein, sagte sie. Es waren unscharfe Aufnahmen, die wirkten, als wären sie abgeschnitten, dabei verlief der glatte weiße Rand ungebrochen um das ganze Foto. Ein Kind war darauf zu sehen, ein Mädchen mit Zöpfen, in Faltenrock und Pullover, das Gesicht ein weißer Fleck, in dem man nur die Brille erkennen konnte. Das Kind stand am linken Bildrand, seitlich zum Betrachter, den Kopf ihm zugewandt, die Arme halb erhoben, als strecke sie sie auf etwas zu, vielleicht auf jemanden, der es nicht mehr in die Aufnahme geschafft hatte, der für den ungeduldigen Fotografen zu langsam gewesen war. Die Fotografie war offensichtlich im Freien aufgenommen, an einem Ort, der überall sein konnte, der Hintergrund war dunkel, eine Mauer, eine Hauswand, vielleicht ein Brükkenpfeiler, vom Fluß keine Spur. Ich wußte nichts zu sagen, zumal mich die Frage des Rheins jetzt gar nicht mehr interessierte, sondern nur noch der Umstand, daß dieses Kind, das Mi einmal gewesen war, nun für immer mit leeren Armen dastehen mußte. Mi schien von meinem Schweigen enttäuscht.

Mi hatte drei Söhne und einen schmalen, vor Schüchternheit buckligen Mann, den sie sich von einem späteren Besuch dorten, wie sie das Rheinland nannte, mitgebracht hatte, er arbeitete als Hausmeister in einem niemals näher bezeichneten Institut, und auf seinem Gesicht lag meist ein Grinsen gebreitet, auf das ich mir ebensowenig einen Reim machen konnte wie auf das nächtliche Wimmern.

Bald saß ich jeden Tag in der Küche bei Mi. In meiner eigenen Bleibe lagen meine Sachen verwaist und hätten sich mit einer Staubschicht überzogen, wenn ich sie nicht jeden

Tag angefasst und in der Hand gewogen hätte, zögernd, erwägend, in einer uneingestandenen Begierde, sie einzupakken, alles hastig in den Koffer zu werfen, den Koffer zu schließen, entschlossen zu ergreifen und mich aufzumachen – aber wohin? Nachts lag ich im Halbschlaf und hörte mich selber murmeln wohin, wohin.

In der Küche von Mi trank ich einen faden Zitronentee, den ihr Mann morgens literweise in großen Kannen und Kübeln zubereitete. Der Zitronentee erinnerte mich an meine Kindheit, ich dachte an die blassen, regenreichen Sommer und die fauligen Gerüche, die sie mit sich brachten, die wurmigen Sommeräpfel an den Straßenrändern und die gärenden Haufen von abgemähtem Gras in versteckten Winkeln der blanken Gärten. Mi erzählte mir in tausend und abertausend abgebrochenen, verstümmelten, zum größten Teil sinnlosen Sätzen die Geschichte ihrer verzweigten Familie, die in unzähligen Ländern gelebt, unzählige Geschäfte getrieben, Ehren erlangt, Schmähungen ertragen hatte und schrecklicher Tode gestorben war. Mis Stimme war lauter als meine, ihr Lachen rollte in heiseren Wellen durch die kleine Küche und spülte jede Möglichkeit davon, über meine eigene Familie zu berichten. Ich weiß, sagte Mi, sobald ich ansetzte, etwas aus meinem Leben bestätigend oder entgegenhaltend beizusteuern, aber … und sie hob eine Hand wie zur Warnung und blinzelte zweideutig. Mind you, sagte sie dann, denn diesen kleinen englischsprachigen Einsprengsel gebrauchte sie immer, mind you, bei uns … Ihre Geschichten waren traurig und sogar schrecklich, aber sie endeten im Leeren, sie brachen ins Nichts ab. Die Urgroßtante, ein prächtiges Weib, Prinzessin des Orients, verschlagen in kalte Fremde, glitt von johlender

Menge verfolgt unter Schlittengeläut ins Dunkel eines Gähnens, das den Rest der Geschichte verschluckte, der schwindsüchtige Onkel, ein tapferer Schneider in einem fernen Land fiel mitten auf seiner Flucht, gehetzt und sich mit seinem unhandlichen Koffer durch Geröll und Ödland quälend, in ein Loch ihres Satzes und verschwand, sie schloß den Mund, und er ward nicht mehr gesehen. Ihre Großmutter, umweht von Zimt- und Nelkenduft und herzensgut, weinte über ein großes Unglück in die dampfende Suppe und löste sich im nächsten Moment in den Schwaden der Erzählung auf. Ach, sagte Mi dann wegwerfend, und ich wußte nie warum.

Mi war sehr krank und berichtete öfters, von kurzen, bellenden Lachern unterbrochen, wie man ihr eine von Tumoren befallene Brust entfernt und dann einen Strang von siebenundzwanzig verkrebsten Lymphknoten unter dem Arm herausgezogen hatte, wie eine Perlenkette, sagte sie dann immer, wie eine Perlenkette. Ich hatte bei ihren Worten das Gefühl, als gleite etwas zwischen meinen Fingerkuppen hindurch, die in der Hitze immer besonders empfindlich waren. Sie strich dem kleinwüchsigen, leicht schwachsinnigen jüngsten Sohn über den Kopf und zerrte ihn auf ihren Schoß. Komm schon, mein Krüppelchen, sagte sie und drückte ihn an ihre Brust, das Kind grinste und weinte zugleich. Ihren widerstrebenden Sohn auf dem Schoß haltend, erzählte sie mir von ihrer Kindheit, am Rhein und auch in anderen Ländern, immer schien die Sonne in den Gärten, und sie war ein Kind mit Zöpfen. Sie reiste mit ihrer Mutter durch ganz Europa, immer dem Vater hinterher, der von Ort zu Ort zog, wissenschaftliche Triumphe feierte, und seine Spuren dann verwischte, um nicht von Frau und Kind ereilt zu werden. Sie warf ihren Kopf schwerfällig hin und her, um mir zu zeigen, wie ihre Zöpfe gehüpft waren, wenn sie in den zwielichtigen Sommern seilhüpfte, schaukelte oder auf der Suche nach den Spuren ihres Vaters durch die Straßen lief. Doch ihre Haare, die immer spärlicher wurden und die kahlen Stellen kaum verdeckten, rührten sich nicht, sie gaben sich auch nicht zur entferntesten Nachahmung der Mädchenzöpfe her, die durch die Straßen des Rheinlands geflattert waren, sie schmiegten sich strähnig an ihre Stirn, über die Ohren und um den Hinterkopf und waren im Nacken zu einem winzigen Stummelchen zusammengefaßt.

Einmal fand ich Mi schlafend vor. Sie hatte den Kopf auf die Arme gelegt. Zwischen den schütteren Strähnen ihres schweißnaß am Schädel klebenden Haars sah ich die Kopfhaut. Ihr Haar war von einem stumpfen Schwarz und wurde an einzelnen Stellen grau. Die kleinen blassen Ohren standen von dem runden Schädel ab. Sie lag so reglos, daß ich dachte, sie sei tot. Ich legte die Hand auf ihre Schulter, in die der Träger ihres Unterhemds schnitt. Die Schulter fühlte sich an wie ein warmes Stück Fleisch. Unter meiner Hand lag Mi als ein fremder Haufen Leben, und ich erschrak, als ich merkte, wie leer ich war. Ich ging zurück in meine Wohnung und saß lange auf dem Bett, sann dieser Leere nach und schob sie auf die Ziellosigkeit meines hiesigen Lebens. Ich verordnete mir andere Spaziergänge, zog mir gegen die Sonne ein leichtes langes Kleid an, das vor Jahren einmal modisch gewesen war, und brach auf ans Meer.

Im Meereswind wehte mir das Kleid um die Beine, eine Behinderung, an die ich mich erst gewöhnen mußte. Einige Badestrände waren dicht besetzt, zwangsläufig spazierte ich zwischen Liegenden, der Geruch der vielen Körper und das Gewirr der Stimmen, der Rufe und Schreie, Klagen, Spötteleien, Seufzer und Atemzüge schwirrten mir benebelnd um den Kopf, dabei mußte ich aufpassen, daß ich fliegenden Strandbällen rechtzeitig auswich. Ich musterte die Menschen, ihre Arme, Schultern und Nacken, ihre Lippen und Nasen, stellte mir beiläufig die Frage, ob und wieweit ich mit ihnen Ähnlichkeit hatte, ich fuhr mir verstohlen und kurz über das eigene Gesicht. Ich dachte an meinen Vater, blieb stehen, schloß die Augen, um mir seine Gesichtszüge, seine Gestalt ins Gedächtnis zu rufen. Ich blickte an den Menschenreihen auf und ab, einen Augenblick lang kam es mir vor, als glichen ihm alle, die dort lagen, obwohl mein Vater das Liegen an gleichwelchem Meeresstrand sein Leben lang verachtet hatte. Ich entdeckte Eigenarten in den fremden Gesichtern, die mir plötzlich wie ihm aus dem seinen geschnitten vorkamen, in einiger Entfernung sah ich einen Mann, dessen Gestalt, Größe und Gebaren den seinen so ähnlich zu sein schienen, daß ich erschrak, doch als ich näher kam, zerfloß jede Ähnlichkeit, ich fand mich einem kleinen dunklen Mann von solcher Unvertrautheit gegenüber, daß ich zurückfuhr und mich schämte, nicht nur weil ich plötzlich meinte, dem fremden Mann in meiner Täuschung zu nahe gekommen zu sein, sondern auch weil ich ahnte, daß mir eine klare Vorstellung von Gesicht und Gestalt meines Vaters bei der Suche nach den Ähnlichkeiten abhanden gekommen war.

In der Hitze brauchte ich fast den ganzen Tag, um den Strand auf und ab entlangzuwandern oder, wie es mir vorkam, abzuschreiten und abzumessen, denn ich fühlte mich bei meinem Gang seltsam soldatisch. Zwischen den belebten

Badeständen gab es abgeschirmte Meerwasserbecken, wo die frommen Frauen badeten, um sich vor gierigen Blicken und zufälligen Berührungen der warmen, kitzelnden Haut Unbekannter zu schützten. Hinter hohen Zäunen legten sie die prächtigen Perücken ab, die sie draußen und unter aller Augen wie Königinnen ihre Kronen trugen. In Richtung Süden franste der Strand in borstig bewuchertes Niemandsland aus, von Abwässern durchsickert und dunklen Trümmern unerklärlicher Herkunft gesäumt, mit großen Steinen und Unrat durchsetzt. Hier saßen arabische Familien und Gruppen von Frauen und Kindern, Jungen spielten Fußball über dünne Rinnsale hinweg, während die Frauen hocherhobenen Hauptes in ihren langen schwarzen Gewändern weit in die sanften Wellen hineinschritten und sich lachend gegenseitig bespritzten.

Auf dem Rückweg bemerkte ich eine Menschenmenge um den Hochsitz eines Strandwärters, der mit angespanntem Blick in ein Fernglas blickte und etwas auf dem stillen Wasser verfolgte, was ich meinte, als winzigen Punkt fast am Horizont erkennen zu können. Es herrschte Aufgeregtheit und Unruhe, Augen blickten dunkel, und zwei tatkräftige muskulöse Männer schwangen sich in ein Motorboot und stachen unter dem Dröhnen des Motors und dem Klatschen des Bootskörpers auf das abendlich gekräuselte Wasser in See. Ein Schwimmer hatte sich zu weit hinausgewagt, der Strandwärter hatte durch das Fernglas seine Not erkannt, oder auch seine Ahnungslosigkeit – womöglich war der Schwimmer so in Gedanken versunken, daß er sich der wachsenden Entfernung zur Küste gar nicht bewußt war. Sollte er jetzt ans Umkehren denken und ihm beim Anblick der riesigen Wasserweite zwischen ihm und dem Strand der Mut sinken, könnte er doch aus dem Anblick des sich nähernden Motorboots mit den Rettern Hoffnung schöpfen. Man würde ihn zurückholen, ans feste Land, wo er hingehörte. Der Anblick des Schwimmers machte mich traurig, weil ausgerechnet beim kurzen Blick auf diesen winzigen Punkt in der Nähe des Horizonts die Erinnerung an meinen Vater wieder klar und greifbar in mir aufstieg.

Mi bekam einen Rollstuhl, den ihr Mann irgendwo aufgetrieben hatte, ein klappriges Ding, wahrscheinlich ein Fundstück, auf einem Streifen rostfleckigen Niemandslands erspäht und erbeutet. Mi war zu schwer und zu schwach, um aus eigener Kraft ins Freie zu gehen, wie sie mir erklärte, ihre Beine trugen den aufgedunsenen Körper nicht mehr. Die Räder des Rollstuhls wurden gerichtet und der Sitz geflickt, dann hievte die Familie sie unter lauten aufmunternden Hauruckrufen hinein und klatschte Beifall, als sie eingezwängt zwischen den Armlehnen saß. Ich hörte, wie sie sich lärmend in den Aufzug drängten und mit ihr nach unten fuhren und meinte sogar ihre johlenden Stimmen aus dem Lärm herauszuhören, der gegen Abend die Wohnblocks umwogte.

Am nächsten Tag war Mi erschöpft, sie sprach keuchend und hustete viel, doch als es am späten Nachmittag kühler wurde, verlangte sie wieder einen Spaziergang. Raus an die frische Luft!, rief sie, doch ihrer Familie war die Lust am Rollstuhlschieben schon vergangen. Ich erbot mich, sie zu begleiten, wie am Vortag wurde gehievt und geschubst, schließlich saß Mi, die kissenartigen Hände auf die Lehnen gelegt, wieder in ihrem neuen Gefährt und lächelte zufrieden. Der Rollstuhl kam mir erstaunlich leicht vor, als wäre dieser über die Ränder und Kanten quellende Körper aus etwas fast Gewichtslosem gemacht, ein Schwamm, der sich unter ihrer Haut immer weiter ausdehnte.

Vor dem Hauseingang sorgten wir für Aufsehen. Nachbarn, die sie lange nicht gesehen hatten, begrüßten Mi und begutachteten den Rollstuhl, klopften die Lehnen ab, stießen mit den Fußspitzen prüfend an die Reifen, legten Mi anerkennend die Hand auf die Schulter. Mi winkte huldvoll wie eine Königin, ruckelte aber gleichzeitig ungeduldig, es sollte weitergehen. Zum Fluß! rief sie an der ersten Straßenkreuzung zu meinem Erstaunen. Ich hatte noch keinen Fluß in der Stadt bemerkt und fürchtete einen Augenblick lang, Mi könnte verwirrt sein. Sie aber dirigierte mich ohne Zögern durch die vorabendliche Stadt, durch kleine Wohnstraßen und stark befahrene Durchfahrten, an denen sich der Gestank der Auspuffgase mit süßen, gewürzigen Düften aus Küchen und den Gärten der Nebenstraßen mischte. Ich fühlte mich bei diesem Gang zum ersten Mal seit meiner Ankunft in Tel Aviv unbeschwert, sogar glücklich, der Abend gefiel mir, die Häuser, die Sträucher, die sich über Mauern wölbten, die Menschen, die auf Balkonen standen und rauchten, schauten, sich etwas zuriefen, die Art wie wir durch dieses blaue Licht glitten, ich so leichtfüßig und Mi ihres Zieles so gewiß, und unser Ausflug hatte schon nach wenigen hundert Metern etwas Selbstverständliches. Wir gelangten schließlich an einen von der sommerlichen Hitze und Trockenheit sehr mitgenommenen Park, durch den sich ein dünner, übelriechender Wasserlauf zog. Ich hatte das von blassem Schilf gesäumte Rinnsal für einen Kanal gehalten, der Abwässer ins Meer führte. Mi klatschte sich vor Vergnügen über meine

Verwunderung auf die Schenkel und kicherte heiser. Haste gedacht ich bring dich an den Rhein, was? Ihre Frage ging in einem Gemisch aus Lachen und Husten unter. The famous Yarkon River, sagte sie mit gespieltem amerikanischem Akzent, als sie wieder Luft bekam. Wir folgten dem Verlauf des stinkenden Flüßleins bis an die Mündung ins Meer, ein kahles, schlammiges Miniaturdelta vor dem Hintergrund des altmodischen Kraftwerks, auf dem schon die Nachtbeleuchtung eingeschaltet war. Mi hielt Vorträge über die Glanzzeiten des Flusses, von denen ich wenig mitbekam, weil sie, immer wieder von Husten unterbrochen, mit leicht vorgerecktem Kopf vor sich hinsprach, als wären die Worte ihre Vorboten, die sie in den leeren Raum stieß, bevor sie ihn im nächsten Augenblick durchrollen würde. Ich schob Mi ein Stück weiter, weg von dem Fluß und der traurigen Mündung, das Kraftwerk im Rücken, bis Mi Halt gebot und Blick aufs Meer verlangte. Es war sehr still, man hörte das Rauschen des Meers, lau und mittelmeerisch, in einer bläulich beleuchteten schuppenartigen Kneipe in der Nähe nahm ein träges Nachtleben seinen Anfang, jemand spielte Poplieder an, immer nur ein paar Sekunden, dann war es wieder still. Ich setzte mich auf eine kleine Mauer, die den Strand von dem holprigen Weg trennte.

Ich erzählte Mi von dem Zwischenfall mit dem Schwimmer ein paar Tage zuvor. Sie lachte heiser wie immer, aber hier draußen, im Dunkel klang ihre Stimme anders, jünger, ruhiger. Das kommt hier so oft vor, sagte sie. Manche nennen das Immigrantenkoller. Einer, der sich hier schon fast zu Hause fühlt, schwimmt hinaus, er schaut auf das blendend glitzernde Meer, und plötzlich überfällt ihn eine solche Sehnsucht nach dem, was er verlassen hat, daß er beim Blick zurück auf die

Küste hinter ihm sich einredet, die Strecke in das verlassene Land – das in Wirklichkeit ja unbeschreiblich weit entfernt und an ganz anderen Küsten liegt – sei kürzer als die Rückkehr an den Strand seines neuen Heimatlandes. Und für sein Herz gesünder.

Mi zog eine unförmige Zigarette aus einer Falte ihrer großen schwarzen Trainingshose und zündete sie an. Wir rauchten langsam, immer abwechselnd, der scharfe Geruch von verbranntem Heu stach mir im Hals und in den Augen, der allmählich einsetzende Schwindel war angenehmer als erwartet.

Der Rückweg wurde mühsam, ich war erschöpft, und Mi schien schwerer geworden zu sein, sie schwankte, der Kopf sank ihr immer wieder auf die Brust, und ich fürchtete, sie würde aus dem Rollstuhl rutschen. Sie wollte nicht durch den Park und führte mich durch die Straßen, war unsicher, was die genaue Richtung anging und irrte sich mehrmals an Kreuzungen. Alle Gehsteige kamen mir uneben und von Rissen durchsetzt vor. Trotz der südlichen Nacht und dem Geruch des Meers wähnte ich mich in meiner Müdigkeit mehrmals in einer Vorstadt von Warschau und verlor völlig die Orientierung. Ich fuhr aus diesem Irrtum auf wie aus einem fiebrigen Traum, begriff wieder, wo ich mich befand und sehnte mich nach Straßen, Geräuschen und Gerüchen, die mir vertraut waren. Es war tiefe Nacht, als wir unseren Wohnblock erreichten, und ich war überrascht über die Stille, die sich ausbreitete, ungetrübt von jedem Wimmern und Seufzen. Im Fahrstuhl wurde Mi plötzlich hellwach und starrte in den schmalen schmutzigen Spiegel an der Wand, in dem wir beide zu sehen waren. Mein Gesicht stand über ihrem, in dem kalten Licht hätte ich weder sie noch mich selbst erkannt, Mi sagte nichts, aber ich sah im Spiegel, daß ihre Augen weit aufgerissen waren.

Bevor ich Mi in den dunklen Flur ihrer Wohnung schob, in der ihre Familie offenbar fest schlief, griff sie nach meinem Arm. Du brauchst nicht hierzubleiben, sagte sie. Hier hat keiner auf dich gewartet.

16

Feuerwerk

Anfang November war die Zeit der großen Feuerwerke, von denen man hier allerdings nicht viel mitbekam. In einer Gegend zwischen Fremden und Frommen wußte man mit den Traditionen des Landes wenig anzufangen, selten schlugen die Wellen von Böller- und Knallerdetonationen bis hierher, ließen die Frommen ungerührt, entlockten dem Kroaten allenfalls ein Zittern um die Mundwinkel. Es war Spätherbst, die Tage lagen in hellem Grau, die Stürme der Jahreszeit blieben vorerst aus.

In meinem ersten Londoner Herbst hatte ich auf Arbeitssuche genügend Gelegenheit gehabt, zu lernen, wie ich den kleinen Krieglein aus dem Weg gehen konnte, die in Erwartung des Feuerwerkstages Anfang November mit Krachern, Böllern und hinter Ecken hervorschießenden Feuersalven geführt wurden. Von Stürmen und Feuerwerksvorbereitungen bedrängt, folgte ich damals dem Rat des Kunstreiters und stellte mich beim Radio vor, das Obdach und Sicherheit verhieß. Die Radiostation war in einem großen, palastartigen Gebäude im Zentrum der Stadt untergebracht, umbrandet vom Verkehr lag es auf einer Art Insel, die sich aus dem Gewirr der Straßen erhob. Tagsüber sah man die bunten Fahnen, die auf dem Gesims flatterten, nachts erstrahlte es im Licht weißer Scheinwerfer, die die Säulen und Bögen noch gewaltiger erscheinen ließen. Die Stufen der Eingangstreppe zum Hauptportal waren so hoch, daß ich sie anfangs nur mit Mühe erklimmen konnte. Auf dem oberen Treppenabsatz wandte ich mich vor dem Betreten des Gebäudes noch einmal um. Unter mir flossen die Straßen ineinander, alles sah klein aus. Ein weißes, milchiges Herbstlicht lag über der Stadt und wollte die Stürme der letzten Wochen vergessen machen.

An der Portiersloge konnte jeder vorsprechen und darauf warten, von einem Gehilfen der Großen Radioschau abgeholt zu werden, der den Kandidaten zu einer Prüfung führte. Auf dem Weg vom Portal zum Prüfungsraum legte man eine lange Strecke durch breite Korridore und über imposante Treppenfluchten zurück, über denen sich hohe Decken wölbten. Der Prüfungsraum selbst war dann ein fast erschreckend kleines Kämmerchen, in dem man durch einen Wandlautsprecher angewiesen wurde, beliebige Worte und Sätze in ein verbeultes Mikrofon zu flüstern, zu murmeln, zu schreien, zu kreischen oder zu säuseln. Nach kurzen Proben wurde ich für den Hauptdienst dem Murmelsaal und für den Nebendienst dem Säuselsaal zugeteilt. Ich bekam eine Nummer, eine rote Mütze, die zur Sprechertracht gehörte und eine kleine Trillerpfeife, auf der ich ein bestimmtes Signal blasen mußte, falls ich mich einmal in den weitläufigen Korridoren und Treppenfluchten verirrte. An der Seite des Gehilfen betrat ich den Murmelsaal. An langen Pultreihen, die an die Schaltstellen alter Telefonzentralen erinnerten, saßen unzählige rotbemützte Sprecher, die Kopfhörer auf den Ohren trugen und in die Mikrofone sprachen, die in Mundhöhe aus der Tafel vor ihnen ragten. In diesem Saal murmelte ein jeder in seiner fremden Sprache in das Mikrofon, die Reihe der Sprecher war bunt gemischt, und der ganze, riesige Saal war von einem unbeschreiblichen Rauschen und Raunen erfüllt, aus dem einzelne Worte kurz emporstiegen, um dann wieder in das Meer der Laute zurückzusinken. Im Unterschied zum Säuselsaal, wo man bestimmte Vorgaben hatte, konnte man hier den eigenen Text ganz nach Belieben hervorbringen, mußte dafür aber unausgesetzt sprechen, denn das machte die Beliebtheit der Murmelprogramme aus: die Zuhörer auf der ganzen Welt saßen, wie es hieß, stundenlang wie gebannt vor ihren Radiogeräten und lauschten auf das Steigen und Fallen der Stimmen, versuchten Worte ihrer eigenen Sprache zu erhaschen, Reihenfolgen von Wörtern einen Sinn zu verleihen und vielleicht sogar die Stimmen Bekannter zu erkennen.

Der Nebendienst im Säuselsaal war nur mit der Übermittlung der sogenannten freudigen Nachrichten befaßt, und diese Programme waren lange nicht so beliebt, wie andere Sendungen, ja es flackerte damals sogar das Gerücht auf, das gesamte Säuselprogramm stehe auf der Abschußliste, wie man es nannte. Zwischen den gesäuselten Nachrichten gab es längere musikalische Pausen, fröhliche oder heiter-besinnliche Lieder aus aller Welt wurden vorgetragen, unterdessen konnten sich die Sprecher sammeln und die nächsten Nachrichten einüben, die ihnen unablässig auf schludrig bekritzelten oder bedruckten Papieren auf die Pulte flatterten.

So arbeitete man sich von Schicht zu Schicht, ruhte im Ruheraum und erfrischte sich im Erfrischungsraum. Wenn man das Gebäude verließ, mußte man Mütze, Trillerpfeife und Nummer abgeben. Kehrte man zur Arbeit zurück, ging alles denselben Weg wie beim ersten Mal: Man sprach vor, wurde geprüft und dann zugewiesen, mit der Zeit auch an vertraute

Plätze, während man anfangs von einem Programm ins andere gestoßen wurde. Je länger man Sprecher war, desto kleiner, enger und höhergelegen waren die Arbeitsplätze, dafür aber war man zu wenigen, schließlich ganz allein und konnte sogar auf Tonbändern Vorräte der eigenen Stimme anlegen.

Obwohl es viele Aufsteiger gab, verließen etliche das Gebäude wochen- oder monatelang nicht, sei es aus Angst, den inzwischen vertrauten Arbeitsplatz zu verlieren, sei es aus Verdruß über das Leben, das sie außerhalb des Radiosenders gewöhnt waren, oder auch aus tatsächlicher Anhänglichkeit an ihr Programm, ihr Pult oder solche nichtigen kleinen Dinge wie die rote Mütze, die Trillerpfeife oder sogar die Nummer. Von einzelnen hieß es, daß sie ihr Dasein seit Jahren nur noch in diesem Gebäude fristeten, weder Tageslicht noch nächtliches Dunkel sahen, nur im sanften Arm der Sendungen lebten, die sie unter hunderten anderen bestritten. Sie säuselten frohe Botschaften, schrieen Kriegsberichte, kreischten die Nachrichten von großen menschlichen Tragödien, und flüsterten Unsägliches, nur um dann und wann im Dämmerlicht des Murmelsaals ungehört die langen, mühsamen und oft traurigen Geschichten ihrer eigenen Leben in die Mikrofone zu raunen.

Ich blieb nie mehr als einen Tag dort, und jedesmal wenn ich vor das Hauptportal trat, war ich erstaunt, wie schnell so viel Zeit vergangen war. Von dem Treppenabsatz vor dem Hauptportal sah ich die bröckelnden Fassaden der oberen Etagen prunkvoller Gebäude auf der gegenüberliegenden Seite der Straßenschlucht, wo Taubendreck die Gesimse, Vorsprünge und Verzierungen zerfraß, und die jüngsten Spuren von Zusammenstößen auf der Fahrbahn. Fest entschlossen, nie wieder zurückzukehren, machte ich mich jedes Mal zu Fuß auf den langen Heimweg, um mich Schritt für Schritt vom Netz der Stimmen zu befreien, die noch an mir hafteten.

Kurz nach meiner Anstellung traf ich auf dem Heimweg von der Radioschau den Kunstreiter zum letzten Mal. Schwer atmend trat er aus einem Eingang, als hätte er auf mich gewartet. Seine Augen leuchteten fiebrig, in der Hand trug er eine alte geblümte Campingliege, die er mir stolz entgegenhielt, das war das Bett, auf dem er, wie er sagte, seine Tage zu beschließen hoffte. Wo konnte er dieses Stück ergattert haben, das doch schon seit Jahrzehnten im Abraum oder den Müllhalden unser beider Herkunftsland hätte verrostet und in seine Einzelteile zerfallen verdämmert sein müssen? In einer plötzlichen Furcht, er könnte sich mitsamt seiner Liege bei mir einquartieren wollen, hastete ich weiter, doch er blieb mir länger auf den Fersen, als ich erwartet hatte, ich hörte seine Wortstöße, die er auf meinen Nacken zielte, als meinte er, mich damit zum Verlangsamen meiner Schritte zwingen zu können. Im keuchenden Lauf gab er mir einen abgehackten Bericht vom großen Feuerwerk, davon, wie er sich am Rand der wartenden Menge gehalten hatte, die schon voller Spannung an den Himmel starrte, wenn es erst dämmerte und sich die zerklüfteten Umrisse der Stadt am Fuße des Hügels noch schwarz und scharf vom grünlichen Himmel abhoben. Doch kurz darauf waren die Raketen steil und zischend in die Luft gestiegen, ihre weißen Schweife in der Dunkelheit zerfallen, bis schließlich die Feuerwerkskörper selbst aufgebrochen waren und sich zu bunten, großen Formen und Bildern entfaltet hatten. Die Menge hatte bei jeder Explosion gejubelt, auch wenn das Bild am schwarzen Himmel nichts als einen bunten, in alle Richtungen sprühenden Funkenregen vorgestellt hatte, die Menge hatte ah und oh gerufen, bis es verglommen war, und sich begeistert hin und her gewiegt. Er selbst hatte nur abseits gestanden und zugeschaut, das hatte ihn an glückliche Tage erinnert, als er selbst im Mittelpunkt des Jubels und unter sprühenden, funkelnden Lichtern galoppiert war. So, in den Klang der glücklichen Stimmen der Feuerwerksbesucher vertieft, hatte er auf einige Augenblicke sein Schicksal, wie er es nannte, vergessen können. Ich rettete mich vor ihm, indem ich mit einem plötzlichen Haken den Weg auf die schmale Fußgängerbrücke über die Themse einschlug, auf der um diese Zeit ein solches Gedränge herrschen würde, daß sich der Kunstreiter nicht würde hindurchzwängen können.

Ich selbst hatte von dem Feuerwerk nur einen Abglanz mitbekommen, vom Fenster meines Hauses aus hatte ich nichts gesehen als gelegentliche Funkenbahnen, die kreuz und quer und völlig planlos über den kleinen Ausschnitt des Himmels zogen, der sich vor meinen Augen zwischen zwei stillgelegten Fabriken und über der Hochbahnlinie auftat. Ich war erleichtert, dem Feuerwerkskrieg entronnen zu sein und vorläufig im Radiosender nicht mehr Schutz suchen zu müssen.

17
Stoller's

An der Ecke der großen Straße, die Fassade dem Friedhof zugewandt, stand ein altes Kauf- und Mietshaus. Die Aufschrift Stoller's Kosher Egg Stores zog sich gilblich weiß über die dunkle Ziegelfassade. Abends sah man vom Oberdeck des Busses in das Stockwerk über der Aufschrift, wo in bläulichem Neonlicht kreuz und quer getürmte altmodische Stehlampen und Möbel in den Fensterausschnitt ragten, ein Sammelsurium von Gegenständen, die aus einer zurückliegenden Zeit herüberwinkten, eine Art Nachkriegsgruß abgehalfterten Zubehörs, über dessen endgültige Ausgedientheit man sich dort hinter diesen Fenstern noch nicht ganz einig war. In dem Geschäft im Erdgeschoß gab es »Eingepacktes«: schrill beschriftete Konserven aus Amerika und Israel, Kekse, Kerzen, Plastikteller und -besteck für Feiern und Haushalte, die nicht genug Platz für getrenntes Geschirr hatten, alles durch die Verpackung säuberlich beschützt vor der Berührung durch unreine Hand. Es gab auch Eierschneider, wie ich sie aus meiner Kindheit kannte, und andere Gegenstände zum Anrichten von Speisen, die man vor Jahrzehnten servierte. Vielleicht pflegte man hier noch Abende mit Pumpernickel und Frischkäse und Lachs mit Eischeiben von unfehlbar gleicher Dikke. Die Frau an der Kasse trug eine toupierte Perücke aus dunkelbraunem Haar. Die Frisur war so groß, daß sie wie ein feierlicher Kopfputz wirkte. Mrs Stoller saß meistens still auf ihrem Stuhl, blätterte in einem kleinen Buch mit hebräischer Schrift, ein Erbauungsbuch oder Ratgeber der Sittsamkeit. Wenn das Telefon auf ihrem Kassentisch schrillte, hob sie den Hörer ans Ohr und stieß blitzschnell einen Wortschwall aus, als hätte sie schon am Klingeln erraten, wer anrief. Sie sprach laut, wie es sich für eine telefonische Verbindung zwischen Kontinenten gehört, es ging um Reisen von Familienangehörigen, Ankunfts- und Abreisezeiten, Flugnummern. Mrs Stoller zog die Reisefäden ihrer frommen Familie, die zwischen London, Jerusalem, Baltimore und New York und sicher auch anderen Orten in steter Bewegung war. Ich versuchte, Mrs Stollers leise Mißbilligung zu übersehen, ihr Geschäft war nicht der rechte Ort für mich, ich streifte, allzu offensichtlich von Neugier bewegt, suchend an den Regalen vorbei, erwarb, was in ihren Augen sicher das Falsche für mich war, oder ich war die Falsche für das, was ich erwarb. Auch wenn sie meistens in ihr Buch schaute, saß sie schon lang genug an diesem Kassentisch und sah genügend Köpfe und Beine ober- und unterhalb des aufgeklebten Reklamestreifens auf Fenster und Tür, um zu wissen, daß ich nicht zu den grauen Fischbällchen in Aspik oder dem übersüßten Borschtsch mit der Aufschrift »Tastes like Bubbe's« gehörte. Es kam nicht viel Kundschaft, wenn noch eine andere Käuferin im Geschäft war, raunten sie sich leise zu, was für meine Ohren nicht bestimmt war. Trat ich an die Kasse, klappte sie ihr Buch zu, das in einem kostbar aussehenden silbrigen, mit bunten Steinen verzierten Metallumschlag steckte. Der Metallumschlag erinnerte an ein Ikonengewand. Zum Kassieren stand Mrs Stoller auf und bediente das kleine elektrische Rechengerät mit der einen Hand, während die andere auf dem kostbaren Buch ruhte. Sie war nicht groß, aus der Nähe sah man ihr an, daß die schön frisierte, üppige dunkelhaarige Perücke auf die falsche Fährte lockte: Mrs Stoller war alt, ihre Handrücken waren von bräunlichen Flecken übersät und zitterten sogar ein wenig.

Einmal waren zwei junge fromme Männer im Geschäft. Sie eilten suchend durch die kurzen Gänge zwischen den Regalen, ihre schwarzen langen Mäntel streiften mit leisem Rauschen an den Kanten der Stellagen und den Rändern der kleinen Konservenpyramiden vorbei, die wundersamerweise ungerührt stehenblieben. Die frommen Männer riefen Mrs Stoller immer wieder fordernde Fragen zu, schließlich fanden sie, was sie brauchten, am Kassentisch wollten sie feilschen oder sich beschweren, redeten abwechselnd in einem scharfen, abgehackten Jiddisch, doch Mrs Stoller blieb unnachgiebig, die Augen gesenkt und die Hand fest um das prächtig eingekleidete kleine Buch gelegt. Beim Bezahlen achteten die Frommen ebenso wie Mrs Stoller darauf, daß sich ihre Hände nicht berührten.

Ich kaufte immer nur Kleinigkeiten und, wie Mrs Stoller zu recht annehmen mochte, aus einer Neugier, die mich selbst genierte. Ich hatte nicht den geringsten Bedarf für ihre Waren, die mich auf undeutliche Weise an meine Kindheit erinnerten, eine Epoche der Konserven- und Hygienegläubigkeit, der albernen Buntheit nutzloser Dinge auf blassem Resopal. Mrs Stoller hätte die Pumpernickelpäckchen, Zahnstocher und Jahrzeitkerzen, die ich bei ihr erwarb, natürlich nie für Souvenirs gehalten, Mitbringsel von Expeditionen in eine fremde Welt, die wie jede Fremde verschollene Erinnerungen weckte. Ich stellte diese Souvenirs auf den Umzugskisten in meiner Wohnung auf, neben den Sofortbildern und den Steinen und Holzstücken, die ich von meinen Gängen am River Lea mitbrachte. Im unpassendsten Moment meines Lebens war ich zum Sammler geworden, kam nie mit leeren Händen in diese Wohnung zurück, wo dieses schwer zu entziffernde Archiv meiner Heimatlosigkeit wuchs.

Der Zugang zu den Lagerräumen von Stoller's Kosher Egg Stores lag neben dem kleinen Vorbau, in dem der Kroate sein Geschäft betrieb. Ein schmaler Gang zwischen zwei Häusern führte über einen Hinterhof, in den ich mit einigem Verrenken aus meiner Kammer blicken konnte, in die Lagerräume der Stoller Stores. Dort, im Vorratslager, auf dem Hinterhof und dem Stück Gehsteig davor, war der Arbeitsplatz des Handlangers bei Stoller's, ein Mann von vielleicht vierzig Jahren mit einem schönen, immer zu einem leichten Schmerzensausdruck verzogenen Angesicht. Einmal hörte ich den Kroaten ihn »Jackie« rufen, was sich aus seinem Mund anhörte wie »Scheckie«. Jackie war nicht in frommer Tracht, er trug nur eine Kippa, ansonsten Arbeitskleidung, unter der auch keine Schaufäden sichtbar waren, und seine Hauptaufgabe bestand im Schleppen und Verstauen angelieferter Waren und im Warten auf diese Lieferungen. Jackie war einer der näheren Straßenbekannten des Kroaten, wenngleich er einen sichtbaren Abstand wahrte und ich ihn nie mit dem Kroaten etwas trinken oder verzehren sah. Sie standen einen guten Schrittbreit voneinander entfernt, auf dem Gehsteig und schauten gemeinsam auf den gleichen Punkt am weißen Nachmittagshimmel, hoben die Hand, um jemanden auf der anderen Straßenseite zu grüßen oder klopften mit den Füßen schweigend den Takt zu einem Lied aus dem Kassettenrecorder des Kroaten. Manchmal unterhielten sie sich, wobei der Kroate die großen Gebärden übernahm, Jackie das freundliche, schmerzlich lächelnde Nicken.

Der Herrscher über das Stollerreich zwischen Geschäft und Hinterhof war ein untersetzter Mann in Hemdsärmeln und schwarzer Kippa, der mehrmals wöchentlich in seinem großen Auto Ware brachte. Jackie stand bereit, wenn er ankam, löste sich aus dem Schauen, Taktklopfen oder Lächeln zu den Gesten des Kroaten und machte sich an die Arbeit, während die beiden jungen Söhne von Fürst Stoller um ihn herumsprangen, an seinem Pullover zupften und um bunte Limonaden bettelten.

Jackie trug die Kartons einzeln und behutsam, sehr langsam, beschwichtigte die kleinen Jungen und fegte schließlich mit ein paar Handbewegungen den Kofferraum des Autos aus.

Mehrmals kam ein großer Lastwagen mit Ware, dann arbeitete Jackie den ganzen Tag. An solchen Liefertagen bekam er auch eine Sackkarre, und ich fragte mich, wohin der Inhalt all dieser Kisten verschwand, der sicher nicht im spärlich besuchten Geschäft unter Mrs Stollers wachsamen Augen verkauft wurde. Nachmittags, wenn die Schule aus war, kamen die Stollerkinder, kletterten auf die Ladefläche und spielten hinter den verbliebenen Kisten Verstecken gegen Jackie, der die Verstecke bedächtig und systematisch abräumte. Der Kroate stand an der Bordsteinkante, rauchte, schaute hinauf in den Laderaum und gab Ratschläge. Hey Scheckie! rief er immer wieder, mach das doch so und so! Hey Scheckie, hast ja nicht mehr viel! Er bot Hilfe an, sicher voll Begierde, in das ihm verschlossene Reich der Stollerschen Lagerräume vorzudringen, aber dazu kam es nicht.

Jackie war außer dem Kroaten der einzige in der Straße, der grüßte. Männer grüßte er offen und freundschaftlich, Frauen verstohlen, etwas schiefmündig, weil das zu seinem traurigen Lächeln gehörte. An den großen Liefertagen entbot er von der Ladefläche des Lastwagens hinunter einen fast majestätischen Gruß mit leicht erhobener Hand, die Augen hielt er dabei in die Ferne gerichtet. Sicher konnte er von dort oben über die Mauern von Abney Park Cemetery bis zu den Grabdenkmälern schauen, und aus diesem Anblick mochte er die Engelhaftigkeit schöpfen, die seinen Gebärden auf der Ladefläche anhaftete.

Einmal beobachte ich Jackie aus dem Fenster dabei, wie er etwas von der Straße aufhob und auf die niedrige Vorgartenmauer vor meinem Fenster legte, etwas Verlorenes, das er wiedergefunden sehen wollte, anstatt es an sich zu nehmen, zumal er sicher in seiner Wohnung – die ich mir als eine Art Untermiete bei Verwandten soundsovielten Grades vorstellte, Kost und Logis gegen Handreichungen und Erledigungen – keinen Platz für Fundstücke hatte. Sobald er außer Sichtweite war, ging ich hinaus und betrachtete, was er abgelegt hatte. Es war ein etwas unterbelichtetes Schwarzweißfoto von einer Brücke über einen Fluß. Im Mittelgrund, an der Uferböschung im Schatten der Brücke ließ sich eine Decke ausmachen, auf der eine Frau saß, vor ihr, am Rand des Wassers, die Füße vielleicht schon in den äußersten Wellen, standen weiß und unscharf zwei Kinder.

Ich nahm das Foto an mich und stellte es zu den anderen Dingen auf die Umzugskisten, obwohl es nicht mein eigenes

Fundstück war. Es wirkte fremd, stach von den anderen Dingen ab, wollte sich zu nichts gesellen, mit keinem Gegenstand freund werden, nicht einmal mit den Kleinigkeiten aus Stoller's Laden. Ich behielt es trotzdem, gab ihm einen Platz für sich und stellte mir vor, daß es etwas war, womit Handlanger Jackie, bei aller Ferne von der abgebildeten Szene, in irgendeiner Erinnerung aufgehoben bleiben wollte.

18

Old River Lea

Verdrossene Schwäne hüteten den zahmen schiffbaren Lea, kurz hinter der Gabelung des Wassers am Wehr, wo der wilde Lea abzweigte. Mißgelaunte, halb schon der nahen Verwilderung verfallene Wärter in altgewordenem Schwanenweiß, das trotz seiner Schmutzigkeit in diesem stets schattigen Winkel zwischen Wehr und Brücke leuchtete. Wärter auf verlorenem Posten, zwischen zwielichtigen Grünflächen, Fabrikgeländen, altem Kraftwerk, dem leisen Säuseln der Filter Beds und dem gedämpften Rauschen des kleinen Wehrs, Geheimnisträger der Vergangenheitsschichten, der pendelnden Kähne mit Waren und Gut, der abgerissenen Treidler und schwitzenden Zugpferde, der Stadtrandlungerer, der Ziegelarbeiter im stadtwärtigen Rücken des Geländes am Kanal, so harrten die müdbetagten Schwäne aus auf Geheiß einer abgelegenen Königlichkeit, die sich hier nur noch in Gestalt ihrer auf der stillen Wasseroberfläche schaukelnden und gleitenden kleinen Schar zeigte.

Über den Schwänen war die Luft voller Krähen. Sie saßen auf den Telegraphendrähten, schweiften von Ufer zu Ufer, hingen in den Bäumen, rotteten sich um kleine Funde herbeigewehter, weggeworfener, verlorener Reste zusammen, die Hinterlassenschaft der spärlichen Wanderer und Radfahrer auf dem Treidelpfad. An den blassen Wintertagen waren die Krähenschwärme unruhiges Gewölk, das keinen Schatten warf, nur die Luft mit Schnarren, Rauschen, Klatschen der Flügel erfüllte und wie eine stets uneingelöste Regenverheißung über dem Kopf vorüberzog.

Der wilde und sogenannte alte Fluß schob sich durch die Filteranlage aus Ziegeln und Beton, seit über zweihundert Jahren Wasser für den Nordosten der Stadt, die hier ins Marschland abkippte, sich meerwärts neigte, alle Wasserfinger nach dem riesigen Mündungstrichter streckte. Die Filter Beds lagen hinter einer Mauer verborgen, in einem selten zugänglichen Grünland, einmal stand das Tor offen, und ich verirrte mich in eine behütete Wildnis der Fischreiher und Blaumeisen, verwelkten hagebuttentragenden Hundsrosen, runzeltraubigen Holunderbüsche, Vogelbeeren und mannshohen Farnwedel. Es war ein milder, stiller, heller Wintertag, im welken Gebüsch saß ein Mann und rauchte, schaute mich an, verschreckt und verschreckend zugleich, sein Fahrrad lag im gilben trockenen knisternden Wintergras, wenn er es später aufheben und davonradeln würde, würde die Stelle aussehen wie die verlassene Lagerstätte eines durchziehenden wilden Tiers.

Ich kehrte auf den Pfad zurück, der im Bogen um die Filter Beds verlief und wieder zum Fluß führte, zwischen offenem Gelände und den Strommasten, die wie verlorene harmlose Riesen immer bereitstanden, erstarrt auf der Ebene, dünn, unbeweglich, zart, die keinem erdenklichen Nutzen zugedachten sechs Arme unbeholfen abgespreizt wie zum Zeichen ihrer Wehrlosigkeit oder auch ihrer Ratlosigkeit über die Richtung, die sie einschlagen sollten. Je vertrauter mir diese flache Weite im milchigen Licht des Winters wurde, desto mehr erschienen mir diese Masten als Teil der Landschaft, durch eine seltsame Laune der Natur so ungefiedert, unbehaart und unbelaubt emporgeschossen in unvordenklicher Zeit, brave Hüter dieses Zwischenreichs von festem Boden und dem trügerischen von unzähligen Gewässern unterlaufenen und durchzogenen Schwemm- und Flutland, feingliedrige Wächter der Leere, die nichts von sich gaben als ihr spinnwebiges Summen und Sirren, diesen dünnen, nur in den Pausen zwischen den klackernden Zügen wahrnehmbaren hochtonigen Gesang, der immer wieder ansetzte, das gleich auf der anderen Seite des Lea tief Atem holende Tosen der Stadt zu unterwandern.

Unversehens führte der Pfad aus den Marschwiesen an baumbestandenes Flußufer, erst schüttere Pappeln, dann Weiden, Erlen, tröstendes Dickicht vielarmiger Bäume, graue Weidenballungen, Gestürztes, halb im fließenden Wasser, immergrünes Gebüsch zwischen den Stämmen, die kehligen Rufe verborgener Vögel. Der Fluß war hier seicht und gemächlich, immer wieder kamen mir auf diesem Weg Erinnerungen an ein Altwasser des Rheins, über das mein Vater uns einmal in einem alten Holzboot ruderte. Es war ein feuchter grauer Tag, sicher nicht im Sommer, denn es war menschenleer am Fluß, mein Vater war schweigsam und in Gedanken versunken, nachdem er uns in kaum verhohlener Hast zuvor wegen irgendeines Zwischenfalls aus dem Haus geführt und an diesen stillen Flußarm gebracht hatte, wo er bei einem alten Bekannten ein Holzboot auslieh, das aus einem muffigen Schuppen gezerrt werden mußte. Ich hatte meinen Vater noch nie beim Rudern gesehen, dabei schien er mit jeder Bewegung vertraut zu sein, er wies uns die Plätze zu und stieß unter den verwunderten Blicken des Bootsverleiher-Bekannten ab auf das dunkle Wasser, und wir schaukelten auf den von seinen Ruderschlägen erzeugten Wellen. In meiner Erinnerung glitten wir stundenlang den toten Flußarm auf und ab, die Ruder tauchten mit beruhigender Gleichmäßigkeit ein, zogen beim Auftauchen dünne Wasserstreifen hoch, die sich in Tropfen auflösten und zurückklatschten, die tiefhängenden Zweige des wirren Weidengebüschs flossen an uns vorbei, die kieselbedeckten Böschungen, die kleine Bucht mit weißem Sand, wo wir im Sommer spielten, und es erschien mir so unwirklich, all das vom Wasser aus zu betrachten, das Wilde des Dickichts und das Zahme des Strands, der in dieser grauen Verlassenheit aber auch Teil einer verwunschenen Wildnis hätte sein können. Meine Schwester klammerte die ganze Zeit die Hand um ein kleines Plastiknetz mit Schokoladenmünzen in Goldfolie, die wir an dem Tag geschenkt bekommen hatten, und als wir schließlich am Steg wieder aus dem Boot kletterten, war ihre Hand so steif, daß ihr das Beutelchen aus der kalten Hand rutschte, ins Wasser fiel und verschwand. Das Unverhoffte des Pfads in der stadtabwärtigen Landschaft, das Verschlungene der Weidenbüsche und offenliegenden Wurzeln, die Abgelegenheit vom Vertrauten und der befremdende Blick in die Verborgenheit förderten die Erinnerung an den damals offenbarten fast verstörenden Anblick des dem Wasser zugeneigten verwilderten Gebüschs wieder zutage.

Es war ein schöner Weg am alten River Lea, in die wilde Beuge des kleinen Flußarms gelehnt, geborgen, wunderbereit, allzu fremd in scheinschönes Abseits gebettet, denn es war ein Trug, den der Blick auf den so grün gestutzten Hang hinter den Bäumen der anderen Seite schnell preisgeben konnte. Doch solange der Blick sich von dort fernhielt, von diesem durch die jenseitigen Bäume fallenden grellen Grün, das zu nichts anderem gehören konnte als zu neu anhebender zurechtgestutzter Gebrauchsgegend, konnte man sich in einer Fremde wähnen, für die es keinen Namen gab als eben den der Unzahmheit, der Abgeschiedenheit von Nutzen und Vorhersehbarkeit.

Einmal stieß ich auf ein kleines Fell auf dem morastigen Boden zwischen zwei Baumstämmen. Es lag wie ausgebreitet, man erkannte die vier abgespreizten Beine, die Stelle des Kopfes, als sei ein Tier einfach hinausgeschlüpft. Das Fell war säuberlich geleert, frei von Blutspuren, gelblichfahl auf dem dunklen Boden. Falb war es, ein Tierwort, zu dem sich die romanhafte Abenteuerweisheit gesellte, daß ein Wasserlauf die Spur eines Flüchtigen durchschneidet und die witternden Hunde der Verfolger ratlos am Ufer stehenläßt.

Hatten Tiere Beute gejagt, gepackt, das Fell ausgeweidet? Menschen ein Tier angepirscht, es erlegt und geschlachtet, ihm dabei so könnerisch das Fell abgezogen, daß keine Spur von Körper mehr darin blieb? Ich kannte mich weder mit Jagdgepflogenheiten aus noch mit den Gewohnheiten von Raubtieren. Was war mit dem Inhalt des Fells geschehen? Mit den Augen, den Zähnen, den knorpeligen Nasenteilen? Mit den Knochen? Das Fell war wie ein Wimpel, eine Wegmarkierung, die auf die Natur dieses Pfads verwies: Wildes Gelände mit eigenen Regeln. Sitten, die sich nicht auf den Straßen und Plätzen aufhalten. Die ein paar hundert Meter weiter, im Schatten der Schnellstraßenstelzen, unter Wolken des Verkehrslärms nichts mehr zu melden haben als das Ende der Wildnis, die sich in dünnen Spuren um den Zaun einer Wohnwagensiedlung verlor.

Im Dezember wartete man in London vergeblich auf Frost und Schnee. Stille, milchlichtige Tage wurden gelegentlich unterbrochen von kurzen Perioden lauer Böen, die lilabraunes Gewölk über den Himmel schoben, dunkelgraue Schatten auf den Marshes, während um die Wolkenränder grelle Kränze aus Sonnenlicht standen, die Umrissen eine seltene und kurzfristige Scharfkantigkeit verliehen. Es war der Halbwinter, an den ich mich seit Jahren gewöhnt hatte, der nun in diesen Monaten nach dem Ausbleiben der Equinoktialstürme so still und sturmlos vorüberzuschleichen schien. Tag und Nacht hatte ich bei jedem sich abzeichnenden Witterungswechsel in den Herbstwochen auf diesen hohen Ton gelauscht, mit dem sich der Sturm zwischen den untersten Wolkenschichten ankündigte, bevor er in die Baumwipfel und dann in die Straßen zu fahren pflegte. Mit den Jahren waren mir die Stürme, die so wenig zum milden Anschein des Landes paßten, ans Herz gewachsen, und sie fehlten mir jetzt. In einer Dezembernacht schließlich traf ein verspäteter Herbststurm ein wie ein lang aufgehaltener Zug, auf den die Bäume, die Dächer und all das lose Zeug der Straßen mit einer Ungeduld gewartet hatten, die die Stimmung der dem Sturm voraufgehenden Tage und Nächte auflud. Dinge, Menschen, Stimmen, Geräusche prallten in diesen vorstürmischen Tagen in Serien unvorhersehbarer Mißlichkeiten aufeinander, ohne daß die Kollisionen mit all dem sie begleitenden Klirren, Scheppern, Krachen und Splittern etwas gelöst hätten, bis endlich eines späten Abends der Sturm mit einem hohen sausenden Ton anhob und gleich darauf mit verstörendem Brausen in die Baumkronen fuhr. Die warmen Luftstöße warfen sich zwischen die Häuser, rissen an den Bäumen und jagten lärmend Beute durch die Straßen. Die Luft roch nach Herbst und lang vergangenen Vorfrühlingen zugleich, die etwas faulige Süße der letzten Handvoll Laub, die der Sturm abrupfte, trog augenblickelang als februariger Erdgeruch. Am alten River Lea hatte der Sturm die Landschaft durcheinandergeworfen, der Boden war mit Geäst übersät, Bäume waren umgestürzt, die Wurzeln ragten in die Luft, das Wasser staute sich um die schweren Kronen, die in den Fluß geschlagen waren. Die Arbeit an dem grünen Hang jenseits des Flusses stand still, alles schien erstarrt im Angesicht der vom Wind angerichteten Verkehrung der Ordnungen, der Verwüstungen in der Wildnis. Über dem offenen Gelände kreisten Raubvögel, Saatkrähen standen als Schwarm wie auf Abruf am Rand im Schatten eines Hochspannungsmasts, ohne Laut. Der Sturm hatte sich gelegt, Licht und Schatten waren scharf wie seit langem nicht mehr, die Sonnenstrahlen standen weiß um die Wolken, die zügig und in Mustern wie in einem durchdachten Spiel ihre dunklen Flecken über die Landschaft wehen ließen. Ganz selten und wie aus großer Ferne aber auch in eigentümlicher Klarheit drang ein Lärm in die Stille, ein Hubschrauber, das Klackern der Züge auf dem Bahndamm jenseits der Lea Bridge Road, die Sirene eines Feuerwehrwagens. Das alles hörte sich an wie Fetzen, die sich im Sturm von ihrer Klangquelle losgerissen hatten und nun ziellos in der Luft hingen, ohne Anfang und Ende, ohne Richtung.

Zwischen den Bäumen, auf dem Umweg, den ich der Hindernisse auf dem Pfad wegen durchs Gehölz machen mußte, stolperte ich über eine Tierfalle. Mein Fuß stieß an das alte, schief zwischen Laubschichten und Wurzeln klemmende Eisen, das ein trockenes Schnappen von sich gab. Ich erinnerte mich an die Männer, die man in meiner Kindheit mit verstohlenem Fingerzeig Wilderer nannte, Männer in Schiebermützen und Arbeitsoveralls, die sich im Morgendämmer durch die Hintergärten stahlen, mit schmächtiger Beute aus den Waldresten dieser Vorstadtgegend, wo Wild ein Wort war, das man allmählich zu fürchten begann und zu fürchten lehrte. Einmal zeigte mein Großvater uns im Wald eine Falle, die die Wilderer im Unterholz angebracht hatten. Ich erinnerte mich an eine Art eiserner Schelle im trockenen Laub, und an das Wort Schwanenhals, das mein Großvater damals erwähnte, so ein seltsames Wort tief im Wald, weitab vom Fluß und jedem Schwanengewässer.

Später auf meinem Gang sah ich einen Fuchs im lockeren Gebüsch, kurz bevor die Straßenstelzen zwischen den Bäumen auszumachen waren. Er stand auf der Grenze zur Stadt, reglos, rötlich grau, die aufgerichteten Ohren gelblich, wartend und angstlos, erst beim Klicken der Polaroidkamera machte er sich davon.

Der Weg führte im Halbkreis wieder zurück zum Treidelpfad am Kanal. Auf der anderen Seite die Stadt. Hier und da auf einem Balkon die ostentativen Utensilien der Jahreszeit, ein blinkender Tannnenbaum, sicher von der Sorte, die sich samt Schmuck aufspannen ließ wie ein Schirm. Hinter den Betonstelzen der verschlungenen Schnellstraßenwege kräuselte sich Rauch über den Wohnwagen, von denen man im ersten Augenblick nicht wußte, wohin sie sich gesellen wollten – zu den Straßen oder der Gegend am alten Fluß. Wohin gehörten die Halbseßhaften, die die Pferdewagen gegen

Wohnwagen eingetauscht hatten, die Pferde gegen Autos, die ramponiert und aufgebockt die Wohnwagen umstanden? War das ihr Ort, mit dem Rücken zum nordsüdlichen Flußauf und Flußab, über den Köpfen und Wohnwagendächern das ostwestlich-westöstliche Hin und Her des Verkehrs zwischen Mündungsgegend und Stadt? Die Wohnwagen leuchteten weiß in den kurzen Phasen scharfen Sonnenlichts. Sie bildeten eine Insel, ungewiß in welchem Fluß.

Ich vergaß das Foto in meiner Jackentasche. Als ich die Folie zu Hause abzog, taten sich auf dem Bild die typischen Lükken auf, in denen die Farbschichten des Fotos hervortreten und sich in einem Stück Leere verlieren. Man sah die Astarme von Bäumen, Gebüsch, ein Stück des Flusses. Von einem Fuchs keine Spur.

Irgendwann in diesem Winter stieß ich in einem Laden mit gebrauchten Büchern, vielleicht war es auch nur ein Karren oder ein Stand in Whitechapel oder Bethnal Green, auf ein Bild. Es war eine schlecht reproduzierte Fotografie, die vor hundert oder noch mehr Jahren aufgenommen sein mochte. Sie zeigte Wagen mit gedrungenen, struppigen Pferdchen und Pfeife rauchende Frauen mit Kopftuch und langen Rökken, von denen eine unter vorgelegter Hand in ein unsichtbares Abseits Ausschau hielt. Hinter der Gruppe ließen sich Zelte und Planwagen auf einer Wiese ausmachen, hinter diesen bauschten sich sanft die Umrisse von Auwald. Das Foto trug die Unterschrift: Gypsies on Hackney Marsh.

19
Oder

Wenn ich »Fluß« dachte, kamen mir Panoramen, Ausblicke, Ansichten der Kindheit in den Sinn – Postkarten, die mir die Erinnerung schrieb. Die Ausblicke und Ansichten probierte ich an unzähligen Flüssen aus, ich hielt sie gegen die Landschaften der Flüsse, wie um sie auf etwas zu prüfen. Auf die Verschiedenheit der Blautöne des Himmels und seines Spiegelbilds am diesseitigen und am jenseitigen Ufer, auf ihre Eignung für mögliche Nebelwunder, auf Versprechen von Meerwärtigkeit und größerer Helle, auf den Verlockungsgrad des unbekannten gegenüberliegenden Ufers? Das hätte ich selbst nicht sagen können.

Wir tragen unser Herz umher am falschen Ort, das fiel mir an jedem Fluß ein, an der Oder ganz besonders. Kleist war an der Oder aufgewachsen. Auch wenn er zweihundert Jahre zuvor auf einen anderen Fluß geblickt haben mußte – ein Fluß, der breiter war, ausholender, unübersichtlicher die Ufer, das Schwemmland riesig – hatte er vielleicht doch einen Blick für das zweierlei Blau über Flüssen, das Diesseits- und das Dortseits-Blau, das auf jeder Ufergrenze an den Gedanken vom Herz am falschen Ort rührt.

An einem Herbstnachmittag stand ich an der Oder und schaute über den Fluß nach Słubice. Am Vortag hatte man vor Nebel die andere Seite des Flusses nicht erkennen können, im plötzlich einsetzenden frühen Frost waren die grauen Schleier zu dicken Rauhreifschichten auf den kahlen Bäumen erstarrt. Der Nebel verwandelte alles und nahm der Landschaft einen kurzen Vorwintertag lang jede Ähnlichkeit mit der Gegend meiner ersten Grenzüberquerung nach Polen, viele Jahre zuvor. Jetzt hatte sich der Nebel gelichtet, der Fluß duckte sich unter der häßlichen Brücke, wußte sich nicht zu helfen mit der Trostlosigkeit zu beiden Seiten, streckte Arme hierhin und dorthin, ließ kleine Inseln entstehen, trügerische Festlandswülstchen, die jedes noch so kleine Hochwasser verschlingen konnte. Im hellen Wetter flimmerte die Luft über der leeren Landschaft nach Süden, ich stellte mir das Eis vor, das in kalten Wintern von Ufer zu Ufer bläulich ausgebreitet sein würde, zum Schilf und Weidicht hin weich und rissig, tote Vögel unter der Eisdecke, die reglos zum Himmel schauten, wie ich es an einem Dezembertag im Oderbruch gesehen hatte. Auf einer der kleinen Inseln, die sich zwischen Frankfurt und Słubice aus den Flußverzweigungen erhoben, standen zwei Gestalten in unterschiedlich roten Pullovern. Sie machten sich mit Stöcken zu schaffen, mal im Weidicht, mal im Wasser, Rauch stieg neben ihnen auf wie von einem Feuer, vielleicht fischten sie auf eine bestimmte Art, wie nur die Ansässigen sie kannten, stocherten nach kleiner Beute, spießten sie auf und wollten sie gleich über ihr Feuer halten. Das Rot ihrer Pullover stach vor dem mattfarbenen Winterschilf, dem flimmernden weißlichen Himmel, dem grauen Fluß ab. In diesem zweierlei Rot führten sie den Zufallszuschauern eine Pantomime vor, unter der man sich vorstellen konnte, was man wollte. Ein Spiel, ein Rätsel in bewegten Bildern, ein Stück Flußtheater. Plötzlich waren sie verschwunden, wie verschluckt, weggewischt, aus der Landschaft radiert. Nur noch der Rauch hing in kleinen Wolken wie reglos in der Luft über dem Inselchen. Einige Zeit später sah ich von der Brücke ein Polizeiboot auf die Stelle zufahren, wo die beiden roten Gestalten zu sehen gewesen waren, Menschen am Ufer winkten mit hochgereckten Armen, hier, hier! Hier sind sie verschwunden.

Fettschnäbelige Inlandsmöwen sammelten sich auf einer kleinen Anlegestelle neben der Brücke, zwischen den brökkelnden alten und neuen Häusern der einzigen Słubicer Geschäftsstraße streunten Hunde, lungerten Ladenbesitzer, Statisten eines Un-Orts, der nur von Durchfahrt und Durchreise lebte, sich an einen trägen Zufallsstrom von Käufern, Kaffeetrinkern und Zigarettenhändlern lehnte und hinter den Fassaden zerfiel. Trotz des Durchgangsverkehrs, des unablässig hin- und herschweifenden Lärms durchziehender Fahrzeuge und Menschen, von denen niemand einen Aufenthalt an diesem Ort im Sinn hatte, trotz des sanften hintergründlichen Rieselns von Mauerwerk, war es ein Ort des äußersten Stillstands, an dem alles wie Kulisse wirkte, ein am Wegrand vergessenes Bühnenbild, das eines Tages von einem Sturm weggetragen oder von einer Flut davongeschwemmt werden mochte.

Irgendwann zog das Polizeiboot ab, die Zuschauer am Ufer zerstreuten sich, die roten Pullover blieben verschwunden, der Abend kam, das Kleisthaus auf der anderen Seite des Flusses versank im Dämmer, die Scheinwerfer der Lastwagen auf der Umgehungsstraße schoben ihre weißen Lichtkegel durch den Abend voller Herbstgeruch nach Fluß und Rauch.

Was ist der falsche Ort für unser Herz, was der richtige?

Jeder Fluß ist eine Grenze, das war eine der Lehren der Kindheit. Er bildet den Blick auf das Andere, zwingt zum Stehenbleiben, zum In-Augenschein-Nehmen der gegenüberliegenden Seite. Der Fluß ist die bewegte Bühne, gegen die sich das andere Land des Gegenüber zum starren Bild fügt, zum Hintergrundgemälde, das sich der Erinnerung einprägt. Was, wenn der Fluß über die von ihm gezogene Grenze hinaus auch Grenzfluß ist? Ist das Fließen, die unaufhaltsame Mündungswärtigkeit des Wassers stärker als die Bedeutung einer starren Linie, die über Zugehörigkeiten verfügt? Trägt das Wasser etwas ab, läßt es Staatsgrenzliches gering und abnutzbar erscheinen, bestimmt es die wahre Zugehörigkeit als die zu einem Blick auf die jeweils andere Seite?

Obwohl ich mein Herz voll Erwartung an Polen geheftet hatte, verband ich mit der Oder als Grenzfluß nicht viel, als ich sie bei der ersten Reise in den Osten überquerte. Ich hatte kein Bild von Flußlandschaften, kaum einen Klang von Städtenamen im Sinn. Wenn ich damals, der Kindheit noch nicht weit entwachsen, einen Gegenfluß zum Rhein im Sinn hatte, dann war es die Weichsel bei Warschau, schon mitten in Östlichkeit. Ich wollte tief genug in der Fremde sein, bevor ich mich ihrer vergewisserte. So saß ich im Zug nach Warschau, es war früher Morgen, die Brückenstreben über der Oder standen schwarz vor dem Regenhimmel, der Fluß ließ sich kaum erkennen. Ich teilte mein Abteil mit einer alten Dame, die zum Sterben nach Warschau zurückkehrte. Bis Berlin Zoo war ihre Tochter mitgefahren, die beiden hatten flüsternd auf der unteren Liege gesessen, die Tochter kämmte der Mutter das lange weiße Haar und flocht es zu einem Zopf. Dann mußte die Tochter den Zug verlassen, sie stand auf dem Bahnsteig im anbrechenden Septemberdämmer und winkte, als der Zug losfuhr. Die alte Dame schwieg, langsam traten aus dem Dunkel draußen Landschaftskonturen in verschiedenen Grautönen hervor, der Zug blieb eine Zeitlang an einem Bahnhof ohne Ortschild stehen, keine Türen öffneten oder schlossen sich. Bei der Fahrt über die Brücke hallte das Schlagen der Zugräder wie in einem Hohlkörper, umgeben von einer Leere und Stille, als hätte sich die Besiedlung zu beiden Seiten der Grenze auf den festen Grund eines eindeutigeren Hier zurückgezogen. Erst als wir die Oder passiert hatten, richtete sich die alte Dame auf und sagte: Jetzt sind wir in Polen. Sie sagte es mit einem Ton der Erleichterung, einem Heimkehrerton, wie er zum rechten Ort gehört.

Der Zug hielt in einiger Entfernung hinter der Oder, in Rzepin, einem kleinen Ort inmitten lichter Kiefernwälder, es nieselte, ich hörte Beamte polnische Worte wechseln, dann Stille, Vögel, das leise Quietschen eines Fahrrads. Damals, bei dieser ersten Reise nach Polen, prägte sich mir das tiefer ein, als die kurze Fahrt auf der Eisenbahnbrücke über den Fluß, so als wäre die anschließende Passage durch den von gelegentlichen lichten Streifen durchbrochenen Wald die eigentliche Grenzüberschreitung und der Eintritt in das fremde Land.

Kurz vor Poznań brach eine dünne Septembersonne durch die Wolken. Ich saß jetzt auf dem Rand der Liege der alten Dame und hielt ihre Hand, sah aus dem Fenster auf eine Landschaft, die unter einem ganz anderen, milderen Licht lag, als ich es kannte. Der Himmel hatte ein Blau, wie ich es noch nie gesehen hatte, ferner, heller, zu einem anderen Horizont hin gewölbt. Ich dachte an die Blaukunst meines Vaters, der oft behauptet hatte, am Blau den Längengrad eines Orte bestimmen zu können. Ich hätte mir gewünscht, ihn mit einem Schnipsel dieses Himmels noch einmal auf die Probe stellen zu können. Jetzt hatte ich den Westen hinter mir gelassen, Lichtverhältnisse und Landschaften, bruchstückhafte vorüberhuschende Szenen, die unter diesem Himmel nichts zu suchen gehabt hätten. Wo war der Westen zurückgeblieben? Das konnte nur am jenseitigen Ufer des unspektakulär überquerten morgengrauen Flusses gewesen sein und nicht zwischen den umnieselten Kiefern von Rzepin.

Es war Sonntag, irgendwo zwischen Feldern und kleinen schütteren Wäldchen hastete eine Frau in einem engen Kleid und Stöckelschuhen über einen holprigen Weg auf ein Dorf zu, aus dem ein spitzer Kirchturm ragte, hinter ihr her schwankte ein Junge auf einem viel zu großen Fahrrad. Zwei Kinder in roten Pullovern standen einander gegenüber an einem schmalen Flüßchen und warfen sich etwas zu, in den wenigen Sekunden, in denen ich sie aus dem Zugfenster beobachten konnte, schienen sie dieses Spiel mit einer befremdenden Gleichmut auszuüben. Auf dem Feld hinter dem Flüßchen qualmte ein Feuer. An einer menschenleeren Bahnstation wehte der Fahrtwind des Zuges Herbstlaub in eine Ecke. Die alte Dame fragte mich nach meiner Kindheit in Deutschland, nach meiner Familie und danach, warum ich nach Polen fuhr. Ich antwortete in meinem bescheidenen Polnisch, und sie erzählte mir von ihrer Kindheit in Ostpolen, jenseits des Bug, ein Fluß, der für mich in so sagenumwobener Ferne lag wie der legendäre Strom durchs Paradies. Sie erzählte von den Wirren nach dem Ersten Weltkrieg, als sie mit ihrer Schwester auf dem Landgut der Familie zurückgeblieben war. Die Eltern waren nach Westen gefahren, nach Warschau, es kam keine Nachricht, die besorgten alleingelassenen Mädchen wollten hinterher. Zwei Kinder von zwölf, dreizehn Jahren, denen die Kleidchen den Sommer über zu kurz geworden waren, und die nun, mit Hilfe der längst nicht mehr entlohnten Gouvernante, nach Vorbildern aus alten Modejournalen und in Ermangelung von Geld Gardinen und Vorhänge in Kleider verwandelten, die ihnen westlich genug erschienen, um sich darin in die Stadt aufzumachen, über staubige Ackerwege, auf und ab am Bug, bis sie eine Brücke fanden, weiter in zockelnden Eisenbahnen der Nachkriegsprovinzen, die sie schließlich nach Warschau brachten. Am Ende kommt man immer nach Warschau, sagte sie schließlich müde und legte sich zurück auf ihr Kissen. Egal, ob die Sonne für dich dort auf- oder untergeht.

Die Oder lernte ich erst später sehen, als ich in einem Wald bei der Warthemündung zum ersten Mal einen Pirol gehört hatte. Dieser Ton, ein in werweißwelchem Märchen verwurzeltes, gegen jede Fälschung gefeites Shibboleth, das zum Blau des Himmels östlich der Oder so paßte wie die weich zu lispelnden Namen der Orte, kam mir – auch ohne an dem Ruf Bobrowskis Vogel zu erkennen – wie ein Schlüssel zu der Flußlandschaft vor, in der ich das Herz auf den Ort hin befragen konnte, an dem ich es umhertrug. Von dem verästelten, auseinanderstrebenden Warthezufluß bis zum Haff zog die Oder einen Grenzstrich durch die Landschaft, schrieb ein Hier und Dort in die sandige Erde, dicht unter der sich jedoch unzählige wasserläufige Fragezeichen und verschlungene Buchstaben in beide Richtungen – Osten und Westen – zogen, eine Wasserschrift der Geschichten, die sich durch den

Fluß, unter und über ihn hinweg fortsetzten, Nebenläufe und Abzweigungen, die die Landschaft beschrifteten mit verwirrenden und die Seiten verkehrenden Spiegelbildern für den Himmel mit dem einen und dem anderen Blau.

Ich fuhr an der Grenzoder auf und ab, immer kam mir der Fluß leise vor, von verlassenen, zwischen Land- und Wasserzugehörigkeit unentschiedenen Uferidyllen gesäumt, denen sich Fragen der Herzenszugehörigkeiten unter Laub, Gestrüpp und bröckelndem Gestein tief eingeschrieben hatte. Vom Nutzen Abgefallenes in den Mauerresten des alten Küstrin, Pappelreihen an der Warthemündung, die den im Ried verborgen lauschenden Schwänen zuflüsterten, die ewigen Trauerbäume am Saum jedes Flusses in Europa. Ein Winterhafen aus endlosen Reihen leerer Vorrichtungen, die wie Türme versunkener Anlagen aus dem Wasser ragten, der wirre Wald aus Stangen im Bootshafen von Szczecin, die leise in unschlüssige Ländlichkeit ausfransenden Ränder kleiner Städte am Fluß. Brückenstümpfe, Kopfweiden, Schwemmwiesen, der Blick vom anderen Ufer auf sperrige Betonarchitektur einer zur Verlassenheit geschaffenen Promenade, die Einsamkeit der Schiffahrtszeichen zu Wasserstand und Stromkilometer, die Annäherung ans Meer, die sich an Licht und Himmel ablesen ließ. Unschlüssig, unbefahren, bis sie sich zum Meer hin öffnet, die weite unstete Landschaft des Haffs Grenze sein läßt und sich in Szczecin zu einer letzten Betriebsamkeit hergibt. Szczecin sah ich nur im Winter, da war die Oder fremd und ernst, ein anderer Fluß, der sich schon vom Land losgesagt hatte und nur noch dem Meer zugewandt war. Winterkälte brachte alles zum Stillstand. Schnee trieb schräg und schraffierte die weithin sichtbare Schrift Port Szczecin, radierte die Kräne und Masten zu blassen Umrissen. Die Schiffe festgefroren im Eis, das Klirren loser Gestänge im Wind, das Knirschen froststeifer Wimpel an eisblumigen Dampferfenstern, die staksenden Möwen im dünnen Schnee auf dem Flußeis. Das gegenüberliegende Ufer ein verstohlen besiedelter Streifen Wildnis, mehr Hütten als Häuser zwischen kahlen Bäumen, zarte Pappeln, erstarrte Heliaden mit erfrorenem Bernsteinherz, schrieben zusammen mit den schräg verharrenden Kranhälsen im weiteren Hintergrund etwas auf den tiefhängenden Schneehimmel, eine Winternachricht ans Meer. Szczecin war eine der eisigsten Städte, die ich erlebte, ich konnte mir vorstellen, daß selbst im Sommer dort der Schnee in kohlenstaubbedeckten Haufen und Wülsten die Straßen säumte, in den Schwermutsvierteln alter Mietskasernen hinter dem flußwärtigen Trutz.

Einmal fuhr ich von Słubice aus flußabwärts, nach Norden. Es war ein windiger, unruhiger Tag in einem milden Winter, der Himmel im Westen lila und braun gefleckt von Wolkenfetzen, dazwischen helltürkise Streifen. Ich erinnerte mich an eine kleine Fähre, die langsam zwischen scheinbar verlassenen Ufern pendelte, die dazugehörigen Ortschaften lagen in einiger Entfernung flußabgewandt hochwasserfürchtig um weniger angreifbaren Boden bemüht. Das Ufer bestand aus Weidendickicht, Sumpfland, Schwemmwiesen. Doch die beiden Zufahrtsrampen – auf der östlichen Seite gleich vor meinen Füßen, und klein und unscharf auf der westlichen Seite, jenseits der sich so sanft und zahm gebenden Wasserfläche, daß sogar die Strudel als freundlicher Wellengang maskiert waren – lagen fährenlos im dünnen Sonnenschein, der sich gerade durch die Wolken bahnte, als ich ankam. Der Beton der östlichen Rampe war rissig, in den Rissen hatte sich Moos und Unkraut angesiedelt, das Fährenschild stand rostlöchrig und schief gegen den Fluß.

Ich sah mich nach der Kneipe um, die unweit der Anlegestelle abseits der kleinen Straße am Fluß gestanden hatte. Ein verfallener Bau duckte sich in wucherndes Weidengebüsch, die Fenster mit morschen Brettern verrammelt, der First eingesunken. Anlegerampe und Kneipe mochten Überschwemmungsopfer sein, in den letzten Jahren hatte es Hochwasser gegeben, die diese ganze Landschaft unter den zweierlei Blau in einen riesigen See verwandelt hatten, in dem Hausrat, entwurzelte Bäume und tote Tiere trieben, angeblich auch ganze Hausdächer, an die sich in Steilheiten ungeübte rettungssuchende Bewohner klammerten. Der Grenzfluß wurde zum Grenzsee, der unterschiedslos auf beiden Seiten das Land zum Verschwinden brachte.

Ich fuhr weiter Richtung Nordosten, folgte der Oder über die holprige Straße am Ufer entlang, dem Wasser mal näher, mal ferner. Nach einiger Zeit versperrte ein großer umgestürzter Baum die Straße. Er mußte schon lange hier liegen und den Weg unpassierbar machen, hinter dem Baumstamm war bereits ein kleines Gebüsch entstanden, Schößlinge hatten den Asphalt gesprengt und eine neue kleine Landschaft aus Aufwerfungen und Rissen gebildet. Im Wenden bemerkte ich zwei Gestalten auf einem kleinen Wiesenstück. Sie hatten mir den Rücken zugewandt, sahen aus wie zwei Kinder, wie sie da saßen, elf, zwölf Jahre alt, noch in die Wildnis verliebt. Sie trugen beide rötliche Pullover und zerrissene Jeans, hockten über einen Reisighaufen gebeugt, aus dem erster dünner Rauch kräuselte. Sie drehten sich langsam zu mir um, ein

Mädchen und ein Junge, oder vielleicht doch zwei Mädchen, zwei Jungen, oder überhaupt keine Kinder? Dunkelgesichtig, ohne Fragen, altjung, zu nichts gehörig als zu diesem Hintergrund aus Fluß.

20
Wind

Der Wind war eine Lektion, die jeder Fremde in der Stadt lernen mußte. Es gab die plötzlich aufwallenden Nachtstürme, die die Luft mit einem ohrenbetäubenden Scheppern, Schlagen, Klatschen und Klirren erfüllten, weil überall Dinge, halb aus ihren Verankerungen gezerrt, im Wind schaukelten, dann irgendwann ganz abgerissen und über die Straßen getrieben wurden, bis sich die Wege der Windbeuten an einer Stelle so ineinander verhakten und verhedderten, daß alles zum Erliegen kam, und die Satellitenschüsseln, Fenstergriffe, Plastikflaschen, Briefkastenklappen, Notizhefte, Feuerzeuge, Wäschestücke und Klammern, Fotografien und nachlässig versteckten Einbruchswerkzeuge in einer Biegung von Fahrbahn oder Gehweg zu einem kleinen Hügel zusammensackten. Es gab die langen Stürme, die sich mit einem hohen, aus der Reibung der unterschiedlich schnell ziehenden und unterschiedlich farbigen Wolkenschichten erzeugten Pfeifen ankündigten, mit Einbruch der Dunkelheit abflauten und mit dem ersten Morgendämmer erfrischt wieder einsetzten, als wollten sie unbedingt bei ihrem Wirken gesehen werden. Zu den besonderen Erscheinungen gehörten die kurzatmigen Windhosen, die einzelne Stadtteile auf den Kopf stellten und hilflos auf ihren Firstchen zappelnde Häuserreihen hinterließen, während sie sich aus dem aufgewirbelten Staube machten.

Anfangs hatten mir alle diese Windvarianten zugesetzt, ratlos und unerfahren beobachtete ich die Bewohner, die sich, in Ruhe und Gelassenheit bewandert, so an Mauern und Wände zu drücken, unter die Windstöße zu ducken, durch die gelegentlichen stillen Winkel zu schlüpfen oder mit den bekanntlich unbewegten Windaugen zu wandern verstanden, daß sie im Unterschied zu den Unerfahrenen von keiner Bö ergriffen und in unerwünschte Richtungen getrieben wurden. Der geduckte Gang, das Manövrieren und schleichende Hüpfen im gegebenen Augenblick schien mir eine Kunst zu sein, die ihnen entweder im Blut lag oder in einer ausgefeilten Schulerziehung vermittelt wurde. Opfer der Stürme wurden immer nur die Ortsunkundigen, die zu windigen Zeiten Verschollenen, Verwehten, Versprengten waren Fremde, denen jede Vertrautheit mit dieser lebenswichtigen Kunst und auch jedes Verständnis für sie fehlte. Während man in anderen Ländern den Stürmen trotzte oder sie mied, sich in verbarrikadierten Häusern und Wohnungen verkroch und lauernd auf das Steigen und Fallen des Sturmpfeifens horchte, nutzte man hier den Wind geschickt zur Beschleunigung der eigenen Angelegenheiten, zur Ertüchtigung des Leibes und zur Bestätigung der Einheimischkeit, wobei man der gebotenen Unauffälligkeit, Eleganz und Ungerührtheit selbst im Angesicht entwurzelter Bäume, stürzender Balkone und berstender Dächer treu blieb. Dieser geläufige Umgang mit dem Sturm hatte etwas Tückisches an sich, der sturmbang hinter dem Fenster stehende Fremde sah scheinbar jedermann so geschmeidig und unbedrängt durch die Straße eilen, mißdeutete den hohen warnenden Ton des Winds, der um die Ekken pfiff und bellte und hielt die durch die Lüfte gerissenen

Gegenstände für leichtgewichtige Attrappen oder Scherzartikel. So wagte er sich hinaus, um sich plötzlich als hilflosen Spielball der Stürme zu sehen, er war nicht mehr Herr der eigenen Schritte und Ziele, der Wind lenkte ihn in Straßen und Gassen, die er nicht kannte und auch nie kennen wollte, durch Gegenden, die ihn in Angst und Schrecken versetzten, wo jedermann nach ihm, dem Hilflosen, griff und nach Belieben mit ihm verfuhr, bis ihn schließlich, vielleicht sogar zu seiner Erleichterung, eine gewaltige Bö vom Boden hob, die Wipfel der Bäume streifend davonwirbelte und knapp über den Dächern mit ihren unzähligen Schornsteinen hinwegtrug. Irgendwo in einer Vorstadt geriet die Bö in eine Sackgasse und ließ den Davongetragenen zu Boden gehen. Diese Landungen waren selten sanft, benommen blieb der Verwehte auf der grauen Straße liegen, Passanten scharten sich um ihn und erkannten natürlich sogleich den Zugezogenen, denn nur solche trug der Wind so unvermittelt herbei. Manchmal half man dann dem Herangesegelten mit betonter Liebenswürdigkeit auf, klopfte ihn ab, sprach ihm gut zu und führte ihn an eine Straßenkreuzung, nur um ihn dort der nächsten Bö in die Arme zu treiben, die ihn unter allgemeinem Gelächter der im geschützten Winkel Zurückgebliebenen wieder emporriß und weiterschleifte. Oder man ließ ihn unbeachtet liegen, Gruppen von Kindern kamen mit Stöckchen, die sie in den Stoff seiner Jacke und Hose bohrten, kleine Hunde schnüffelten an seinen Ohren, ließen Speichel auf seinen Hals tropfen und pinkelten gelegentlich sogar an seine hochgezogenen Schultern. Die Kinder verloren jedoch schnell den Spaß an ihrem Fund, pfiffen ihre Hündchen zurück und verzogen sich. Wenn der Wind erschöpft war, konnte der Verwehte sich aufrappeln, seine Benommenheit abschütteln und sich auf den langen Weg zurück an seinen Wohnort machen.

Eines windigen Tages war ich auf der Suche nach einem nützlichen Gegenstand, der in meinem Leben Ordnung und Seßhaftigkeit signalisieren und mich dazu anhalten sollte, geregeltere Bahnen einzuschlagen. Ein Gegenstand, der mein Leben aus der Erwartung eines glücklichen Zufalls in Gleichmut locken sollte, die sich bei jedem einstellt, der ein von Gewohnheit und Gepflogenheit beschirmtes Leben führt. Ich hatte schon einiges im Umgang mit Wind und Wetter gelernt und die Fähigkeit erworben, mich mit eingezogenem Kopf und angewinkelten Ellbogen durch die Böen zu schleusen wie ein Hiesiger. So bewegte ich mich durch die Straßen, wo dunkelhäutige Händler in Unterständen, Schuppen, verfallenden Ladenlokalen und auf dem Gehsteig, wohlweislich stets unterhalb der Windwucht, auf Tüchern ausgebreitet alles mögliche anboten, das den Anschein von Nützlichkeit hatte. Die Händler standen bei ihren Waren wie an jedem Tag, die Käufer schoben sich langsam und windgewieft an den Dingen vorbei, blieben stehn, erkundigten sich nach Gebrauchsweisen und erwogen den Kauf auch der kleinsten Dinge mit einer Hingabe und Langwierigkeit, die selbst das Herz des abgebrühtesten Händlers höherschlagen ließen. Doch keine Windvariante war Kaufentscheidungen förderlich, die Interessenten gingen mit gleichgültigem Schulterzucken davon, das Händlerherz stand vor getäuschter Hoffnung ein paar Sekunden still.

Hellstes Licht und finsterste Bewölkung wechselten einander ab, am Himmel trieben türkisblaue und weiße Fetzen, dunkelviolettes Gewölk schob sich heran, die Luft roch mal nach dem nahen Meer, so daß man schon Möwengekreisch zu vernehmen meinte, dann wieder nach der Fäulnis, die hier in den Ecken herumlag und die Tauben bewirtete, deren Kot sich in die Gesimse, Fensterrahmen und sogar die alten granitenen Gehsteigplatten fraß. Der Wind schlug um in Sturm. Die Straßenhändler schulterten ihre Ware oder zogen sich in die Tiefe der provisorischen Läden zurück. Den Unachtsamen entriß der Sturm im Handumdrehen die noch ungeborgenen Dinge, schmetterte sie gegen die Häuserwände und trieb sie durch die Gossen, in denen sich der Unrat sammelte. Die Tauben drückten sich in die zerfallenden Giebel, und die Katzen verschwanden hinter den quietschenden Türen. Es war ein tückischer Wind, der hinterrücks ansprang und an Ecken lauerte. Ich suchte Schutz im dunklen Eingang einer aufgelassenen Autowerkstatt unter der Hochbahn, wo sich schon einige Versprengte in die Ecken drückten. Draußen toste ein Jahrhundertsturm, der nach ein paar Stunden schlagartig einer tiefen Stille wich. Als ich aus dem Unterschlupf trat, sah die Welt anders aus, der Abendhimmel leuchtete hellgrün, schwarz hoben sich die verwüsteten Dächer, die geknickten Laternen und zerfledderten Bäume, die unter Ästen begrabenen und zerbeulten Fahrzeuge und die Kehrichtberge, die der Sturm vor sich hergetrieben und in die Ecken gedrängt hatte, davon ab. Nichts regte sich zwischen den Häuserzeilen.

Ich wollte mich auf den Heimweg machen, doch inmitten dieser vielen plötzlichen Schiefheiten war der Weg nicht einfach zu finden. Die Straßenzüge schienen verschoben, die Himmelsrichtungen verkehrt. Ich holte zu großen Schritten aus, seit meiner Ankunft in London war ich noch nie so leichtfüßig und unbeschwert vorangekommen wie in dieser kreuzundqueren vorläufig noch menschenleeren Landschaft nach dem Sturm. Die ersten Lebewesen, die sich bemerkbar machten, waren Katzen. Sie kamen aus ihren sicheren Verstecken geschlichen, umschweiften argwöhnisch die vertrauten Bezirke, in die Bäume oder vom Dach gerissene Schornsteine gestürzt waren, und zerdrückte Autos ragten, die Ausblicke verstellten. Die Katzen bewegten sich langsam, musterten die fremden, zu Haufen zusammengewehten Bruchstücke und Gegenstände mit zögerndem Interesse und blickten rätselnd zu den verschlossenen Haustüren, hinter denen sie zu Hause sein mochten. Kurz darauf machten sich die Krähen am Himmel breit, die ersten Fenster und Türen taten sich auf, Köpfe wurden hinausgereckt, doch es blieb noch eine Zeitlang still, als müßte alles nach dem Sturm erst wieder die eigene in abgelegene Winkel verwehte Stimme suchen.

Ich befand mich auf einer Straße, die leicht in Richtung Nordwesten anstieg. Hinter dem Kamm des Hügels leuchtete der Himmel in einem vorabendlichen Türkis. Schwarz standen die vielen, zum großen Teil schartig wie abgebrochene Zähne aufragenden Schornsteine der kleinen Häuser auf dem Hügelkamm gegen das Licht. Hier und da ertönten jetzt die Sirenen von Feuerwehrautos, weiter unten am Hang rief man sich Aufmunterndes zu, vor einem weitgehend unversehrt gebliebenen Vorgarten richtete jemand sein verbeultes Auto auf, das der Sturm auf die Seite gelegt hatte. Er hob die Hand zu einem kurzen Gruß und warf mir einen Satz zu, den ich nicht verstand. Mit Mühe öffnete er die Tür, setzte sich hinters Steuer, startete den stotternden Motor und klatschte froh in die Hände. Hunde bellten. Eine Katze strich miauend um einen kleinen Turm von Müllkübeln, die, vom Sturm hierher verschlagen, die Haustür blockierten. Einem dünnen Hilferuf folgend, zerrte ich einen sperrigen Eschenast aus einem Vorgärtchen, und die alte Frau hinter dem eingedrückten Erkerfenster, noch im erkalteten Kopfputz aus elektrischen Lockenwicklern, deren Stromkabel ihr wie ein schmächtiges Zöpfchen über die Schultern hing, lächelte mir mit zahnloser Huld zu. Eine Decke der Sanftheit hatte sich nach dem Unwetter über die Stadt gebreitet, die heitere Geduld der Verschonten schwang in jedem Ruf und jeder Gebärde. Vom Kamm des Hügels aus hatte man einen unverstellten Blick nach Süden über die riesige Stadt. Die Sonne ging zwischen Wolkenbänken unter, von Westen fiel ein sanftes rötliches Orange auf die Stadt am Fuß des grünen Abhangs und hier und da blitzte eine Spiegelung des Sonnenlichts in einem heilgebliebenen Fenster auf. Die Stadt selbst lag in ein tiefes Blau gebettet, durchzogen von einer zu leuchtendem Hellgrün geläuterten Themse, die anscheinend unversehrten Wahrzeichen stachen in scharf umrissenem Schwarz gegen den freundlichen Abendhimmel ab. Ich konnte die Straßenzüge verfolgen und wußte, wo mein Haus stand. Weiter unten überquerten vereinzelt Menschen den Abhang. Ein Gebückter mit Rucksack, eine Frau, die für ihren Hund einen der vielen verstreuten Stöcke aufhob und warf. Der Hund lief in weit ausholenden Sprüngen dem fliegenden Stock hinterher, sein Bellen klang sehr fern, ein befreites Gekläff, das die Luft über dem stillen Panorama der Stadt schlitzte, so daß der Abend Einlaß fand.

21

Folklore

Der Straßenabschnitt mit meinem provisorischen Zuhause schob seine Ansammlung der Lädchen, Lager und bröckelnden Wohnhäuser wie einen Schutzriegel vor das Territorium der Frommen, die ihr nach verästelten Gesetzen geregeltes Leben mit kleinen Läden für ihre Bedürfnisse in den angrenzenden Straßen führten. Die Frommen brauchten ein Fischgeschäft, wo es Lachs und Hering gab, sie brauchten einen Hutmacher, ein Bekleidungsgeschäft, das Mädchen- und Frauenkleider mit den geziemenden Rock- und Ärmellängen stets vorrätig hatte, und sie brauchten eine Perückenmacherin. Es gab auch Läden mit Zierrat, Ritualutensilien und frommen Büchern. Donnerstags war im Fischgeschäft wie auch bei Greengrocer Katz mehr Betrieb als an anderen Tagen. Abends nach sechs, wenn der eiserne Rolladen des Fischgeschäfts schon halb heruntergelassen war und der gojische, etwas begriffsstutzige Gehilfe in Gummistiefeln die Schuppen und Flossen auf dem Fliesenboden mit dem Schlauch in die Abflußecke spritzte, standen Frauen mit Einkaufstaschen gebückt vor dem halbgeschlossenen Laden und verhandelten, in die neonerleuchtete Öffnung mit den hin- und herwandernden Gummistiefeln hineinrufend, um Fischabfälle und Reste für Freitag. Manchmal schob die sommersprossige Hand des Fischhändlers ein eingewickeltes Päckchen heraus und nahm dafür die Münze entgegen, die die erstbeste Käuferin zu bieten bereit war. Oft zogen die Restehungrigen auch mit leeren Händen ab, in denen nur ihre schäbigen Münzen schepperten, der Rolladen rasselte ganz herunter, durch die Ritzen schimmerte das Neonlicht, und das Spritzwasser sikkerte in kleinen Rinnsalen auf die Straße, bis die Tür dahinter zugesperrt wurde.

Der Hutmacher schloß sein Geschäft im Winter um fünf. Nach Einbruch der Dunkelheit kamen keine Kunden mehr. Der Hutmacher war ein großer dünner Mann, der über seiner Kippa einen Pelzhut mittleren Umfangs trug, nicht ganz so prächtig wie die Hochfrommen in ihren schimmernden Kaftanen, aber doch ein traditioneller Pelzhut, der wie ein Krone auf seinem schmalen Kopf thronte. Er knipste das Schaufensterlicht aus – die ausgestellten Damenhüte mußten sich nachts mit dem Licht der Straßenlaternen begnügen – und versperrte Ladentür und Schutzgitter mit Schlüsseln an einem großen klirrenden Bund. Der Hutmacher hatte ein mildes, fast entrücktes Gesicht, ich hätte mich gefürchtet, ihn ohne Anlaß anzusprechen, und hätte mich auch geschämt, aus bloßer Neugier sein Geschäft zu betreten, das lang und schmal und im rückwärtigen Teil sehr dunkel sein mußte. Bei Tageslicht konnte man hinter den Hüten im Schaufenster das schlauchartige Lokal ausmachen, in dessen Tiefe sich der Hutmacher aufhielt. Wenn er keine Kundschaft bediente, saß er an einem kleinen Tisch über etwas gebeugt. Studierte er Rechnungen? Hutmodelle, Stoffproben, oder ein frommes Buch? Selten trat er ans Fenster und schaute hinaus, nicht auf das Treiben auf der Straße, sondern darüber hinweg, auf die andere Seite, wo die Wipfel der Friedhofsbäume über der

Mauer aufragten. Dann schwebte sein blasses Gesicht mit den Schläfenlocken und ohne die Pelzhutkrone zwischen den Hüten im oberen Teil des Schaufensters. Ganz selten sah ich Kunden seinen Laden betreten oder verlassen, vielleicht fertigte der Hutmacher auf Bestellung an, suchte die Kunden in ihrem Zuhause auf, wo er, nach Abmessung des Kundenkopfes, Abbildungen seiner Modelle präsentieren mochte oder sie so lebhaft zu beschreiben wußte, daß die Kunden sich für eines davon entscheiden konnten. Nach dem Versperren der Ladentüren wandte sich der Hutmacher nach Norden und bahnte sich einen Weg durch die Feierabendmenge, die sich auf dem Gehsteig an den Bushaltestellen drängte, und über den Köpfen der Passanten segelnd entfernte sich sein pelzbekröntes Haupt in den Abend.

Vor dem Laden der Perückenmacherin standen immer Frauen, die lachten und schwatzten, sich Komplimente zu ihren Perücken machten oder berieten, was im Schaufenster begehrenswert war. Die Perückenmacherin war eine Frau mittleren Alters von geschäftstüchtiger Mütterlichkeit, die die jungen bescheitelten Frauen mit einer Umarmung an der Ladentür verabschiedete. Stets verblüffte mich der Anblick ihrer aufwendigen Lockenfrisur in ältlichem, mattem Blond, die in ihrer mützenhaften Aufgesetztheit an Mrs Stollers Haartracht erinnerte. Die meisten jungen Frauen trugen einfache Perücken, schulterlanges Haar, mit Vorliebe dunkelblond, mit bescheidenen Stirnfransen und Mittelscheitel, darunter verkümmerten die schwarzen Locken, die sie nur zu Hause lüfteten. Wohlhabender wirkende Frauen schmückten sich auch mit auffallenderen Stücken in Goldblond, von glitzernden Spangen zusammengehaltene Haarprachten, die wahrscheinlich nicht bei der hiesigen Perückenmacherin hergestellt waren, eher in Cape Town oder Baltimore, an Orten, von denen weg das Mädchen nach Stamford Hill vermählt worden war, um hier, unter dem nordeuropäischen, großen, von wundersamen Wolken besiedelten Himmel, der schon die Nähe eines kalten Meeres ahnen ließ, dem ihr erkorenen Gatten zur Seite zu sein.

In diesem Winter öffnete ein paar Meter vom Stollerreich entfernt ein osteuropäischer Lebensmittelladen, der nichts mit den Frommen zu tun hatte. Die Tüten und Schachteln trugen Beschriftungen in Russisch, Ukrainisch und Polnisch, alles war abgepackt, wie bei Stoller's, nur nicht koscher. Es gab Borschtsch, Mohnstrudel und Wodka wie bei Stoller's, doch auch Schinken und Würste und mit unscharfen Abbildungen berühmter Gemälde verzierte Pralinenschachteln. Das Geschäft war von einem auf den anderen Tag in dieser kleinen Zeile leerer Ladenlokale zwischen zwei Straßeneinmündungen aufgetaucht, ohne daß ein Zettel oder Plakat es angekündigt hatte. Die Waren lagen auf wackligen Lagerregalen und primitiven Gestellen, stets brannten schwach flackernde Neonlampen, die das Tageslicht dunkler erscheinen ließen als es war und nach Einbruch der Dunkelheit ein kalt-trübes Licht verbreiteten. In diesem Licht standen die Kunden – fast ausnahmslos die Russisch, Ukrainisch und Polnisch sprechenden Bewohner möblierter Zimmer in heruntergekommenen Häusern mit Gemeinschaftsküchen an den großen Durchfahrtsstraßen –, befingerten Vertrautes beglückt und weniger Vertrautes neugierig, erledigten ihre Besorgungen. Männer kamen vom Bau und kauften Wodka und Wurst, Frauen kamen von ihren Putzfrauen- und Kellnerinnenstellen und kauften Schokolade und Tütensuppen. Sie plauderten, tauschten sich aus, riefen einander Gepflogenheiten, Namen, Aromen in Erinnerung, besprachen die Speisen der Heimat und gingen dann mit ihren Fertigprodukten davon. Auf der Verpakkung trugen diese Suppenflocken, Kuchen und Fischkonserven die Namen öder Provinzstädtchen, wo der Inhalt der sich hier so heimweherweckend darbietenden fadbunten Tütchen und Schachteln womöglich aus riesigen Säcken unbekannter Herkunft geschaufelt, gelöffelt, geschüttet wurde. Ich suchte das Geschäft öfter auf, auch wenn ich dort wenig zu kaufen fand, doch ich betastete und betrachtete gern die Dinge, die mir aus Osteuropa vertraut waren und sich immer mit einem kleinen Stich deplazierten Heimwehs verbanden, einer Art Heimweh zweiter Hand, wie man es für Orte empfindet, von denen man unter Auslassung der sogenannten Wirklichkeitsform meint, sie hätten Heimat sein können. Manchmal traf ich den Kroaten dort an, der sein Geschäft früher schloß, um mit den Mädchen an der Kasse zu plaudern. Er verzog die schmalen Lippen zu einem schiefen Lächeln, wenn er mich bemerkte, und zwinkerte mir unerklärlich mitwisserisch zu, während er versuchte, mit den Mädchen heimatlich zu reden, er sagte kroatische Worte und freute sich sichtlich, wenn sie ihn verstanden oder er verstand oder zu verstehen meinte, was sie sagten. Er wollte ihnen seine Vokabeln beibringen und wiederholte immer wieder einzelne Bezeichnungen, wobei er den Kopf mit geduldigem Ausdruck zur Seite neigte und den Mädchen wie ein Dirigent mit der Hand bedeutete, ihm nachzusprechen. Diese lachten meistens, nur eine junge Frau mit langem Zopf und strenger Brille tat ihm mit ernstem Gesicht den Gefallen und wiederholte die Worte mit polnischem Akzent. Mittags, wenn keine Kundschaft im Geschäft war, sangen die Mädchen mit hellen Stimmen ukrainische und polnische Volkslieder und wiegten sich in den Hüften wie auf einem Dorffest.

Im Dezember traf ich den König von Springfield Park in seinem halben Prachtgewand lange nicht an, obwohl es nicht kalt war. Es gab Abende, an denen sich die Raben an der Stelle versammelten, wo er zu stehen pflegte und die Vögel um sich scharte. Ich meinte dann immer, den Vögeln eine gewisse Unruhe anzumerken, obwohl sie keinen Laut von sich gaben, nur ein wenig herumtrippelten, insgesamt jedoch als Schwarm wie ein von Schauern erfaßter Körper zu wogen schienen. Eines Abends, als ich im Dämmer den Hang zur Kuppe des Parks hinaufstieg, sah ich ein paar afrikanische Frauen in festlichen Gewändern, die über die Wege und am Rand der Baumgruppen entlangschweiften, immer wieder denselben aus mehreren abgehackten Silben bestehenden Ruf von sich gaben, Stecken abbrachen und damit ins Gebüsch schlugen. Kurz kam mir der Gedanke, sie könnten auf der Suche nach dem König sein, den sie in Hecken oder Gebüsch vermuteten, ein entlaufener König, der seinen Aufgaben nicht mehr gerecht werden wollte. Doch wie auf Zuruf warfen sie dann alle unvermittelt die Stecken fort, legten die Arme umeinander und stiegen lachend in einer Reihe wieder die Wiese hinauf, eine Gruppe unbeschwerter, erleichterter Schulmädchen, wie es plötzlich schien, Kinder in Festtagsverkleidung, mit schweren, aus steifen Tücher gewundenen Kopfbedeckungen, deren goldurchwirkte Muster im letzten Licht der untergehenden Sonne schimmerten.

Eines Tages dann war der König wieder da. Es war ein kalter Nachmittag, scharfe Windstöße rissen an den allerletzten Blättern, und ich war früher auf dem Heimweg als sonst. Der König stand im Schutz der großen Hecke am Eingang, seine dunklen nackten Beine wirkten bläulich. Es war noch hell, die Sonne schütter hinter Wolkenbänken, ein abweisendes Licht, das dem König etwas Verwahrlostes verlieh, eine hiesige Art der Resignation hüllte ihn ein, eine trübe Traurigkeit, die nicht zu seiner Königlichkeit paßte. Der Stoff seiner Gewandes sah abgewetzt aus, der Kopfputz schief und verrutscht, seine Beine zitterten leicht, ich nahm das Gelbliche seiner Augäpfel wahr, hütete mich aber, ihm in die Augen zu sehen. Es war noch nicht die Königsstunde, und die Raben schritten pickend auf der Rasenfläche und den Beeten zwischen den letzten Rosen umher. Zwei Fromme eilten im späten Tageslicht mit fliegenden Rockschößen, lachend und laut redend quer den Park hinunter auf die Siedlung zu, wo feiertags die gesungenen Tischgebete vor den Fenstern flatterten. Halb von Wolken verdeckt sank die Sonne, und in dem rötlichen Dämmerlicht trat der König hinaus auf die Grünfläche, die Raben flatterten auf und scharten sich um ihn, Traurigkeit und Verwahrlosung fielen von seiner Gestalt ab, und er herrschte wieder in aller Königlichkeit über diesen zur Wildnis dunkelnden Rand der Stadt.

Ich machte an diesem Abend einen weiten Umweg durch die Straßen im frühen Dämmer. Leute stolperten mit vorweihnachtlichen Taschen und Tüten aus den Bussen, an der einen verbliebenen Fabrik am Fuß von Pleasant Hill stiegen die letzten Arbeiter in den Bus, mit einem Schlag lag der nur von der Fabrik beherrschte lange Teil der Straße menschenleer im Licht der Straßenlampen, ein mausgesichtiger Junge auf einem für ihn viel zu kleinen Fahrrad fuhr pfeifend und langsam neben mir her bis an die nächste Kreuzung, wo sich Kinder mit einem schiefgefahrenen Rolator zu schaffen machten und ihn schließlich unter kreischendem Gelächter in ein Gebüsch stießen. Es begann zu nieseln, der Weg zurück zu meiner Wohnung erschien mir endlos, ich hatte mich noch nie verlaufen, war aber jetzt erleichtert, als ich wieder auf die Durchfahrtsstraße stieß, die ich kannte. Der abendliche Verkehr wurde spärlicher, kaum jemand war zu Fuß unterwegs. Der Regen hing in zarten vibrierenden Glocken unter den Straßenlaternen.

Vor dem Schaufenster des osteuropäischen Lebensmittelgeschäfts, das jetzt geschlossen war, standen Männer und starrten hinein. Der Kroate zwischen kurdischen Taxifahrern von dem Stand auf der gegenüberliegenden Seite, ein paar Zufallspassanten, am hintersten Ende der Reihe, den Körper halb zum Gehen gewandt, doch den Blick noch auf das Fenster geheftet, auch Jackie, der einzige mit einem Regenschirm. Drinnen waren die wackligen Regale beiseite geschoben, und auf der freigeräumten Fläche übte eine Tanzgruppe. Die Mädchen trugen alle die gleiche Tracht mit weißen Blusen, roten Röcken und geblümten Tüchern, sie faßten sich an den Händen, drehten sich im Kreis, wechselten die Richtung, klatschten in die Hände, stemmten die Hände in die Hüften, ließen die Röcke wirbeln, hakten sich zu viert beieinander ein, faßten einander an den Schultern, warfen die Köpfe in den Nacken, wedelten mit kleinen Tüchlein, die sie im Rockbund stecken hatten, nahmen die Röcke mit spitzen Fingern bis über die weißbestrumpften Knie hoch und schwenkten sie hin und her. Alles wie auf eine lang getroffene

Verabredung hin, niemand schien Anweisungen oder Befehle zu geben, niemand dirigierte und formierte sie. Die Pausen zwischen den Tänzen waren kurz, vielleicht war es ein einziger langer Tanz, nur unterbrochen von diesen sekundenlangen Reglosigkeiten, die Teil der Choreographie sein mochten. Das Neonlicht schien bläulichblaß auf die müden Gesichter der Mädchen, deren Münder bei den langsameren Tänzen auch die Worte zu Liedern formten. Sie schienen ihre Zuschauer gar nicht wahrzunehmen und tanzten wie um ihr Leben zu einer Musik, die draußen unhörbar blieb, nur wenn eine Sequenz mit dem abrupten Aufstampfen der Füße in schwarzen hochhackigen Schuhen endete, meinte man auch auf dem Gehsteig vor dem Fenster den Aufprall kurz und dumpf wahrzunehmen. Die Ansichten von Schwarzmeerküsten, Altstadtarkaden, Schneegipfeln und Zwiebeltürmen an den Wänden über den Regalen, alle etwas schief angebracht, schimmerten schwach in fahler Blaustichigkeit und bildeten das stumme Publikum, dem diese Darbietung galt. Orte, auf die man sich als den kleinsten gemeinsamen Nenner der Sehnsucht geeinigt hatte, Chiffren der aus Not, Verdruß, Langeweile oder diesem oder jenem Weh verlassenen Heimat, die man jetzt, an diesen düsteren Vorweihnachtsabenden auf dem schäbigen abgewetzten Linoleumboden in kleine Stücke tanzte. Die Männer draußen rauchten, schnippsten die Zigarettenstummel in die Pfützen, zündeten sich die nächste Zigarette an. Keiner von ihnen sagte ein Wort, nur der Kroate gab gelegentlich ein Schnalzen von sich. Die vorbeifahrenden Busse warfen schmutzige Spritzer an die Hosenbeine der Männer, der Gehsteig war hier schmal, und der Regen war stärker geworden. Als ein Mädchen stolperte und drohte, ihre kreisende Vierergruppe zu Fall zu bringen, ging ein Raunen durch die Reihe der Zuschauer. Die Mädchen lachten verschwitzt und nervös nach dem kleinen Zwischenfall, bemühten sich, aufs neue in Schwung und Rhythmus zu kommen, doch nun geriet immer wieder eine aus dem Tritt, knickte mit dem Fuß um, machte einen falschen Schritt, Erschöpfung malte sich auf einigen Gesichtern, während andere noch ungemindert ein starres Strahlen zur Schau trugen, das so gut zu den billigen Fremdenverkehrsplakaten an den Wänden paßte. Schließlich ließen sie alle voneinander ab und drängten in den Hinterraum. Jemand löschte das Licht, und im Schein der Straßenlampen sah man nur noch die Umrisse der zusammengeschobenen Regale.

22

Hackney Wick

The Wick liegt wie ein abgerissenes Stück Stadt in der Armbeuge lärmender Straßen, dem begradigten Kanal des River Lea, nur mit den Rückseiten der bröckelnden Fabriken zugewandt, dem Dickicht hinter den Hackney Marshes durch Breschen zuäugend, die aufgelassene Hunderennbahn wie eine Hand unter den Schnellstraßenbrücken her zwischen die beiden Wasserwege geschoben. Mit dem Fluß hatte der Stadtteil wenig zu schaffen. Vernarbt und angefressen von jahrzehntelangen Experimenten mit chemischer Kleinindustrie, von Aufstieg und Fall mittelgroßer Fabriken, die mit ihrem Maschinenlärm die eigenen Wände zum Einsturz brachten, von den Spuren hastig errichteter und ebenso hastig abgerissener Nachkriegsunterkünfte, im Schatten von Armut und Zwielicht von Wohlstandshoffnungen, war Hackney Wick ein Abseits, ein liegengebliebenes, von den Zeiten und Läuften hin- und hergeschubstes, zerfleddertes Gelände mit seinen eigenen Regeln der Leere und Verwilderung zwischen Schrotthöfen, Autowerkstätten, Lagerräumen, Müllplätzen, mit seinem eigenen Alphabet der Zeichen, bröckelnd, rostend, verzerrt und verkohlt, durch jüngere, doch auch schon zu allerhand Schaden gekommene Farbaufträge hindurchscheinend, ein Buch der Schichten, schwer zu entziffern, doch allenthalben mit dem Schimmer von Lesbarkeit lockend, Spuren verheißend, von Pfefferminzpralinen bis zu Neublau und Fahrscheinautomaten, Ersatzteilen für Motorräder und Rohstoffresten – Kupfer, Eisen, Stahl in Kleinmengen unterschiedlicher Sperrigkeit, Kabel und Gummi. Body Parts bietet eine Karosseriewerkstatt, vor der untätige Träger ölverschmierter Overalls ins noch so trübe Tageslicht blinzeln, unvermeidlich die Assoziation leichenteilhebender Taucher in ihren gummiglatten Ganzkörperhüllen, die am Wasser zu beobachten sind, bestaunt von Gaffern und wartenden Polizisten auf dem verunkrauteten Treidelpfad. Über Hackney Wick lag stets ein leichter Brandgeruch. Ein Territorium von Verfall und Halbvergessen, wie es jeder Fluß irgendwo aufkommen läßt oder an seinem Ufer duldet, sogar nährt, wenn er zur Ansammlung der Halbvergessenheiten beiträgt, was der zahme Lea, still, bräunlich, ungerührt, nicht tat. Flußfremdes läßt sich an den Rändern der begradigten Rinne nicht ablegen, die Wasservögel fischen es heraus und polstern oder beschirmen damit ihre Nester, die sie im blassen Schilf bauen, wo der Wasserlauf seine seltenen Buchtungen bildet, dicht an der Betonkante, Heimstatt für langschnäblige Stelz- und Fischvögel, die nie den Argwohn verlernen.

Einmal nahm ich nach meinem Weg am zahmen Lea entlang den Bus, der stille Wintertag unter weißer Wolkendekke war in einen Regentag umgeschlagen, wie es ihn fast zu jeder Jahreszeit in London geben konnte, mit graubraunem, hell umkränztem Gewölk und dem Geruch nach Marschland bei Ebbe, wenn der Wind aus der Mündungsgegend kam, ein salzig-metallischer Geruch, der sich als dünner Film über die Dinge legte. Auf der Bank vor mir saßen zwei alte Männer, ihre Jacketts dünsteten aus, was die Gegend zu bieten hatte:

den Bier- und Zigarettenhauch der Kneipen, die Schwaden alten Fetts der billigen Frühstückscafés, den Mief ungelüfteter Häuser, die Abgase der Busse, den Regen. Die Dünste waren in das abgewetzte Tweedimitat eingewachsen und umgaben die Männer wie bittere Wolken, die an Armut denken ließen, an schiefgrinsig geschultertes Unbehagen, das im Spucken durch Gebißlücken dann und wann ausgestoßen wurde. Die beiden Männer unterhielten sich im stummeligen Tonfall von Ostlondon, in dem Silben und Konsonanten auf ewig zum Schweigen gebracht von den Wörtern abbrachen und lautlos unter die Sitze fielen, die schmutzigen Fußböden aller Busse waren bedeckt mit diesen Schichten fallengelasssener Wortschnitzchen. We ner called it 'ackneywick jus ag'nywick, sagte einer der Männer, unvermittelt halb zu mir gewandt, und hustete, vielleicht war das Husten auch ein Lachen, oder er wollte lachen und mußte husten, ich sah wie seine mageren Schultern in dem Jackett zu dem polternden Rasseln aus seinem Mund zuckten. Am Krankenhaus von Homerton stiegen sie aus, stolperten aus dem Bus in den Unterstand der Haltestelle, während ein heftiger Schauer niederging, sie tauchten unter im Gedränge der Wartenden, Einsteigenden, Aussteigenden, die beiden kleinen alten Männer von Agony Wick, während schon wieder unzuverlässige Sonnenstrahlen durch die Januarwolken griffen und Augenblicke lang alles mit einem trügerischen beißenden Licht umgaben.

Das flußabgewandte Gelände der Hunderennbahn, wo sich bis vor wenigen Jahren die Erwartungen geballt hatten – Geld, Glück, ein neuer Morgen – war inzwischen sonntags Marktplatz, ein Allesmarkt der Dinge, ein Verscherbel- und Verhökerplatz, an den sich jetzt andere Hoffnungen hefteten. Die werktags so leeren schmalen dunklen Straßen zwischen den Reparaturwerkstätten, Lagerhallen und verstohlenen Fahrzeug- und Fahrzeugteilhöfen waren von geparkten Autos gesäumt, die Menge strömte zum Markt, schrille, grelle, müde und traurige, verschlagene, grinsende und bange Käufer, aufgeputzte schwarze Paare und Familien in schlotternden Trainingshosen und Kapuzenjacken, allen glomm schon der Lichtblick eines Erwerbs im Auge, der Schimmer eines noch an keine Gestalt gebundenen Begehrens, die vage Freude auf ein Ding, das sie mit sich nach Hause führen, erproben, benutzen, zu einer Anwendung bringen, zur Verbrüderung mit ihrem Leben veranlassen könnten. Auf dem Markt von Hackney Wick gab es alles, vom gebrauchten Anzug Verstorbener bis zum Computer samt Zubehör, es gab Kabel und Telefone, Spielzeug und Autoradios, Lampen, Vasen, Uhren, Buntes und Schwarzes, Weißes, Chromiges, Sauberes, Schmieriges, Entwendetes, lauter Dinge ohne Woher, nur mit Wohin und Wieviel und Schon-aus-dem-Sinn, zu Nutzen und Verwendung ausgebreitet und dargeboten. Über alledem lag eine schäbige Festlichkeit, die noch von den Hunderennen übriggeblieben sein mochte, diese Festlichkeit des Zufalls, die sich allenthalben da ausbreitet, wo ein wäg- und meßbarer Glücksfall zuwege gebracht werden soll, sei es durch das geschickte Setzen auf einen rasch wie der Wind eilenden Hund, sei es durch das Stoßen auf einen Gegenstand der Verheißung.

Auf einem Stück Wachstuch am Boden lagen ein paar Schätze ausgebreitet, die wenig Beachtung fanden. Stumpf angelaufene Glasbroschen, Scheingoldketten in schrillem Gelb, ein Strang Plastikperlen, eine an den Ecken abgewetzte Handtasche, die sich krokodilen stellte. Halb von der Handtasche verdeckt lag ein Fotoalbum, eine merkwürdige Achtlosigkeit des Verkäufers, dessen Ware nach kleinen Einbrüchen roch, nach hastigem Wühlen in vollgestopften unordentlichen Schlafzimmern, die durch die eingeschlagene Fensterscheibe lang entbehrte Frischluft zu atmen bekamen. Der Verkäufer war ein kleiner Mann, verfroren zitterte er in seiner zu großen grauen Windjacke. Er blickte füchsisch über die heißgerauchte Zigarette, von der ein langes Stück Glut auf seine Waren zu fallen drohte. Womöglich war er bang, ein Neuling, der ahnte, daß die Leichtigkeit nicht nur auf seiner, der füchsischen Seite der Auslagen stand, wo die Feilbieter rasch etwas loswerden konnten, was sie entwendet hatten, sondern daß auf der anderen Seite, wo der Strom der kauflustigen Besucher vorüberzog, auch die um Tasche, Schmuck und anderes Gebrachten ihr Vermißtes leicht wiedererkennen und beanspruchen konnten. Ich nahm das Fotoalbum in die Hand, das kalte Kunstleder fühlte sich leicht klebrig an, auf dem Deckel waren zwei ineinander verschlungene Goldringe eingeprägt. Das Album war leer, nur hinten auf der Innenseite des Einbands steckte ein Umschlag unter einer Papplasche. Als ich ihn herauszog, flackerte der Fuchsblick nervös auf, die Hand des Mannes schoß hervor, Glut fiel auf die letzte Albumseite, auf den Umschlag, in dem der Verkäufer vielleicht entgangenes Geld argwöhnte. Ich spürte Fotos durch das Umschlagpapier, in das sich die Glut schon einen Weg gebahnt hatte, kleines Rauchgekräusel stieg auf, ein winziger Brand, doch in dem andeutungsweisen Handgemenge, auf das sich der besorgte Verkäufer nun einließ, erloschen die Funken schnell. Die knochigen Finger versuchten, das Album wieder auf die füchsische Seite zu ziehen. How much? fragte ich den Mann, der jetzt den Mund verzog, als wollte er mich gleich beißen, die gelben Fuchszähne, über denen sich die Oberlippe schon angespannt hochzog, in meine Hand graben, um mich zum Loslassen zu bewegen. Nur das! Ich hielt den Umschlag hoch, ließ das Album los, er stolperte einen Schritt zurück. Rechts und links waren Leute neugierig geworden, ein elegantes schwarzes Paar in so feiner Kleidung, als habe es sie von einer Abendvergnügung direkt hier auf den Sonntagsvormittagsmarkt verschlagen, wandte sich von dem hochpolierten Autoradio, das sie studierten, mir zu, die Verkäufer zu beiden Seiten des Fuchses nahmen eine Stellung ein, in der sie ihre Waren noch bewachen, doch ihren Kollegen auch gleichzeitig verteidigen konnten. Der Fuchs beruhigte sich, als ich ihm zeigte, daß in dem Umschlag nur ein paar ältliche Fotos waren und keine Banknoten, die er übersehen hatte, für einen kleinen Geldschein winkte er mich mit mühsam aufgebrachter Lässigkeit davon, man sah ihm an, daß er schnell wieder die Unauffälligkeit hinter seiner bescheidenen Auslage zwischen zwei mit brandneuen Werkzeugen und Autoradios prunkenden Ständen aufsuchen wollte.

Auf dem Bahnsteig der North London Line in Hackney Wick nahm ich die Fotografien aus dem Umschlag. Ein gutes Dutzend leicht unterbelichteter Aufnahmen war darin, die Farben kippten schon ins Rötliche, die Glanzbeschichtung hier und da verkratzt. Im künstlichen stumpfroten Abendlicht billiger alter Farbfotos boten sich Gruppenszenen. Frauen in gepunkteten ärmellosen Sommerkleidern an Tischen im Freien, Kindern mit rotstichig verschmierten Mündern. Auf den Frauengesichtern das halbe Lächeln eines steifen Augenblicks, in den Kinderaugen Unsicherheit und Verschämtheit in diesem Knipsmoment zwischen Kuchen und Rüge. Das Blattwerk von Hecken oder Sträuchern hinter ihnen verschwamm zu einer dunklen Masse. Dann Frauen und Kinder vor einem viktorianischen Reihenhaus mit der Hausnummer 17. Am Erkerfenster eine weiße Katze. Nichts gab einen Hinweis darauf, ob eine der Frauen auf den Fotos die Inhaberin des ausgelegten Schmucks gewesen war, die krokodilene Handtasche mit sich herumgetragen, das für Hochzeitsbilder bestimmte Album unter dünngewaschenen pastellfarbenen Handtüchern aufgehoben hatte, ohne es jemals mit den ihm zugedachten Hochzeitsfotos auszustatten. Auf dem Bild einer auf grünem Gras posierenden Frauengruppe ohne Kinder, dafür jedoch mit Jacken über den Kleidern und Hütchen auf den Köpfen, schienen im unscharfen Hintergrund die Strommasten der Hackney Marshes zu schweben.

Sicher waren alle Fotos in einem Sommer aufgenommen. Vielleicht alle auf demselben Film. Zeugnis eines Familienbesuchs, Begleiterscheinung einer Feierlichkeit, die selbst nicht abgelichtet war. Sie ließen auf keine Geschichte schließen, verrieten kein Gefühl, keine Spannung, nirgendwo der lose Faden eines Dramas, der sich hätte aufnehmen lassen. Ich konnte den Gesichtern und Gestalten nichts zuschreiben, mir nichts unter diesen Szenen vorstellen, und diese Leere, die aus diesem von mir aufs Geratewohl errungenen Bündel von winzigen Lebensausschnitten bot, gab mir ein Gefühl der Unbefugtheit. Was tat ich hier, auf dieser von Windböen heimgesuchten hochgelegenen Bahnstation mit Blick über die dem River Lea und seinem wilden Hinterland zuleibe rückende Landschaft der Abgebrochenheiten, mit diesen Schnappschüssen aus Leben, die so weit von meinem abgelegen waren, daß ich nur dank einem kleinen Einbruch, einer enttäuschenden Erbschaft oder einem unglückseligen Zufall diesen ungebetenen Einblick erhielt? Nicht einmal auf Namen konnte ich mich besinnen, die ich den beiden auf allen Bildern zu erkennenden Frauen hätte geben wollen. Ich stellte mir die nie zu beantwortende Frage, welchen Namen sich andere wohl für mich ausdenken würden, fiele ihnen zufällig ein Bild von mir in die Hände. Die Vorstellung, vom fremden Betrachter mit keinem Namen bedacht werden zu können, machte mich dann so beklommen, daß ich eine hastige Benennung der Frauen auf diesen Zufallsbildern versuchte, Liza und Harriet, dachte ich. Kathleen und Joyce. Aus Dalston? Homerton? Hackney Wick? Kein Zwinkern in ihren verwabernden, rötlich überhauchten Augen, wenn ich die Namen ausprobierte.

Auf dem gegenüberliegenden Bahnsteig kam ein Zug nach Woolwich an, im Lautsprecher sagte eine knasternde Stimme den nächsten Zug in die Gegenrichtung ab. Murren und Seufzen in den Reihen der Wartenden mit sperrigen Erwerbungen vom Markt, die sich den teureren Zug leisten wollten anstatt der engen Busse. Vom Ende des Bahnsteigs, wo ich stand, blickte man in einen Müllhof. Das Zufahrtstor war verschlossen, ein einzelner Mann in einem schmutzigorangen Overall war auf dem von einer Mauer umschlossenen Hof damit beschäftigt, Abfall zu verbrennen. In einer schwarzen Blechtonne flackerte ein Feuer, dem er einzelne Gegenstände zuführte. Pappkartons standen bereit, Müllsäcke, eine Rolle Bodenbelag. Er leerte den Inhalt eines Kartons in die Flammen, schwarze schwere Rauchwolken stiegen auf, fettige Schwaden, denen man den Ruß ansah, den sie in der Umgegend hinterlassen würden. Als sich die Schwaden verzogen hatten, stopfte der Mann den zusammengefalteten Karton in die Tonne. Die Pappe war zu groß und kippte, an einer Ecke schon brennend, aus der Tonne, der Wind trieb sie ein Stück davon, Funken stoben. Der Mann lief hinterher, packte die Pappe mit seinen dicken Handschuhen und stopfte sie zurück in die Tonne, fischte aus den zur Verbrennung aufgereihten Dingen eine Leiste, mit der er den Karton tiefer in die Tonne zu drücken versuchte. Der inzwischen halb in Brand geratene Karton gebärdete sich störrisch und ungehorsam, wollte aus den Flammen, aus der Tonne, hinaus in den Wind, ein Zweikampf entspann sich, den der Mann ohne das Feuer, das auf seiner Seite war, verloren hätte. Als der Karton ganz in sich zusammengesunken in Rauch und Flammen verschwand, drosch der Mann mit der Leiste auf die zu Asche zerfallenden Reste ein, bis die Leiste selbst loderte und er um Handschuhe und Hände fürchten mußte. Er ließ von dem verendenden Karton ab und schleuderte in hohem Bogen das brennende Stück Holz oder Kunststoff von sich, das, auf eine Windbö treffend, nicht weit kam und in den nächsten Karton stürzte. Der ratlose Müllverbrenner versetzte dem Karton einen Tritt, vielleicht um den Brandherd zu zerstreuen, dann trampelte er auf den Resten der Leiste herum, um den kleinen kräuselnden Rauchsäulen den Garaus zu machen, die noch aufstiegen. Langsam begann er, den ausgeleerten Inhalt des zweiten Kartons in die Tonne zu werfen. Seine Bewegungen wirkten müde und lustlos, er bückte sich nach Papierschnitzeln, kleinen Gegenständen, vielleicht Fotografien. Lauter Dinge, wie sie aus den hastig gefüllten Kartons und Schachteln fallen, die aus bereinigten Wohnungen und gelösten Verhältnissen getragen werden. Der Rauch von Fotografien ist beißend und scharf. Sein Geruch hält sich lange und läßt sich nur schwer auslüften und abwaschen. Er ist hartnäckig und reizt zu einem Husten, der Wochen währen kann. Die langsam zu zähklebriger Asche zerfallenden Gesichter auf Farbfotografien prägen sich dem Betrachter des Feuers unauslöschlich ein, wie es heißt, und beginnen ein Eigenleben unter fremdem Namen in seinem Kopf.

Endlich kam der Zug, den ich nehmen wollte. Ich legte den weißen Umschlag mit den Farbfotografien auf den Platz neben mir. An der übernächsten Station verließ ich den Zug, ohne den Umschlag mitzunehmen. Durchs Fenster wollte ich vom Bahnsteig aus noch einen Blick auf das kleine Päckchen werfen, doch durch die trüb spiegelnde Scheibe konnte ich nichts erkennen, sah nur den Himmel, die kahlen Bäume, die Schatten fliegender Vögel und mein eigenes Gesicht, alles von der leichten Wölbung des Glases ein wenig verzerrt.

23

Neretva

Die Postkarten hinter der Theke des schmallippigen Kroaten mit ihrer fadenscheinigen Mittelmeerischkeit, ihren grellen Idyllenschablonen in Rosa, Blau und Felsenfarbe zu den serbokroatischen Grüßen aus Hier und Dort erschienen mir wie Täuschungsmanöver – doch wem galt es? Schließlich handelte es sich um ein Nachkriegsland, das ich trotz seiner Kriegsversehrtheit, vielleicht gar wegen dieser einmal aufgesucht hatte. Nachkriegs war ein Wortzusatz, mit dem ich aufgewachsen war, auch wenn der Krieg Jahrzehnte zurücklag. In England gesellte sich der Zusatz Zwischenkriegs dazu. Inter war, post war, Worte, die nicht nur als trümmerbrockenschwerer Zusatz an einem Wort hingen, sondern sich adjektivisch durch den Satz wanden, geschmeidiger und vielsagender waren als in meiner Muttersprache, unternehmungslustiger daherkamen, wenngleich auch in London, im ramponierten Osten der Stadt mit seinen zwielichtigen armutsverkümmerten Geländestreifen in der Nähe des River Lea Spuren von Vorkrieglichkeit mit hastiger Hingabe getilgt und Trümmerbrachen mit scharfkantigen Trutzblöcken einer neuen Zeit gefüllt worden waren. Dann fuhr ich durch dieses graue heiße Land mit seiner kürzlichen Kriegsvergangenheit, und wollte einen Schlüssel finden, wie ich plötzlich, im schlingernden Bus über der kroatischen Steilküste zitternd zu wissen meinte, eine Art

Schlüssel zur Nachkrieglichkeit, die sich nicht abbürsten läßt, nicht einmal aus dem Grün von Gras, Laub und Kraut. Aus dem Busfenster hielt ich verstohlen Ausschau nach Kriegsspuren und war bereit, in der ganzen kroatischen Meeresküste ein Trümmerfeld zu erblicken. Im Hinterland der Felsen hörte man Schüsse, jeder hatte noch eine Waffe in Reichweite und mochte das Kriegerische nicht abschütteln, spielte gern mit der Möglichkeit, die Luft in diese verstörten Druckwellen zu versetzen, die den Himmel trübten. Andernorts weideten Greisinnen ihre Ziegen auf dem Schutt zerstörter Dörfer. Der Bus verließ die Küste, stieß in grünes Hinterland. Abseits der Straße ein ausgebranntes Gebäude, vielleicht ein früheres Lagerhaus, Schafe grasten auf der umgebenden Wiese, ein Einbeiniger saß auf einem Stuhl vor dem umkohlten Eingang, er hielt einen Stock in der Hand, einen Hütestock, der auf die Schafe ebenso zugeschnitten sein konnte wie auf Zudringlinge, die Fragen stellten, dem Beinstumpf zu nahe kamen, am Ende noch Geschichten aus ihrer Verschanzung in dem ausgebrannten Loch beisteuern wollten. Der Einbeinige hingegen mochte ein Recht auf diesen Ort zu verteidigen haben, weil er hier sein Bein verloren hatte. Oder er hatte sich hierher gerettet, während das Bein im Schilf des nahen Sumpflands geblieben war. Die Mauern des ausgebrannten Gebäudes waren auf Erdgeschoßhöhe mit aufgesprühten Parolen bedeckt, von denen ich nur das Wort für Krieg verstand: rat.

Das Land, das sich hier im Schatten des Küstenkamms auftat, eine helle Ebene bis zu den weißfelsigen kargen Bergen im Osten, war Flußland, ein weites Delta, ein breiter Flußmund, mit Grün gestopft, damit man nicht hörte, wie er sich vor dem Meer sträubte. Eine Gleichmutslandschaft kleiner

Abläufe, der Schalentierfischer, Maisbauern, der versehrten Ziegenhirten, alte Paare in Stakbooten gondelnd, mit breiten Strohhüten wie auf dem Tuschebild eines lang zurückliegenden China, Veränderung der Perspektiven und der Farben. Ein Panorama der unzähligen, von Landzungen durchzogenen, stillen Wasseroberflächen unterhalb der hochgelegenen Küstenstraße nach Dubrovnik, eine Landschaft in Grün, wie man es sonst kaum an der Küste sah, vom schattigen Blaugrün breithalmiger Wasserpflanzen bis hin zur fahlen Gelblichkeit des Rieds in der Ferne, zwischen dem sich Arbeiter mit ausladenden Strohhüten auf den zu Dämmen aufgeschütteten Pfaden bewegten.

Das Licht war sonderbar, so nah am Meer ein Inlandslicht, wie scharf und etwas bläulich um die Schatten. Es war Nachmittag, am Himmel hingen weiße Wolken, hoch und reglos, kein Wind ging, auf dem Geländer eines Stegs über einen schilfgesäumten Graben sah ich einen Reiher sitzen. Das harsche Gebirge trat hier weiter vom Meer zurück als an der übrigen Küste zwischen Split und Dubrovnik, doch die mit spärlichem Gebüsch betupften Felsen waren nah genug für das Licht, um sich daran zu schleifen und diese scharfen Schatten zu schneiden. Trotzdem hatte die Landschaft im Unterschied zur Küste etwas Mildes, fast Liebliches, eine Sanftheit, die mit der Langamkeit der Fortbewegung auf den verästelten Wasserarmen zu tun haben mochte, mit der Behutsamkeit der Angler auf den kleinen Stegen und der Vielzahl der Wasservögel in Schilf und Röhricht, deren Kollern, Tschilpen, Zirpen und bebendes Schlagen über dem Wasser hing und durch die halb geöffneten Busfenster zu hören war.

In einer kleinen Stadt am Rand des Deltas mußte ich nach

Mostar umsteigen. Kinder lungerten an der Bushaltestelle, musterten die wenigen Aussteigenden, die außer mir alle aus der Gegend waren und nach einem kurzen Wortwechsel mit dem schlechtgelaunten Busfahrer die aus dem Kofferraum gezerrten Taschen, Beutel und Schachteln griffen und davongingen. Der Bus nach Mostar ließ auf sich warten. Es war später Nachmittag, die Hitze ließ nach, die Luft war voller Vogelstimmen, nicht nur der Wasservögel, auch der Meisen und Drosseln in den Baumkronen und gestutzten Weidenbüschen. Hinter der Bank, auf der ich saß, stand ein Gemeindehaus mit säuberlichen, etwas spätsommerlich erschöpften Blumenrabatten um den Eingang. Ich hörte Stühlerücken und Frauenstimmen aus den offenen Fenstern, dann Stille, einen Augenblick später Gesang. Nur Stimmen, ohne Instrumente, langgezogene, traurige Melodien, vielleicht erschienen sie mir auch bloß so, mit unverständlichen Worten und unsteten Zwieklängen, ein Chor zu diesem Land für sich zwischen der kroatischen Küste und den bosnischen Bergen, wo der Fluß tausend Ausreden fand, nicht ins Meer zu fließen. Die Frauen probten, Lieder wurden wiederholt, eine Stimme ließ sich ausmachen, die ab und zu eine Anweisung gab, dann wieder Gesang. Je länger ich da stand, desto stärker hatte ich das Gefühl, daß es in diesem Singen nicht um Einklang, sondern um Zwieklänge ging, darum, daß sich jede Stimme in ihrer eigenen Klage um ein Winziges an jeder anderen Stimme reibt. Oder es war überhaupt diese Reibung, diese Wolke kleinster Dissonanzen, die jedes Lied erst klagend klingen ließ.

Die Straße weitete sich hier zu einem Platz, in dessen Mitte ein breiter baumbestandener Streifen verlief. Männer saßen an steinernen Tischen im Schatten und spielten Karten, vor einem Café auf der anderen Straßenseite standen junge kahlgeschorene Kriegsversehrte in kleinen Gruppen, tranken Bier, trugen gespielte kleine Faustkämpfe aus, stellten vorüberlaufenden Kindern ein Bein, lachten über das Stolpern, Fallen, sich Aufrappeln, ein Kind warf im Davonrennen eine Handvoll Straßenstaub nach ihnen, den es beim Sturz zu fassen bekommen hatte. Ein Bus hielt kurz vor dem Café, Passagiere zerrten ihr Gepäck aus dem Kofferraum, der Chauffeur trieb sie ungeduldig zur Eile an, die Ankömmlinge schulterten ihre Taschen und Beutel und gingen davon.

Die Chorstunde war zu Ende, Stühle wurden gerückt, die Frauen lachten, redeten durcheinander, verabschiedeten sich. Die meisten Frauen, die aus dem Gemeindehaus kamen, wirkten wie Büroangestellte oder brave Handwerkergattinnen, ihre Haare sahen nach Dorffriseur aus, die Handtaschen nach parfümierten Taschentüchern, krümeligem Lippenstift und bestickten Brillenetuis. Ein paar schwarzgekleidete alte Frauen waren darunter, zwei, drei Mädchen in hochhackigen Schuhen, die draußen gleich ihre großen Sonnenbrillen aufsetzten. Eine Bäuerin mit Schürze ließ sich neben mir auf der Bank an der Haltestelle nieder. Sie nickte freundlich, legte die Hände in den Schoß. Der Bus nach Mostar traf ein, ein paar Leute stiegen aus, machten sich am Kofferraum zu schaffen, die Bäuerin und ich stiegen ein, und der Bus fuhr mit uns davon in den Abend, flußlängs, aus dem Tag hinaus.

Der Bus war voll besetzt. Frauen dösten über ihren Körben, Männer starrten aus dem Fenster. Nach einem Schlagerprogramm folgte eine Nachrichtensendung, der Busfahrer drehte die Lautstärke auf, die Passagiere riefen ihre Kommentare, kamen ins Gespräch, das verebbte, als die Schlagermusik wieder einsetzte. Der Abend kam lila und blau, die Schroffheiten der Berge zogen sich von diesem weichen Licht besänftigt ins Dunkel zurück. An der Grenze zur Herzegovina war es schon dunkel. Längs der Straße standen kleine, mit Lichtgirlanden geschmückte Baracken, die sich Trocadero, Las Vegas oder nur Casino nannten. Aus dem Busfenster blickte man hinunter in die provisorisch zurechtgezimmerten Interieurs mit Bar und Spieltisch, doch alle waren leer. Nur die Mädchen in schwarzen und dunkelroten Bardamenkostümen, die die erhofften Spieler wohl dazu animieren sollten, unerschöpfliche Mengen von Banknoten zu setzen und zu verspielen, saßen gelangweilt herum, tranken Cola oder spielten Karten, untersuchten ihre langen Fingernägel und starrten mit geringer Hoffnung in den Bus.

Ich hatte es aufgegeben, die Grenzen zu verstehen, die ich überquerte. Grenzen schienen aus dem Boden zu wachsen, zu wandern und sich ineinander zu verheddern. Mit unterschiedlicher Barschheit und Strenge wurden Pässe und Gepäck kontrolliert, mal von großbemützten Beamten mit Waffen, die sich stolz vor frisch errichteten Grenzerkiosken postierten, mal von schläfrigen Limonadentrinkern, die sich kaum aus ihren Campingstühlen im Schatten von Granatapfelbäumen aufraffen wollten. Die Grenze der müden Mädchen in den Barackencasinos gehörte zu den weniger ernsten, und der Bus tauchte nach einer halben Stunde aus dem Glitzern des einen Lands in das Dunkel des anderen.

Die Straße an der Neretva lag in tiefem Dunkel. Ab und zu säumte ein kleiner Ort die Straße, einmal gab es einen längeren Aufenthalt. Fahrgäste vertraten sich die Beine, rauchten, machten Einkäufe an einem neonbeleuchteten Kiosk. Wind war aufgekommen, der Himmel war sternenlos, die Luft schwer und süßlich wie vor einem Gewitter. Der Wind und der Fluß auf der anderen Seite der Straße hörten sich an wie zweierlei Atem. Es war spät, als der Bus in Mostar ankam. Es gab keine Hotels, eine entfernte Bekannte namens Selma holte mich am Busbahnhof ab. Wir gingen durch leere Straßen zwischen unbewohnt wirkenden unförmigen Häuserklötzen, magere Katzen kreuzten unseren Weg, schließlich bogen wir in einen von kleinen Kiosk-Bars gesäumten Boulevard. Gewaltige Autos parkten am Straßenrand, Männer drängten sich in den Bars, sie trugen schwere Mobiltelefone bei sich, machten Geschäftsgesichter, die Automotoren liefen, Gold blitzte um Hälse und Handgelenke. Selma lebte in einem älteren Wohnblock, dessen Fenster fast alle dunkel waren. In ihrem Badezimmer klaffte noch ein Einschußloch in der Wand, das notdürftig mit Papier zugestopft war. Am nächsten Morgen war der Himmel weißlich trüb. Die Berge, die die Stadt umgaben, erinnerten an Landschaften gemütlicher Alpenländer. Ich spazierte den Boulevard hinunter, die Kiosk-Bars waren auch jetzt geöffnet, doch es herrschte kaum Betrieb. Die Kellnerinnen standen müde herum und musterten ihre untätigen Hände. In den Nebenstraßen des Boulevards ragten Trümmer kreuz und quer, Wohnblocks und alte Stadtvillen klafften aufgerissen, Hunde streunten in Rudeln, und Katzen strichen den seltenen Passanten hungrig um die Beine. Mostar war der zerbrochenste Ort, den ich je gesehen hatte. Nichts mehr wollte zusammenpassen und zusammenfinden. Es wirkte wie die aus den Fugen geratene Kulisse für einen Katastrophenfilm, der wegen randalierender Statisten nicht zustandegekommen war.

Die Neretva floß als Grenze durch den Ort, die keine Grenzkontrolle brauchte, nur Ortsfremde wechselten die Seiten und schauten sich neugierig um, bevor sie wieder auf die Westseite zurückkehrten, zwischen die Trümmer und Wohnblocks. Auf der Ostseite waren die Straßen voll von frommen Muslimen. Mädchen im Hijab strömten aus den Schulen, wo sie lernen mochten, was man als Lehrerin, Krankenschwester, Hebamme oder Rechtsanwältin zu tun hat, Jungen strömten aus den Moscheen und Lehrhäusern. Es gab all das, was in den wenigen Straßen der anderen Seite fehlte: Cafés, Geschäfte, Bewegung und Menschen auf den Straßen, doch alles zeigte sich wie ein Lehrstück über muslimisches Leben vor dem Hintergrund des schönen alten Mostar, sogar die felsigen Berge kamen zur schönen Geltung, mit ihren sprudelnden Bächen und grünen Nadelbaumtupfen. Ich besuchte eine Moschee und hielt mich mit den Blicken an den zarten Blumenfresken auf der Wand und einem Regal voll zerlesener Gebetbücher fest, um nicht auf den Haufen ausgetretener Schuhe schauen zu müssen, die am Eingang lagen, eine alte, vergessene Kindheitsangst vor leeren Schuhen stieg in mir auf. Im Hof der Moschee herrschte Stille, man hörte nur den Springbrunnen und einen Vogel. Am Zaun zur Straße wuchsen Rosen. Neben der Moschee lag ein neuer Friedhof mit weiß leuchtenden Grabstelen und den Namen von jungen Männern, die alle im Laufe weniger Wochen gestorben waren.

Ich habe hier nichts verloren, sagte ich abends zu Selma. Sie schenkte mir grünen Walnußlikör ein und schob mir einen Teller mit sirupglänzender Baklava hin. Sie gab mir recht. Wir tranken den schwindelnd süßen und etwas bitteren Likör, und Selma erzählte mir vom Dorf ihrer Kindheit, das flußaufwärts an der Neretva lag, ein wenig abseits der Straße nach Sarajewo, die dem Flußlauf folgte. Wie alle Vorkriegswelten war auch die aus Selmas Erzählungen in ein unwirkliches Licht getaucht, eine Welt an der hellgrünen Neretva, die wie alle Flüsse ihre Opfer verlangte, ertrunkene Kinder, Liebende, Trottel, waghalsige Eisschollenhüpfer, träumerische Mondgucker, die vergaßen, wo oben und wo unten war, ins Gedächtnis der Lebenden eingegangen als die, die sich der Fluß ausgesucht hatte, um ihnen ans Herz zu greifen, während in den Innenhöfen der Häuser die Walnußbäume rauschten, Aprikosenkerne aufgeklopft, Schafe geschlachtet, Teppiche gelüftet und weiße Tücher zum Trocknen ausgebreitet wurden, während man die Feuer unter den Kesseln schürte, in denen das Pflaumenmus zu einem zähen schwarzen Brei verbrodelte und im Stall die launischen Ziegen auf die Tröge zerrte, um sie zu melken.

Wir redeten, bis es fast Morgen war, von der anderen Seite des Flusses hörte man den Muezzin, und die Beklommenheit des Vortages fiel von mir ab.

Am nächsten Tag brachte Selma mich zum Busbahnhof. Die Abfahrtszeiten waren ungewiß, es gab keine Aushänge mit Fahrplänen, Gruppen beladener Reisender schweiften von einem Haltepunkt zum anderen, von immer wieder neuen Gerüchten geleitet. Selma verhandelte mit einem mürrischen Fahrscheinverkäufer, er wies schließlich auf eine bestimmte Haltestelle, und die meisten anderen Wartenden scharten sich um uns im Vertrauen auf eine seltene Schicksalsfügung. Nach einiger Zeit kam ein klappriger Bus, der Platz für vielleicht zwanzig Passagiere hatte. Die Reisenden drängten sich an den Bus, verhandelten mit dem Fahrer über die Unterbringung des Gepäcks, der unzähligen vollgestopften Taschen aus Kunststoffgewebe, der Körbe und Kisten. Selma zog eine Plastikflasche aus der Tasche, die sie mit dunkelgrünem Walnußlikör gefüllt hatte. Sie drückte sie mir in die Hand. Sei mir gesund, sagte sie.

Draußen vor der Stadt blieb der Bus auf der Straße stehen. Ein Unfall hatte sich ereignet, zwei Autos, von denen nur noch die herumliegenden Einzelteile ihre Rostbefressenheit und Dünnwandigkeit verrieten, waren aufeinandergeprallt. Das Mittagslicht lag still und hellblau auf der Stelle des kurz zurückliegenden Unfalls, auf den herausgeschleuderten Körben und Taschen, Kinderspielzeug, Brotlaiben und Tomaten. Gläser mit Eingemachtem lagen zersplittert. Stoffstükke waren über die Opfer gebreitet. Ein Polizeifahrzeug und ein Krankenwagen standen am Straßenrand, das Zucken der Blaulichter war im Sonnenschein kaum zu erkennen, die Polizisten brachten die nahenden Autos mit müden Gesten zum Stehen, die Sanitäter standen neben den Opfern, aus der Ferne ließ sich eine weitere Sirene vernehmen, die sich langsam näherte, sie klang unbeholfen und abgehackt, als drükke jemand im Fahren abwechselnd auf verschieden lautende Hupen.

Neben der Straße strömte die Neretva dahin. Das Wassser grün über den weißlichen Steinen. Der Reine Fluß. Die Menschen im Bus wurden ungeduldig, Kinder begannen zu weinen. Frauen beteten, der Busfahrer stieg aus und verhandelte mit den Polizisten. Hunde streunten am Straßenrand, ließen sich im Staub nieder, kratzten sich, den Blick auf die Unfallstelle geheftet. Der zweite Krankenwagen traf ein, die schiefe

Hupe verstummte. Ich hörte den Busfahrer und die Polizisten mit gedämpften Stimmen beratschlagen. Die neu eingetroffenen Sanitäter stellten sich neben ihre Kollegen, stemmten wie diese ihre Hände in die Hüften und senkten die Köpfe. Der Busfahrer kehrte an seinen Platz zurück und weckte den Motor aus seinem dösenden Leerlaufrumpeln. Ein Polizist wies winkend den Weg für den Bus über den schmalen Streifen Straße, auf dem nichts lag, nur Blut kroch langsam in dünnen Rinnsalen über den Asphalt in Richtung Fluß. Der Bus holperte über den steinigen Seitenstreifen. Die Straßenhunde machten sich aus dem Staub. Hier berührte der Fluß fast die Straße, eine trügerische Erscheinung, die den Reisenden glauben ließ, Fluß und Straße sollten ineinander übergehen. Die Wellen des Flusses kräuselten sich freundlich im Blau des Himmels und spielten um die großen Steine im Flußbett. Die Frauen zogen die wimmernden Kinder ans Fenster und zeigten ihnen den Fluß. Fischlein, Fischlein, riefen sie, drückten die Kinder an sich und strichen ihnen übers Haar. Der Busfahrer schaltete das Radio ein, Volksmusik mit orientalischen Einsprengseln ertönte, die hüpfende Trachtengruppe dazu konnte man sich leicht vorstellen. Die Sonne schien sehr heiß, manche Passagiere klemmten Tücher in die Fenster, um ein wenig Schatten zu haben.

Mehrmals hielt der Bus an, der Fahrer machte sich mit Werkzeugen zu schaffen, hämmerte und schraubte, warf dunkle Blicke unter die Motorhaube. Die männlichen Passagiere umstanden ihn und boten Ratschläge oder Spott. In der Dämmerung erreichten wir mit stotterndem Motor Jablanica. An einer großen Wirtschaft, die wie eine Karawanserei aussah, mußten alle aussteigen. Später würde ein anderer

Bus kommen, hieß es, der Fahrer verschwand mit dem scheppernden Fahrzeug in die Nacht.

Kein Gast saß an den langen Tischen unter dem Vordach der Karawanserei. Zwei schnauzbärtige Kellner schauten unbeteiligt hinter einem Grill, auf dem glimmende Kohlestückchen zu Asche zerfielen, auf dem Rost verhutzelten kleine Fleischbrocken. Volksmusik drang aus dem Innern der Wirtschaft, ein endlosschleifiges Dudeln, wie es auch die Busfahrt untermalt hatte. Einige Reisende bestellten Getränke, die Kellner bedienten verdrießlich, die schwärzlichen Fleischbrocken auf dem Rost blieben unberührt. Neben der Karawanserei ahnte man den Fluß. Ein Zaun trennte den Vorplatz von einem Grasstreifen ab, der ins Dunkel abfiel. Aus der Tiefe gurgelte und rauschte Wasser, wehte es kühl und gebirgig. Auf der anderen Straßenseite stand das Tor zu einem Hof offen, Männer saßen im Schein einer Girlande bunter Glühbirnen und tranken Tee. Sie redeten, lachten, der aufkommende Wind fuhr in die Kronen der Walnußbäume über ihren Köpfen und schüttelte aus ihnen etwas Bitteres in die Luft. Es wetterleuchtete am Himmel, ich hätte nicht zu sagen gewußt in welcher Himmelsrichtung.

Es war eine lange Nacht. Die müden Kellner sperrten die Holzgatter der überdachten Veranda ab und stellten den wartenden Reisenden ein paar rote Plastikstühle in den Lichtkegel der Straßenlaterne, wo der Bus uns abgesetzt hatte. Nur noch eine Handvoll Passagiere war hier, die anderen mochten werweißwo geblieben sein. Die Kinder schliefen auf dem Schoß ihrer Mütter, zwei Männer redeten in gedämpften Stimmen, rauchten, schnarchten schließlich. Hunde umschnüffelten die schlafende Gruppe und bohrten ihre hungrigen Schnauzen in Gepäckstücke. Ein Mann wachte auf, stieß einen leisen zischenden Pfiff aus und hob ruckartig den Arm wie zu einer Wurfbewegung. Die Hunde ergriffen die Flucht, mir fiel der alte Ratschlag meines Großvaters ein, der erklärt hatte, daß die Angst vor dem geschleuderten Stein jedem Hund so tief und fest eingeschrieben ist, daß die bloße Andeutung der Bewegung sie fliehen läßt. Im Morgengrauen kam ein Bus aus Mostar, in dem zwischen dösenden Fahrgästen Platz für die Gestrandeten war. Es wurde hell über einer Alpenlandschaft mit munterem Gebirgsfluß, dem man nicht zutraute, so bald zu dieser weiten, unschlüssigen ebenen Welt des Deltas zu werden.

Unterhalb der am Hang gelegenen Dörfer wuschen Mädchen Wäsche im Fluß. Sie knieten am Ufer, rieben die Wäschestücke auf Steinen oder hielten sie zum Ausspülen in die Wellen. Alles, was sie wuschen, schien weiß. Am Straßenrand, zwischen dunklen Bäumen am Flußufer boten Verkäufer Honig an. Honig in Gläsern, Eimern, Bottichen, konnte dieses felsgebirgige Land so viel Honig hergeben? Konnten die Bewohner eines Landes, in dem allenthalben einförmig neue, wie aus einem Guß gefertigte, in wenigen Tagen errichtete Friedhöfe weiß leuchteten, so viel Honig verzehren? Honig heilt Wunden, heißt es, aufgesprungene Lippen, wunde Fingerkuppen, rot-rissige Hände. Vielleicht auch die Augen, die vom Betrachten der grellweißen Friedhöfe brannten und tränten. Der Fluß kam mit gebirgiger Reinheit daher, ein säuselndes Gewässer im Dienst der Vergeßlichkeit.

24

Markt

Die Märkte in London waren, wie ich nach wenigen Monaten erkannte, Randzonen der Zwielichtigkeit und Zweideutigkeit, nichts war so, wie es dem herkömmlichen Marktbesucher auf den ersten Blick und in der Erwartung seiner Gepflogenheiten aus anderen Gegenden der Welt erscheinen mochte. Weniger Orte des Handels, des Hin und Her von Geld und Gut, waren die Märkte vielmehr abgeschlossene Kreisläufe, ein jeder für sich ein Schiff auf dem Meer der von den Regeln der Einheimischkeit beherrschten Straßen der Stadt, mit eigener Besatzung, die den Kreislauf in Gang hielt. Die Marktmenschen verstanden es, nach den von ihnen aufgestellten und ungeschriebenen Regeln ein Theater von Austausch, Umsatz, Geschäftigkeit zu betreiben, das manch lüsterndem, hungrigem, bedürftigem Käufer oder Sucher eine langlebige Illusion bereiten mochte, denn auch die sich immer wiederholende Entdeckung, daß das auf dem Markt Erstandene und nach Hause Geschleppte und Geschleifte sich dort, fern des Marktes als etwas ganz Anderes, Substanzloses oder Verdorbenes entpuppte, brachte wenige auf den Gedanken, es könnte sich um eine trügerische Schaustellerei handeln. Auch wenn von dem frischblutigen Schafsbein, einer gewaltigen gelbrötlichen Mangofrucht oder einem praktischen Tauchsieder bei der Ankunft zu Hause nur noch eine Art Schatten am Boden der Einkaufstasche geblieben war, schrieben die Marktbesucher das selten den Marktmenschen zu, sondern den Umständen außerhalb des Marktes, dem Gedränge in den Bussen oder der Untergrundbahn, dem heftigen Wind, dem unbeständigen Klima, das auf dem Weg vom Markt nach Hause gleich mehrere für empfindliches Gut verhängnisvolle Wetterumschwünge beschert hatte. Vielleicht fanden sich auch einfach viele stillschweigend damit ab, daß dieser Schwund, diese galoppierende Auszehrung und Minderung, die die erworbenen Dinge auf dem Heimweg befielen, ein Preis war, den man zahlen mußte, um Teil des Marktgeschehens zu sein, eine Gebühr, die die in keinem Verhältnis zu den außerhalb des Marktes geltenden Preisen stehende Billigkeit rechtfertigte. Jeder, der einmal Zeuge des Marktauf- und abbaus wurde, konnte keinen Zweifel an der Nebenwirklichkeit dieser Orte haben, die in solcher Geschwindigkeit am Vormittag erschienen, als habe man nur einen kompletten Satz Requisiten – mit Schafshälften, Mangokisten, Tauchsiedern, Heil- und Zaubermitteln, fremdländischen Gewürzen und Früchten und ihren Händlern – aus Luken und Verschlägen gezogen, und am frühen Abend wieder verschwanden, als sei die ganze Szenerie auf einen Fingerzeig hin und mit einem Streich wieder in eben diese Luken und Verschläge geschoben worden. Nur eine kleine Schar fegender, schrubbender Bühnendiener blieb zurück, um im tagtäglichen Marktepilog die Abfälle der Vorstellung wie Fischschuppen, Flossen, Knöchlein und zertretenes Obst in die Gosse oder große Müllbehälter zu befördern.

Berwick Street, Ridley Road, Chapel Street oder Electric Lane waren Namen dieser Freilufttheater, wo man in anderen Sprachen sprach als ringsum, sich mit anderen Gesten und Gebärden verständigte und anderes im Sinn hatte als auf den Straßen und Plätzen außerhalb der Märkte. Ich suchte die Märkte immer häufiger auf, weil mich, so wie sicher die meisten Marktbesucher, dieses halbverstohlene Spiel der Gebärden und Blicke anzog wie ein Tanz, dessen Abfolgen und Regeln man nicht ganz versteht. Man sieht den Tanzenden zu – beim Tauschen, Verleihen, Entwenden mit gespielter Heimlichkeit, beim Verschwindenlassen und Hervorzaubern, beim Beschwindeln und täuschenden Beteuern – lernt die Schritte und Schrittwechsel, sieht das Eintreffen des Vorhersehbaren, und bleibt trotzdem ahnungslos. Es war ein Spektakel der Fremde, in dem ich mich dank meiner eigenen Fremdheit aufgehoben fühlte, und gelegentlich dämmerte mir, daß es manchem so gehen mochte, daß die Fremde das Schwungrad des Betriebs war, in welchem die Marktmenschen diejenigen waren, die sich die Handgriffe dieses Mechanismus mit Geschick und Findigkeit zueigen gemacht hatten. Ich kaufte selten etwas, streifte nur mit den Händen über möglichst vieles, um Spuren der Dinge davonzutragen und meinen Fingern die Gelegenheit zu geben, sich diese Beschaffenheiten einzuprägen und zur Erinnerung zu machen. Als Kaufunwillige war ich bei den Marktmenschen nicht sehr beliebt, sie brauchten Käufer für ihr Spiel, sie brauchten die Zahler der manchmal lächerlich kleinen Summen, damit es in ihren Kassen operettenhaft klingelte, während sich die in der Einkaufstasche davongetragene Staffage bereits anschickte zu welken, zu vertrocknen oder in rasantem Tempo Schimmelpilze sprießen zu lassen. Manchmal ließ ich mich dennoch zu einem Kauf verleiten, ich erwarb ein Büschel Minze, dessen

Blätter mir besonders weich und aromatisch erschienen waren, rauhschalige Äpfel, die eine Kindheitserinnerung weckten, oder etwas Nützliches wie eine Eieruhr oder ein Messer, die ich mir bei der Verwendung in meinem Haus vorstellte. Damit gaben sich die Marktmenschen dann für einige Zeit zufrieden und unterließen es, sich in ihrer Marktsprache darüber zu verständigen, wie sie mich zum Teufel jagen wollten.

Oft machte ich abends noch einen kurzen Streifzug über den kleinen Markt der Inverness Street, der mir im Vergleich zu anderen Schauplätzen immer wie ein Probenraum vorkam. Auf dem Markt – der nur aus ein paar Karren mit so unansehnlicher Ware bestand, daß man glauben konnte, sie dienten ausschließlich und schon seit langer Zeit nur als Anhaltspunkt für die Schrittfolgen in der Choreographie – war viel los, man drängte und schubste, wer sich den Tag über daran aufgerieben hatte, untätig am Fenster zu stehen und verlangend in die Ferne zu blicken, raffte sich jetzt vor Marktschluß zu einem Rundgang auf, und machte dem Verdruß über die Vergeblichkeit seines Verlangens in Rempeleien Luft. Beim Heimweg stellte ich dann mit Erleichterung fest, daß mein Kauf, der gewöhnlich aus ein paar mit jeder Minute ungenießbarer werdenden Avocados bestand, schon auf dieser kurzen Strecke um einiges leichter geworden war.

Ich durchquerte, umkreiste, streifte die Märkte, die kleinen und großen Darbietungen von Handel, Wandel, Freude und Gehörigkeit, die die Stadt bebilderten, und machte mich damit langsam an die Enträtselung dieses riesigen Gebildes aus Schichten, Winkeln und Kreuz- und Querfäden. Ich merkte, wie die Stadt im Verlauf dieser beim Durchwandern unvermeidlichen steten Reibung in mich eindrang, während ich gleichzeitig in demselben Reibungsprozeß Schicht um Schicht, sozusagen Haut und Haar, an die Stadt verlor. Eines Tages stieß ich, seltsamerweise ganz in der Nähe meines Hauses, in einer alten Straße, durch die ich nur einmal in einer Nacht voll lauem Winterwind gewandert war, auf einen Markt, den ich noch nicht kannte, von dem ich nur in aufgeschnappten Brocken und gerüchteweise gehört hatte, hier war die Stadt dem Marktwesen zuvorgekommen und hatte eine besonders gebrechliche und – wie man hinter vorgehaltener Hand raunte – bereits zum Abriß bestimmte Straße zum Markt der Heimatlosen ernannt. Die Straße, auf der er stattfand, war ein alter, breit angelegter und einstmals sicher sehr schöner Crescent, ein halbmondförmiger Bogen, in dessen äußerster Krümmung eine verwahrloste und von Abfall übersäte Grünanlage schlummerte. Die Häuser zu beiden Seiten waren so verfallen, daß oft nur noch die Fassaden standen, dahinter türmte sich Schutt und Geröll neben budenartigen Wohnungen, errichtet von unverdrossenen Anwohnern um den Raum herum, dessen Wände unter ihren Augen zerbröckelt waren. Andere Häuser hatten noch ein oder zwei Stockwerke und Zimmer, deren rückwärtige Mauern jedoch von Tag zu Tag mehr verfielen, während die Dächer und Dachstühle längst schon von Stürmen oder anderen Unbilden abgetragen worden waren. Die Fassaden aber standen noch, sie trotzten dem Geschick und beherbergten sogar einzelne teils von gezimmerten Verschlägen geschützte, teils inmitten zerbrochener Gebäudeteile lagernde Geschäfte und Schnellküchen, improvisierte Unternehmen, betrieben von unsicheren Händlern der Kleinigkeiten des täglichen Lebens. Es war eine seit Jahren und durch alle Phasen des Verfalls hindurch beliebte Straße, die allerhand gesehen und mitgemacht hatte, wovon die Alteingesessenen gerne unter pfeifendem Keuchen aus ihren trümmerverstaubten Atemwegen berichteten. Seit Bestehen des Marktes der Heimatlosen kamen die Alteingesessenen wieder öfter und lieber aus ihren notdürftig zurechtgezimmerten Stubenverschlägen, probten das Einkaufen in Erinnerung an prächtigere Zeiten und nahmen sogar einen gelegentlichen Imbiß, obwohl ihnen die zubereiteten Speisen fremd sein mußten. Die Neuankömmlinge aus aller Welt wurden jetzt hierher gewiesen, die Straße wurde ihr Treffpunkt, viele wandelten noch so ziellos umher, als beschütze der Schlaf sie vor der Erkenntnis der Fremde, in die es sie verschlagen hatte. Sie betasteten lächelnd die Gegenstände in den Geschäften, sogen den Duft der Speisen ein, streiften an den ständig vom Einsturz gefährdeten Fassaden vorbei und blickten durch die leeren Fenster und Türen in die teils gras- und moosbewachsene Trümmerlandschaft hinaus. Um der beliebten Straße größeren Nutzen zu verleihen und die ziellosen Ankömmlinge zu größerer Nützlichkeit anzuhalten, bot man den Fremden die Möglichkeit, einen Handelsschein nur für diesen Markt der Heimatlosen zu erwerben, wo nun jeder, der nachweislich das Heimatland auf immer verlassen oder verloren hatte, an Ständen und Karren Geschäfte treiben durfte. Es meldeten sich viele Verstoßene und Verjagte, Männer und Frauen, deren Heimatland sich in Luft aufgelöst oder in einem abgelegenen Teil eines großen Weltmeers unversehens versunken war, aber auch solche, die einfach vergessen hatten, woher sie kamen. Natürlich bekamen nicht alle eine Lizenz, aber viele, und sie machten sich schnell ans Werk.

Zu dieser Zeit der Aufbruchsstimmung stieß ich auf den Markt, den ich bald regelmäßig aufsuchte, der Anblick der rasenden Betriebsamkeit, die sich hier entfaltete und zur Blüte drängte – auf die, wie ich ahnte, eine ebenso rasante Welke folgen würden würde – verursachte mir einen angenehmen Schwindel. Die lizenzierten Heimatlosen machten sich voller Wucht daran, aus dem Schutt der Straße ihre Marktbuden, Stände und Karren zu errichten, sie streiften durch die Stadt und sammelten allerlei Ungenutztes, sie fischten abgenagte weiße Knöchelchen aus den Mülltonnen und bauten kleines Spielzeug und mildtönende Flöten daraus, sie fingen ziellos herumstreunende Tiere, die sie in selbstgezimmerten Ställchen zum Verkauf feilboten und holten in großen Netzen Hunderte von Tauben zur Schlachtung ein. Sie ergatterten säckeweise abgeschnittenes Haar aller Längen bei den Friseuren und fertigten lustige Perücken daraus, und aus den Schuppen und Flossen der Fische, die auf anderen Märkten verkauft wurden, bastelten sie Haar- und Halsschmuck, dessen Tang- und Salzgeruch bei manchen Käufern schöne Erinnerungen weckte. Die gerupften Tauben baumelten bläulichrot an rostigen Fleischerhaken, ihr stinkendes Gefieder wurde beutelweise zum Füllen lieblicher Kissen verkauft. Hinter den Buden und Karren standen heimatlose Mädchen in bunten Kleidern an den neuerdings auch buntgestrichenen aber immer noch genauso leeren Türrahmen der Fassaden und winkten freundlich vorüberschlendernde Männer herbei, Liebelei, Liebelei, riefen sie werbend und führten ihre Liebsten hinaus zwischen die Trümmer oder hinauf in einen Zimmerstumpf, wo sie sich unter offenem Himmel allerhand angeblich aus ihren abhanden gekommenen Heimaten Stammendes einfallen ließen, was sich bald großer Beliebtheit erfreute. Es wurde im Handumdrehn ein Markt, den man als fröhlich pries und dessen stetes Gedeihen man lobte. Die kurzlebige Ware gewann vielleicht gerade wegen ihrer Vergänglichkeit und Zerbrechlichkeit einen gewissen stadtweiten Ruhm, und man kam sogar aus abgelegenen Vororten, um die Heimatlosen bei Handel und Wandel zu bestaunen. Von freundlichen und wohlmeinenden Einheimischen auf ihre Herkunft hin befragt, ersannen viele Heimatlose blumige und märchenhafte Geschichten ihrer angeblichen Heimatländer, in gebrochenen Sätzen und ungereimten Worten beschworen sie Begebenheiten, Schicksale, Helden, Könige und sogar Götter, von denen sie selbst bisher nicht im Traum etwas geahnt hatten, und vergossen zum krönenden Abschluß Tränen, die ihnen vielleicht deshalb so bereitwillig in die Augen stiegen, weil sie sich auf nichts Wirkliches mehr besinnen konnten, das sie den Einheimischen hätten unterjubeln können. Der Markt und die freundliche Nachfrage machte die Heimatlosen der ganzen Stadt zu Sammlern zufälliger Gegenstände, die sie mit hängender Zunge erjagten, süßlich erschwatzten, erschlichen, erbettelten, beherzt erbeuteten und mit ein paar geschickten Handgriffen in den Dienst eines neuen, erfundenen Namens und einer ebenso erfundenen Funktion stellten. Sie wurden zu professionellen Zweckentfremdern und Zweckerfindern, und mit der Zeit hielten immer mehr Händler und Stände in der verfallenden Straße Einzug, Verkäufer und Käufer drängten sich, und neben allerhand Neuartigem kamen Flitterkleidchen hinzu, Taschen, Mützen, Hüte, Kämme und Felle undefinierbaren Ursprungs. Kapellen mit noch nie dagewesenen Musikinstrumenten zogen auf und ab oder plazierten sich bei großem Gedränge an den beiden Straßenenden, spielten ihre ausgedachten Weisen, Tänze und sogar Märsche, junge Frauen und Männer hüpften und kreiselten in Phantasiekostümen im Takt, und die Liebeleimädchen saßen auf den Fensterbänken und sangen mit halbgeschlossenen Augen wie im Traum Worte dazu, die ihnen selbst unbekannt waren, ihre halbnackten Liebsten auf den herbeigeschleppten Matratzen aber umso mehr bezauberten. Es war ein steter Trubel, der sich immer weiter in die Nächte ausdehnte, die Luft erfüllte, und sich weithin wie eine Wolke aus vielstimmigem Gemurmel über die ganze Gegend legte.

Wer wußte nicht, daß das ein Ende nehmen würde? Vielleicht waren die Gaukler und Händler so im Taumel ihrer heimatlosen Märktlerischkeit aufgegangen, daß sie nicht ahnten, was das verordnete Festival der Heimatlosigkeit einleiten würde, eine Veranstaltung im großen Stil, die Tausende anlockte. Es gab alle möglichen Artisten und Künstler, zählende Hunde und ballspielende Katzen, Feuer- und Schwertschlucker, Messerwerfer, Entfesselungskünstler, Schlangenmenschen, von Heimatlosen dargestellte wilde Tiere aller Art in prächtigen Kostümen, es gab Seiltänzer, die von Fassade zu Fassade spazierten, Zauberer und Wahrsagerinnen, und schließlich sogar eine wahrhaftige Kunstreiterin, die auf einem weißen Pferd herbeisprengte. In ihrem blaßrosa Tüllrock und dem schimmernden Paillettentrikot vollführte sie unter unablässigem Lächeln etliche Kunststückchen. Wenn man genau hinschaute, erkannte man allerdings ein sogenanntes spätes Mädchen, und bei ihrer Abschlußpirouette stürzte sie – wie hinterher jedermann vorgab erwartet zu haben – aus der Höhe hinab und schlug auf das Pflaster auf, weil sie die übrigens lange schon aus der Mode gekommene Kunst nicht mehr recht beherrschte. Totenblaß lag sie auf dem Pflaster, Arme und Beine verrenkt wie ein fallengelassenes Lumpenpüppchen, das schwarzlockige Haar erwies sich als Perücke, die verrutschte und einen kahlen Schädel bloßlegte. Unweigerlich fiel mir der verschollene Kunstreiter ein mit seiner verbittert ausgestoßenen Behauptung, das ganze Kunstreitertum sei ein Schwindel. Man räumte die Verunglückte rasch beiseite und hoffte auf ihre baldige Genesung, das Festival nahm seinen weiteren Verlauf, der schließlich nach Einbruch gänzlicher Dunkelheit in einem Feuerwerk gipfeln würde. Das Feuerwerk sollte weithin sichtbar auf der Hocheisenbahnlinie stattfinden, den Heimatlosen war es gelungen, eigenhändig den gesamten Verkehr auf der Strecke zu diesem Zweck stillzulegen, und sie brannten in der Tat ein gewaltiges Feuerwerk ab, dessen vielfarbiger Funkenregen seine Spuren bis tief in die Nacht zog.

Aus dem Unglück des kunstreitenden späten Mädchens, mehr noch aber aus der sogenannten Eigenmächtigkeit, in der sie die baufällige Hochbahnlinie mit ihren in unzuverlässigen Abständen rumpelnden Zügen zum Abbrennen eines unvergeßlichen Feuerwerks stillgelegt hatten, drehte man den Heimatlosen und ihrem Markt schnell den Strick, ja ein ganzes Netz von Stricken, mit dem die gesamte trompetengoldene Pracht des Marktes und seiner Betreiber in einem einzigen Fischzug, der auch die meisten Alteingesessenen erwischte, aus der halbmondförmigen Straße schaffte. Am nächsten Tag schon hielten Baufahrzeuge Einzug, die Fassaden wurden aufs Schönste wieder hergestellt, die Fensterhöhlen mit spiegelndem Glas versehen, hinter dem nach Einbruch der Dunkelheit herrliche Interieurs in heimeligem Schein erstrahlten, die in der Tiefe der Häuserzeilen liegende Schuttlandschaft war blendend kaschiert, die Grünanlage gereinigt, man siedelte Rassekatzen an, die von tierliebenden Tantchen morgens und abends gefüttert wurden, und bot ausgewählten Heimatlosen – so erzählte man sich – einen geringen Lohn dafür, daß sie rosig geschminkt, anmutig und in hübscher Kleidung, sich Grußworte zurufend und Heimkehr durch die aufgesetzten Haustüren vortäuschend, die Straße bevölkerten.

25
Nachfeuer

Ende Januar wich das dunstig-trübe schattenlose Licht einem scharfen Sonnenschein, als wäre der Winter schon am Ende. In Springfield Park roch es nach Frühling, die jungen Schwäne segelten in Paaren, und die Inlandsmöwen, die jeden Morgen in unordentlichem Schwarm über der Straße kreisten, schweiften in geordneten Formationen über das weite Marschland, als wollten sie Vorboten zurückkehrender Zugvögel sein.

An meinem Ende der Straße trieb sich ein drahtiger junger Mann mit kurzgeschnittenen Haaren und aufgescheuchtem Nagergesicht herum, dessen unsteter Blick Beunruhigung weckte. Nervös knüpfte er Gespräche an, Jackie, Greengrocer Katz und sein Gehilfe sowie der pakistanische Inhaber des Internetcafés ließen ihn abblitzen, indem sie ihm wortlos den Rücken zudrehten, doch gelegentlich hatte er Glück mit dem Kroaten, der sich bei guter Laune auf diese Plauderangebote einließ. Dann stand der Kroate mit ihm auf dem Gehsteig vor seinem Laden, schwenkte den Kaffee in seinem Becher und sah zu, wie der junge Mann, der keine Tasse und kein Getränk hatte, rastlos von einem auf den anderen Fuß trat und sich bemühte, den Blick nicht auf dem Kaffee oder Tee ruhen zu lassen. Der junge Mann sprach in dem verwaschenen Akzent, den man zwischen Tottenham Hale und Margate im Munde führte, ein Stummelsprachlein, in dem die stets nach etwas hungernden Münder der Sprechenden so viel von jedem Wort abbissen, daß nur Eingeweihten eine richtige Verständigung möglich war. Wenn ich im Vorübergehen gelegentliche Gesprächsfetzen mitbekam, ging es um Kumpel, um Autos, um Geld, zwischen den ausgestoßenen Wortschnitzen hockten zusammenhanglose Lacher, zischendes Pfeifen stieß durch schartige Zahnlücken. Der Kroate nickte eine Zeitlang gönnerhaft zu den Worten des jungen Mannes, dann hob er die Hand lässig auf Hüfthöhe zum Abschiedsgruß und verschwand in seinen Laden, um den Abspielknopf für Harvest oder After the Goldrush aufs Neue zu drücken, sich den Säkken mit Altkleidern zu widmen oder in den Kisten, die er morgens vor dem Eingang vorgefunden hatte, nach Schätzen zu wühlen.

In diesen milden Januartagen kaufte ich dem Kroaten ein paar Gegenstände ab, einen Zuckerstreuer, eine kleine Karaffe und ein Salzfass, alle aus dem für billige Lokale typischen, über die Jahre stumpf gewordenen geriffelten Glas. Harte Spülbürsten und Zusammenstöße mit blechern ratschendem Besteck im grauen Sud großer Gastronomiespülbecken hatten Kratzer hinterlassen, die Rückstände von Speiseresten und Schmutz und Schweiß in den Rillen tastender Fingerkuppen hatten das Glas getrübt, die Aluminiumkappe mit der Streutülle auf dem Zuckerglas und der gelochte Deckel des Salzfasses waren eingedellt. Ich sah die Gegenstände aufgereiht auf dem Kassentisch des Kroaten, der sie gerade aus einem Ramschkarton befördert und sich noch nicht auf einen Verkaufspreis festgelegt hatte. Ein schmaler Streifen Sonnenlicht fiel durch das Hinterfenster der Ladenkammer und verwandelte sich auf dem Glas in einen matten Glanz, der wie von fern aus dem Innern der Gefäße zu dringen schien. Der Kroate trat mir die drei Dinge für ein Pfund fünfzig ab und warf die Münzen mit achtloser Gebärde und gleichzeitigem Augenzwinkern in die Büchse mit den für die hilfsbedürftigen bosnischen Flüchtlinge bestimmten Einnahmen. Ich trug meine Erwerbungen hinaus, vorbei an dem inzwischen zum Ladeneingang vorgedrungenen jungen Mann, der auf eine Gelegenheit lauerte, den Kroaten in eine Plauderei zu ziehen. Mit halbgespielter Höflichkeit preßte er sich an die Türfüllung, um mich vorbeizulassen, aus seinen Kleidern stieg mir ein muffiger Geruch in die Nase, als verbringe er viel Zeit in einem feuchten Keller oder einer nie gelüfteten Kammer.

In den folgenden Tagen beschäftigte ich mich damit, die erworbenen Gegenstände in unterschiedlichem Licht zu fotografieren, als könnte ich damit dem seltsamen Glanz auf die Spur kommen, der beim ersten Anblick wie eine Art verdautes Licht durch die stumpfen und zerkratzten Glasriffel austrat. Ich baute Zuckerstreuer, Karaffe und Salzstreuer in verschiedenen Konstellationen auf, setzte sie unterschiedlichem Lichteinfall aus, mal in natürlichem, mal in künstlichem Licht, im Morgenlicht des Vorderzimmers und in dem spärlichen Abendschein des Hinterzimmers, das auf den leeren Garten und die von dem einzigen Fenster unterbrochene Ziegelwand ging. Jede Konstellation nahm ich mit unterschiedlichen Blenden, Belichtungszeiten und Entfernungseinstellungen auf, entwickelte die Schwarzweißfilme sofort in dem kleinen lichtlosen Badezimmer und studierte die quadratischen Negative, doch fand ich keinen Hinweis auf die Lichtverdauung in den vom Nutzen abgestumpften Gefäßen. Auf den Negativen bildeten die drei Dinge merkwürdige Landschaften, in denen sie im dunklen Kegel eines künstlichen Lichts standen. Landschaften der Verlassenheit und unversöhnlichen Heimatlosigkeit, aus ihrer Zweckbestimmung entlassen, fern von jeglicher Schar gläserner Genossen, waren die drei Dinge auf dem Falten werfenden Tuch und im Schein einer unsichtbaren Lampe eine rätselhafte Gruppe aus Formationen unbekannten Gesteins, das auf die seine abgegriffene Oberfläche beleuchtenden Strahlen nicht einging, sie zurückwies und abblitzen ließ, ohne einen Glanz oder Schimmer zu entwickeln.

Ich machte Abzüge von einigen Aufnahmen im natürlichen Licht, die Gegenstände standen herum wie ein gestörtes Stilleben, noch nicht oder nicht mehr seiner eigenen Welt mit ihren für nichts als das Abgebildete gültigen Regeln überlassen, eine abgestellte Insel in einem Land ohne Meer, bleiern und schwerfällig im Kranz der durch das Vorderzimmerfenster fallenden Sonnenstrahlen. Oder sie verschwammen zu silbrigen Schatten im Vordergrund, während sich draußen, vor dem scharf umrissenen Fenster Gestalten abzeichneten, die im hellen Morgen unterwegs waren. Wenn ich die Aufnahmen lange genug betrachtete, meinte ich, in diesen Gestalten, die trotz ihrer Schattenhaftigkeit eine größere Deutlichkeit hatten als die Glasgefäße, das vertraute Personal meiner Straße ausmachen zu können, in einer Ecke sogar den nervösen jungen Mann.

Eines Tages stand ich am Schalter der Post an und bemerkte den jungen Mann vor mir in der Reihe. Er war ungeduldig, bewegte sich schlängelnd auf der Stelle, als könnte er sich nur mit Mühe davon abhalten, Arme und Beine hin- und herzuwerfen, zu schlenkern und zu schütteln. Er sah sich um, es zuckte in seinem Nagergesicht, er formte mit den Lippen lautlose Worte in einem leisen selbstvergessenen Gespräch mit sich allein, zog die Oberlippe hoch, entblößte schartige Zähne. Er trat an den Schalter, murmelte leise sein Anliegen, er wollte Post abholen, nannte eine Adresse, in der ich den Namen meiner Straße erkannte, als die Postbeamtin ihn nicht verstand, wiederholte er die Adresse scharf und laut und setzte hinzu »the house with the fire«. Die Kunden in der Post wandten die Köpfe und warfen einen Blick auf ihn. Es gab nicht wenige Brände in dieser Gegend der Stadt, in den untervermieteten Zimmern und Kleinstwohnungen über Ladengeschäften ging immer wieder mal ein Nylonmorgenrock an den glühenden Drähten eines Elektroöfchens in Flammen auf, oder einer schiefgebrannten Kerze gelang es, den Rand eines mottenbesiedelten Vorhangs anzuzüngeln, oder eine brennende Zigarette fraß sich ins Polyesterbettzeug und erzeugte einen erstickenden Schwelbrand. Es gab Opfer, es gab schwarz umrußte Fensterhöhlen, es gab die pflichtschuldig abgelegten mageren Blumensträuße aus dem Supermarkt, begleitet von billigen Plüschtieren, wenn unter den Opfern Kinder gewesen waren. Dann vergaß man die Brände, Fensterhöhlen wurden verbarrikadiert, Gebäude wurden verkauft, entkernt, renoviert, modernisiert und um mehr Geld, als man hier in der Regel für die Wohnung erübrigen konnte, wieder vermietet. Das Feuer, dem offenbar der Nervöse entronnen oder entgangen war, hatte man allerdings noch in Erinnerung, wer den gereizten Ruf des nervösen jungen Mannes gehört hatte, blickte auf, wußte gleich, um welchen Brand es ging, um welches hohe schmale Haus, dessen geschwärzte Reste unverändert leer und ausgehöhlt hinter den inzwischen zerrissenen und zerfledderten Absperrungen aus Polizeiband standen. Es war das »house with the fire« der Gegend, und die Wartenden betrachteten mit sichtlicher Neugier den kleinen Stapel Briefe, den die Postbeamtin dem jungen Mann aushändigte und dieser in die Tasche seiner Trainingsjacke stopfte.

Der Mann trieb sich noch einige Zeit in der Straße herum, immer vergeblicher nach einem Gesprächspartner suchend. Sogar der Kroate verschwand bei seinem Anblick in den Laden, und die kurdischen Taxifahrer, die vor der an die Friedhofsmauer anschließenden Häuserzeile auf einer Bank sitzend auf Aufträge warteten, schauten ihn argwöhnisch und ratlos an, wenn er auf dem schmalen Gehsteigstreifen zwischen ihnen und dem stockenden lärmenden Verkehr stand und fahrig gestikulierte. Einmal meinte ich, ihn am Eingang zu dem ausgebrannten Haus zu erkennen. Ich kam von meinem Spaziergang zurück, der Abend schob sich über den River Lea, mir schon auf den Fersen, doch vor mir, im Westen, hinter dem Friedhof, leuchtete noch ein umwölkter Sonnenuntergang voll Verheißung hellerer Tage. Die Gestalt, die ich sah, bewegte sich gebückt auf dem Vorplatz des Hauses umher, mit der Fußspitze in Unrat, Brandschutt und den Resten der abgelegten Blumensträuße im zerfallsgefeiten Zellophan scharrend. Was konnte er suchen, Monate nach dem Brand, nach Wind und Wetter des über diese Reste hinweggegangenen Halbwinters, nach den Spurensuchern und Schatzstöberern, die bei solchen Bränden rasch zur Stelle sind? Schließlich verschwand die Gestalt nach einem kurzen Blick über die Schulter in der dunklen Türhöhlung, von der das achtlos angenagelte Bretterkreuz halb abgerissen war. Konnte er hier noch einen Schlafplatz haben, einen Unterschlupf in diesen brüchigen Resten eines Wohnhauses, gab es hier noch die muffige Kammer, nach der seine Kleidung roch, oder ein Verlies, in das er hinabstieg, mit einer von keinem Feuer angetasteten Ordnung von drinnen und draußen, wo eine in keine Frage gestellte Welt der kleinen Dinge überdauerte? Vielleicht suchte er nur eine Erinnerung auf, spielte Heimkehr nach, probte den längst abgewinkten Auftritt auf dieser ausgebrannten Bühne von Obdach und Unterkunft.

26

Stratford Marsh

Eines Tages geriet ich auf ein ausgestorbenes Gelände unter einem auf Betonpfeilern vibrierenden Gewirr aus Schnellstraßen. Ich verlor den Fluß aus den Augen, war ich von seinem Verlauf abgekommen, war er ins Unterirdische verschwunden? Ich war dem wilden Lea gefolgt und hatte mich in einem gestrüppigen Dickicht verstrickt, wo es nur einen Trampelpfad zwischen abfallbekränztem Gebüsch gab, halb zerfetzte Plastiktüten knatterten im Wind und knisterten unter den gelegentlichen Schauern, die an diesem Nachmittag niedergingen. Die Erde war aufgeweicht und morastig, wie es sich für den dünnen Grund über einem Netz aus Flüssen gehört, doch roch dabei bitterfaulig wie am Rand von Müllkippen. Was hier wild war, wirkte wie eine Wunde, eine hingekratzte Narbe, eingefaßt von den auf Trägern ruhenden Straßen, die sich am spitzen Ende des Geländes kreuzten, über- und untereinanderschoben und in verschiedene nord- bis südöstliche Richtungen auseinanderstrebten. Aus dem Marsch- und Wiesenland am Lea, dem durchwanderten Stadtlandflußkranz, wo sich das eine mit dem anderen mischte, je nach Licht, Jahres- und Tageszeit mal das Städtische, mal das Ländliche, mal das Flußliche die Oberhand hatte, war dieser Abseitsstreifen gewuchert, dieses Zwielichtgebiet im Schatten der dröhnenden Straßen, mit dem ich nichts anfangen konnte, bis ich im stachligen Gebüsch ein schiefes Schild sah: Cat Cemetery. Der Trampelpfad führte in die vom Schild gewiesene Richtung auf einen Flecken bräunlicher Wiese, wo Stöcke, Bretter und Plastikstücke in den Boden gerammt standen. Alle trugen einen Namen, manche Jahreszahlen, Gedenktäfelchen mit Kritzelschrift, Gravurversuchen, eingebrannten Buchstaben. An manchen Gedenktäfelchen war ein Foto befestigt, trotz Plastikfolie vom Wetter gebeutelt und ausgewaschen, bleiche Katzengesichter, denen man ihr Totsein sofort abnahm, schauten in ein Niemandsgegenüber, aus kleinen runden Augen, die hier und da das einzig nicht Erbleichte und Verblaßte auf den Fotografien waren. Manche Holzstücke waren morsch und angefault, eine halbierte Plastikflasche, die jemand zum Schutz über einen kleinen Stecken mit Foto und Namenszettel gestülpt hatte, war von sprießendem Kraut hochgeschoben worden, so daß sie schief auf den fahlen Stengeln hing, den fast unleserlich gewordenen Zettel und das seltsam unversehrt gebliebene Bild einer schwarzen Katze mit sehr spitzen Ohren aber noch verwahrte und beschützte. Wer bestattete hier seine Katzen? Wer schlug sich mit einer starren Katzenleiche im Sack in dieses unfreundliche Gebüsch, schaufelte eine Grube, wobei er womöglich auf Knochen und Schädel zuvor begrabener Katzen stieß, wer kam hierher um zu gedenken? War es ein Stadtrandscherz, eine Geheimadresse, weitergeflüstert unter dem Siegel der Verschwiegenheit? Ein paar Plastikblumensträuße lagen zwischen den Gedenktäfelchen herum, vom Winter angefressen, von mehreren Jahreszeiten so ausgesogen, daß nur noch ein von allen natürlichen Farben abstechendes Blaugrün blieb. Hinter dem Katzenfriedhof führte der Trampelpfad durch Gestrüpp und unter den Schnellstraßen hindurch auf einen Grünstreifen zu einer Straße, die wie verlassen dalag, zur einen Seite von einem Zaun gesäumt, hinter dem sich Containerstapel mit niedrigen provisorischen Buden abwechselten. Auf der anderen Seite der Straße standen Wohnwagen hinter niedrigen Umzäunungen. Ich erinnerte mich an die Wohnwageninsel im grellen Licht und Schatten der Schnellstraßen auf Stelzen, die ich von einer anderen Stelle des Flusses gesehen hatte, doch in dem trüben Dämmer unter den immer dichter werdenden Wolken schien nichts hier bekannt. Verwirrt versuchte ich mich auf die Richtungen zu besinnen, die ich eingeschlagen hatte, doch ohne den Fluß als Halt war ich ratlos. Kein Mensch war bei den Buden zwischen den Containern zu sehen, die Tore mit Ketten- und Vorhängeschlössern verrammelt, hinter einem Zaun knurrte und bellte ein Hund. Ich hörte einen Zug in der Ferne pfeifen, stieß am Ende der Straße auf eine Absperrung und hatte jede Vorstellung vom River Lea und seinen Ufern verloren, es war, als sei ich unter den Schnellstraßen her, durch die Pforte des struppigen Gebüschs in eine völlige Fremde geraten. In den Wohnwagen brannte Licht, hier und da lag Kinderspielzeug herum, ein rosa Fahrrad mit Stützrädern stand auf dem zertretenen Kunstrasen, der die Gänge zwischen den Wagen bedeckte. Ein kaum knöchelhoher Zaun umgab einen Streifen mit Gartenzwergen und Plastikblumen in Töpfen. Es begann zu regnen, heftiger als ich erwartet hatte, nirgends war ein Unterstand in Sicht. Eine Frau kam aus einem Wohnwagen, um das Fahrrad zu bergen, ich spürte ihren Argwohn und wußte nicht, wie ich ihn zerstreuen sollte, ich war am falschen Ort. Doch sie winkte mich mit bestimmerischer

Gebärde herbei und ließ mich in den Wohnwagen eintreten. Wohnwagen waren mir fremd, ich hatte nur einmal auf den Stufen eines Caravan gesessen, die winzige fahrbare Wohnung im Rücken, an einem kalten Sommertag auf einer Wiese in England, das lag viele Jahre zurück. In der Ferne hatte man den Fluß Wear zwischen schütterem Ufergebüsch gesehen. Das Wasser für den Tee war an einem kleinen Bach geschöpft worden, der in Sichtweite vom Wohnwagen in den Wear mündete. Jetzt setzte mir die Frau einen Becher Tee vor, und ich fragte mich, woher das Wasser dafür kam. Aus dem Lea? Es roch nach Essen, nicht nach einer bestimmten Speise, sondern nach Gekochtem schlechthin, einem Inbegriff von Essen, wie man ihn vielleicht vor Jahrzehnten einmal hatte. Die Frau bot mir einen Platz auf einem weißen Klappstuhl an. Darauf durfte ich sitzenbleiben, bis der Regen vorübergezogen war. Auf einem Bord an der Wand waren Fotografien aufgereiht, schwarzweiße und in der vorderen Reihe ein paar falschbunte, die üblichen steifen Jahresbilder von Kindern, von tingelnden Hochzeitsfotografen in Schulen und Kindergärten so aufgenommen, daß die Kinder zu austauschbaren Puppen vor einem stets gleichen Hintergrund werden, Kinder ohne Vergangenheit und Zukunft, auf immer und ewig aus einem faden Jetzt grinsend und ohne Ort.

Die Frau setzte sich an den schmalen, mit einer spitzengemusterten Wachstuchdecke geschmückten Tisch und sah mich an wie ein merkwürdiges Fundstück. Mir wurde etwas betreten zumute, ich traute mich kaum, den Becher an den Mund zu heben. Die Frau warf unvermittelt die Arme empor – kein Zucker in meinem Tee! Sie sprang auf, nahm eine silbern schimmernde Dose vom Wandbord und gab ungefragt einen gehäuften Löffel Zucker in meinen Becher. Süßen Tee fand ich widerlich und wandte trotzdem nichts ein.

Wie in einem Spiel faßte sie jetzt nach meinen Händen. Gib mir die Hand, ich les dir die Zukunft! sagte sie und beugte sich über meine Hände. Aus der Nähe sah ich, daß ihr Gesicht viel älter war, als ich angenommen hatte. Ihre Finger waren ganz trocken, wie dünne Echsenbeinchen, bedeckt mit bräunlichen Flecken. Ich streckte ihr beide Hände entgegen, sie überlegte lange hin und her, aus welcher sie lesen sollte. Was würde in meiner linken geschrieben stehen, was in meiner rechten? Ich war plötzlich gespannt auf das, was sie mir deuten würde, betrachtete neugierig meine eigenen Handflächen, die dort, in den Händen der Fremden liegend, gar nicht mehr zu mir zu gehören schienen und mich an zwei unglücklich auf ihrem Rücken gelandete Schildkröten erinnerten. Die Frau runzelte die Stirn, kniff die Augen zusammen, wiegte den Kopf bedenkend hin und her. Sie prophezeite mir große Reisen. An Flüssen?, fragte ich. Oh ja, an Flüssen, sagte sie, ich sehe große Flüsse in deiner Hand. In fernen Ländern! Sie zwinkerte grinsend, ein unterer Eckzahn in ihrem Mund war aus Gold. Wann ist ein Land fern?, wollte ich fragen, unterließ es dann aber. Sie sagte mir mäßigen Wohlstand voraus, erspähte Katzen in den Fältchen meiner Handballen, zog die Nase kraus, weil sie in meinem Leben Abschied witterte, doch gleich darauf hellte sich ihre Miene wieder auf, denn sie war eines wahrhaftigen Königs ansichtig geworden, der sich in den wirren Zeichnungen der unzähligen kleinen Linien der Haut auf meiner Handfläche versteckt hatte. Ich glaube aber nicht, daß du ihn heiraten wirst, sagte sie fast warnend, als wollte sie mich vor einer Enttäuschung bewahren. Ich war zufrieden, einen König auch nur zu streifen war mir jetzt durchaus genug. Der Regen trommelte weiter auf das Wohnwagendach, ein einschläferndes Geräusch, unter dem ich mich schwer und müde fühlte, sobald die Frau meine Hände losließ. Ich hätte mich gerne schnell verabschiedet, je schneller, desto besser, denn ohne auch nur eine Münze in der Tasche würde der Abschied peinlich sein, doch der Regen machte einen verlegen hastigen Abgang in der dunklen Nacht unmöglich, zumal ich keine Ahnung hatte, wo ich mich befand, wie ich zum Fluß zurückgelangen konnte, um mich daran schrittweise nach Norden zu hangeln, durch vertrautes Gelände bis zum Fuß von Springfield Park. In meiner zunehmenden Schläfrigkeit meinte ich mich plötzlich an einen Ausspruch meiner Großmutter zu erinnern, daß sich unentgoltene Wahrsagungen in ihr Gegenteil verkehrten. Was würde das Gegenteil von Fluß und König sein? Ungefragt stellte die Frau sich jetzt unter das Bord mit den Fotografien und begann, sie zu erläutern. Sie sprach im Akzent der Gegend im weiteren Sinne, estuary-English, die Mundart der Mündung, offene Vokale, abgehackte Silben, die trotzdem ineinanderschwappten, mir fiel das Zuhören schwer, wie fast immer bei dieser Färbung, die Worte schnappten nach meinen Ohren, tückische Fische, die womöglich kleine scharfe Zähne im geschürzten Maul führten. Die Frau unterbrach sich, wies mich an, auf der Bank an der gegenüberliegenden Wand Platz zu nehmen, um einen besseren Blick auf die Bilder zu haben. Ich unterließ es, ihr zu sagen, daß ich zu kurzsichtig war, um aus dieser Entfernung die kleinen Gestalten und Gesichter auf den Bildern zu erkennen, ich setzte mich auf den zugewiesenen Platz, blinzelte und lauschte, versuchte mich darauf zu besinnen, ob sie beim Handlesen nicht in einem ganz anderen Akzent gesprochen hatte, die Stimme der Frau als die Berichterstatterin der auf den Fotografien abgebildeten Leben, die sich, wie es den Anschein hatte, alle der Unstetigkeit verschrieben hatten, kam mir jetzt anders vor als bei ihren halb schmeichlerischen, halb schlitzohrigen Prophezeiungen für meine Zukunft. Die Fischlaute gluckstEN und klatschten mir um die Gedanken, und schließlich mußte ich eingeschlafen sein, denn beim scheppernden Klang einer gezupften Saite schrak ich heftig auf. Mein Vater, sagte die Frau mit Nachdruck, mein Vater, der war der König! Sie klopfte zu diesen Worten auf eine kleine Kindergitarre, ein grellbuntes Jahrmarktsstückchen, das jetzt neben ihr auf dem Tisch lag. Sie saß mir gegenüber an dem schmalen Tisch und grinste mich schief an, als wüßte sie etwas von mir, das mir selbst unbekannt war. Dann nahm sie die Gitarre und begann auf den scheppernden Saiten zu klimpern, ihre Stimme war allerdings schön, wehmütig und jung, sie sang mit Inbrunst von einem Mädchen, das zum Markt ging, um den Liebsten zu treffen, doch beim Trinken aus dem Fluß sein Bild statt ihres Spiegelbilds sieht und weiß, daß er nicht mehr lebt. Ich dachte mir den Lea bei diesem Lied, das von kleinen Strudeln durchkräuselte Wasser, auf das ich am Nachmittag zu stoßen gehofft hatte. Die erlen- und weidengesäumte Flußbeuge zwischen Hackney Marsh und Temple Mills, wo die Schwanenhälse im halb bloßgelegten Wurzelwerk steckten, den sanften fast schnurgeraden Lea an Walthamstow Marsh entlang, auf dem die Schwäne Verwilderung probten. Der Regen hatte aufgehört. Es war sehr still, nur ein leises Knistern der Dinge draußen, die die Nässe abschütteln wollten.

Ich wollte eine Richtung erfragen, ein Hinweis auf den nächsten Weg, als ich auf dem grünen Wecker unter den Fotografien eine Uhrzeit sah, die ich kaum glauben konnte – es war tiefe Nacht, bald schon Morgen. Die Frau sah mich verständnislos an, als ich nach der nächsten Bushaltestelle fragte, dann zuckte sie stumm mit den Schultern, stand auf und öffnete die Tür, mit unwilliger Fürsorglichkeit geleitete sie mich ein Stück durch die Dunkelheit. Es war still in der Straße, nur der Hund hinter dem Zaun vor den Containern bellte und knurrte zu unseren Schritten, man hörte das Knirschen seiner gefletschten Zähne. Das Brausen und Rauschen der Stadt lag in der Ferne, ein unwaches Tier. Weder die Frau noch ich verloren ein Wort über meinen Schlaf. Ich bedankte mich, sie drehte sich um, schaute nach ein paar Schritten noch einmal über die Schulter, im Licht einer Straßenlaterne sah ich, daß sie grinste und winkte.

Ich stand lange an der Ecke einer großen Ausfallstraße und wartete auf den Nachtbus. Es war nicht kalt, trotzdem fror ich im orange getönten Licht der großen Straßenlampen. Das trübe Licht auf dem feucht glänzenden Asphalt, nachdem der Regen in das unsichtbare Geniesel einer Marschlandnacht übergegangen war, ließ die umliegende Dunkelheit trotz all der darin flackernden Leuchten, Reklamen und Scheinwerfer tintenhaft erscheinen, ein verschüttetes Schwarzblau, in das diese unzähligen Leben ringsum jetzt getaucht waren. Ich versuchte mich auf die Geschichte zu besinnen, die die Frau mir erzählt hatte. Was man im Schlaf hört, das vergißt man nicht, hieß es, als ich Kind war, eine Warnung, vor Schlafenden keine Heimlichkeiten zu verhandeln. Vielleicht hatte ich eine Geschichte aufgenommen – von Pferden, von Königen und Prinzessinnen, vom Fluß Lea – die ich nie kennen, doch auch nie vergessen würde, eine Schlafgeschichte, die sich nur in Träumen zu Wort melden würde.

Der Verkehr war spärlich aber stetig, manchmal hupten Fahrer, niemand hielt. Wie im Wellengang wechselten sich die Richtungen der Bewegung ab. Mal gab es einen Stoß hastiger Personenwagen und dröhnender Laster in Richtung Osten, zu Küste und Flußmündung, mal schob sich eine Welle Fahrzeuge von dort draußen in die Stadt hinein. Der Bus kam, auf dem Oberdeck schliefen zwei Passagiere, die jetzt schon die werweißwievielte Runde auf dieser Linie drehen mochten, irgendwann im Morgendämmer würden sie aus dem Bus stolpern, sich mit Mühe orientieren, erinnern oder lieber vergessen, was der Nachtfahrt voraufgegangen war und den womöglich langen Weg zu ihrem Bett antreten, wenn sie eins hatten. An der Lea Bridge Road stieg ich aus und ging ein Stück am stillen Fluß entlang. Die Schwäne lagen zu schwach leuchtenden Formationen gruppiert in geschützten Stellen auf dem Wasser, reglos schlafend. Es war sehr still, Nachtvögel im Weidicht auf dem Marschland gaben heisere Laute von sich, ein flaches Bellen, vielleicht von Füchsen jenseits der Gleise. Ich blickte auf die Insel, zwischen den Bahndämmen. Ein ganz schwacher heller Streifen zeichnete sich im Osten ab. War das schon der Tag, der vom Meer her kam? Spiegelte sich schon ein erstes Grau im feuchten Schlick der Küste bei Ebbe? Von weit her hörte ich das vertraute Klakkern eines Zugs. Wie eine Perlenschnur, an der die Nacht beiseite gezogen wurde, auch wenn der Himmel über dem Lea noch ganz finster blieb. Der Zug war ein schnalzender Glühwurm, der über den Horizont kroch, aus der Stadt hinaus, gleich kam ihm ein weiterer entgegen und kroch in die Stadt hinein. Die Tore von Springfield Park waren jetzt verschlossen, ich ging durch dunkle Straßen längs des Parks, zwei Füchse kreuzten meinen Weg, eine Katze huschte aus ihrem Blickfeld. Die ersten Vögel sangen, aus dem Park roch es nach Erde. Auf der Straße vor dem verschlossenen Parktor stand ein Krankenwagen mit flackerndem Blaulicht. Eine Wohnung im Erdgeschoß des Ziegelblocks war hell erleuchtet, die Fenster waren geöffnet, zwei schwarze Frauen redeten auf einen Sanitäter ein. An der Wand hing ein zerbrochener Spiegel, nur noch ein paar Zacken ragten in das von goldfarbenen Schnörkelleisten umrahmte dunkle Feld. Hinter dem Rahmen steckte eine große grünliche Feder mit schimmernden Sprenkeln, die im grellen Licht der bloßen von der Dekke baumelnden Glühbirne einen Schatten auf die Wand warf. Ich blieb zwischen den struppigen Büschen am Eingang des Blocks stehen. Die Tür zu einem Treppenaufgang stand offen, die Beleuchtung über dem Aufgang flackerte, das Blaulicht strich kalt und unablässig über die Büsche, die Ziegelwand, die kahlen Bäume auf der anderen Seite der Straße, das Parktor. Sanitäter traten aus der Wohnungstür und balancierten eine Trage die drei Stufen hinunter, die zum Eingang der Erdgeschoßwohnung führten. Die beiden schwarzen Frauen, die ich durchs Fenster gesehen hatte, erschienen hinter den Sanitätern, die eine folgte ihnen die Stufen hinab und ließ die Eingangstür zufallen, sobald sie die Schwelle nach draußen überschritten hatten. Auf die Trage geschnallt lag ein Mensch, der von strammen Riemen im Zaum gehalten hilflos zuckte. An den Knöcheln und sehnigen Beinen erkannte ich den König. Zum ersten Mal bemerkte ich in diesen

Sekunden, in denen er an mir vorüberglitt, die Narben, mit denen seine Beine übersät waren, kleine kreisförmige Narben, die im Blaulicht bläßlich schimmerten und an pickendes Hakken denken ließen, an Schnabelspitzen, obwohl die Vögel ihn immer sanft umflogen. Das Prachtkleid des Königs war zu einem zerfledderten Lendenschurz verkommen, in dem fahle Goldfäden glitzerten, kleine Ausrufezeichen der Erinnerung an den Prunk des Gewands. Der Oberkörper des Königs lag nackt, sehnig und von Schrammen und striemigen Narben gezeichnet unter den Gurten, die ihn bändigen sollten, und in dieser Blöße wurde er durch die kalte Vorfrühlingsnacht getragen. Zum ersten Mal sah ich die Augen des Königs, die halb nach oben verdrehten Pupillen sprühten kleine güldene Funken, das Weiß seiner Augäpfel ragte aus dem knochigen Gesicht, das Haupt war unbedeckt.

Die Sanitäter schoben die Trage in den Krankenwagen, verständigten sich mit einer Zentrale über Funkgeräte, ein Fahrer trat aus dem Dunkel des Gangs vor dem Ziegelsteinblock, sie stiegen ein, schlossen die Türen und fuhren davon.

Das Licht in der Wohnung des Königs verlosch. Ich warf einen Blick durch das Parktor. Unten, am Lea, mußte ich mich geirrt haben. Kein Morgenstreif zeichnete sich ab, nur der Vogel schlug, den ich schon zuvor über den kreuzenden Füchsen gehört hatte, immer wieder, mit einem vollen bebenden Ton, als versuche er sich in frühlingshafter Süße.

Zuhause nahm ich ein Buch in die Hand, auf der zufällig aufgeschlagenen Seite ging es um die Gypsys.

»I have heard them laugh over their evening fire at the dupes they had made in believing their knowledge in foretelling future events…«, war der erste Satz, auf den ich stieß.

27
Tisza

Am Ufer der Tisza traf ich einen Goldsucher. Es war der erste und einzige Goldsucher, dem ich je begegnete, dort, im Norden Ungarns, an einem Tag im Frühjahr, die Spuren kürzlicher Überschwemmungen waren noch überall sichtbar. Im Ufergestrüpp hing Unrat: von der Flut mitgerissene Gerätschaften, zerbrochene Möbelstücke und fliegenumschwärmte Katzenkadaver. Die Landschaft war entstellt vom Exzess, den sich die Tisza samt ihren Zuträgern geleistet hatte, ein Jammerbild, durch das hier und da Menschen in klobigen Angelstiefeln stolperten, unbeholfen Gegenstände aus dem Astwerk der noch umfluteten Weiden zerrten, die Hände zum Trichter an den Mund legten und die Namen vermisster Hunde, Katzen, Kühe, Tanten oder Onkel riefen. Ich war unterwegs und bestrebt, diese Szenen so schnell wie möglich hinter mir zu lassen. An der Flußbeuge hielt ich an, weil ich von der weit und breit einzigen befahrbaren Brücke aus die Stelle wiedererkannt hatte, wo ich im letzten Sommer Zeuge eines Unglücks geworden war. Der kleine Flußabschnitt, wo sich das Unglück ereignet hatte, lag nun friedlich, menschenleer und, gemessen an den Verwüstungen andernorts, verwunderlich ungestört da. Ich parkte, stieg aus, blickte von der Brücke auf das Wasser hinab, das in gespielter Harmlosigkeit in kleinen Strudeln um die Pfeiler kreiselte.

Der Fluß machte hier, wo sich die Landschaft zu einem letzten Buckel vor der großen Ebene aufraffte und einen Hang zum Flußufer hinab bildete, einen Knick. Ohne ersichtlichen Grund in Gestalt eines felsigen Hindernisses beschrieb der Fluß einen Bogen, der im Laufe der Zeit am Fuß des kleinen Abhangs eine sandige Bucht ausgewaschen hatte, wo sich im Sommer Badende sammelten. An heißen Tagen war der kleine Strand dicht besetzt, an dem dünn mit Bäumen bestandenen Hang klebten improvisierte Ausflugslokale mit wackligen Holzterrassen, von denen aus man die Flußbeuge und die neue Autobrücke überblicken konnte, Buden mit Bier, Spielzeug und Billigspeisen säumten den Weg, der zu der Badestelle führte. Im letzten Sommer hatten mir Hiesige diese Stelle gezeigt, nachdem ich mehrere Tage lang in den Dörfern Geschichten über die Schrecken angehört hatte, die Flüsse und Flüßchen wie Tisza, Tur, Kraszna und Szamos verbreiteten, wenn sie meuchlings über die Ufer traten, Kinder, Vieh und Liebste raubten, Obdach unterspülten, Brükken zum Einsturz brachten und die weißen Knöchlein aus den Gräbern der Armen, die sich nicht wie die Reichen auf einen künstlichen Hügel betten lassen konnten, ans Tageslicht spülten und so in der Gegend verstreuten, daß niemand mehr sagen konnte, welches Knöchlein in welches Grab gehört hatte. Mir waren die Flüsse dort oben in der Grenzregion allesamt wie Riesenschlangen vorgekommen, die sich träge und glitzernd durch die Sommertage schoben, manche mehr, manche weniger dick, gesäumt von Büschen und Bäumen, kaum je von einer Ortschaft, als hielten sich die Menschen erschreckt und bang fern. Vielerorts hatte man von zerstörten Dörfern zu erzählen, deren Bewohner nach Überschwemmungen gemeinschaftlich ihr Dorf in größere Ferne vom Fluß verlegt hatten, anstatt es am alten Ort neu zu erbauen. Es gab kaum Brücken, wenige Fähren, die überdies unzuverlässig verkehrten, vor jeder Überquerung eines Flusses mußte man als Ortsfremder Erkundigungen einziehen, den Fährmann ausfindig machen, sich von ihm begutachten lassen, eine Zeit für die Überfahrt vereinbaren, diese dann teuer bezahlen und zusehen, wie die Hiesigen vom Fährmann mit herzlicher Geste eingeladen wurden, an der Überfahrt teilzunehmen, sich zum Vergnügen mit der ganzen Familie auch einmal über den Rücken der träge atmenden und kriechenden Schlange führen zu lassen. Die Einheimischen auf der Fähre schienen sich von leisem Grusel erschauernd an einer Gefahr zu reiben, sie spielten mit einem Risiko, sie zeigten einander Dinge in dem so harmlos im Kiel der Seilfähre spielenden Wasser, die ich nicht sah und nicht verstand, mit augenbeschattender Hand an der Stirn blickten sie flußauf und flußab in diesen sommerlich umwucherten Halbtunnel hinein und lasen etwas in der durch die Unbesiedeltheit der Ufer so einsam und abgelegen wirkenden Landschaft, das ich nicht entziffern konnte. Ich wurde des undurchsichtigen Flußnetzes müde, verlor den Überblick, auf welcher Seite von welchem Fluß ich mich befand und wie weit entfernt von der nächsten Möglichkeit, ihn zu überqueren. In dieser seltsamen Verwirrung begann ich die Landschaft zu fürchten und eine Bedrohung zu ahnen, für die sich kein Name fand. Freundliche Dörfler hatten mich jetzt bis zu dieser Brücke begleitet, über die man in Richtung Südwesten das Labyrinth der Flußschlangen verlassen konnte, das nach Osten und Norden von gut bewachten Landesgrenzen umschlossen war. Bei der Gelegenheit hatten mir meine Begleiter auch voll Stolz den manierlichen Fluß mit ihrem Badestrand vorzeigen wollen, wo es an diesem heißen gewitterlastigen Augusttag von Menschen wimmelte. Über der Badestelle lag eine Glocke aus Lärm – plantschende Kinder schrieen, triefende Badende auf dem Weg zu ihren Handtüchern klatschten sich und anderen aufs nasse Fleisch, um die aufdringlichen Riesengelsen der Gegend zu vertreiben oder zu erschlagen, Frauen lachten gellend ihren Männern hinterher oder entgegen, Männer tauschten grölend gutmütige Flüche aus, in denen sie einander die Genitalien an alle möglichen Stellen wünschten. Es roch verkohlt nach Gegrilltem und hefig-bitter nach dem Bier, das aus Dosen schäumte und Handtücher und Badehosen durchnäßte. Am Ende der kleinen Bucht hatten Kinder sich eine Rutsche in den erdigen Hang gebahnt, von der sie johlend ins Wasser schossen und bei jeder Abfahrt dunkelgelblichen Lehm mitrissen. Vom Lehm getrübt und von so vielen Leibern bewegt, strömte der Fluß keine Frische mehr aus, und die gesuchte Erholung der Badenden schien nur im Hautanhautlichen zu liegen, in der Verschlingung von Stimmen, Körperteilen, Gerüchen zu einem Netz, das sich mit dem fortschreitenden Tag immer tiefer über sie senkte und sie zusammenschnürte.

Ich fühlte mich unwohl an dem Badestrand. Unter dem Druck eines nahenden Gewitters wurde die Luft immer schwerer, die Insekten immer zudringlicher. Der Lärm der nach Fröhlichkeit japsenden Stimmen toste mir in den Ohren, jedes Lachen gellte falsch, jede von wummerndem Grölen begleitete Grobheit klang wie ein Schlag. Am Rand der Bucht bemerkte ich eine Frau in einem großgeblümten Badeanzug. In Strohhut und Sonnenbrille saß sie steif aufgerichtet auf ihrem Handtuch und blickte auf das Treiben im Wasser. Neben ihr lag eine ausgebleichte Strandtasche mit Griffen aus goldfarbenem Kunststoff, ein Stück, das in meiner Kindheit sicher sehr modern gewesen war. Die vergnügten Badegäste, die allesamt zu einer anderen Zeit zu gehören schienen als die Frau, nahmen keine Notiz von ihr. Die Frau holte ein grelles Bündel und einen Blasebalg aus der Tasche, rollte das Bündel auf und machte sich daran, es aufzupumpen, bis sie eine Art Kajak neben sich liegen hatte, in hellem Orange und Rosa, an beiden Enden spitz zulaufend wie ein Einbaum. Es war ein auffälliger Gegenstand, der mit wunder Grellheit in dem haut- und fleischfarbenen Treiben saß. Während die Frau, die ihre Tasche und das zusammengerollte Handtuch in dem prall aufgeblasenen Einbaum verstaut hatte, diesen in einem Bogen um die Menge in die Nähe der Rutschbahn zog und Anstalten machte, ihn zu Wasser zu lassen und einzusteigen, waren die Badegäste neugierig geworden. Der Ausdruck auf ihren Gesichtern wandelte sich beim ersten Lacher der Halbwüchsigen an der Rutschbahn schnell von unsicherem, fast bewunderndem Erstaunen zu Spott und mißgünstigem Lauern. Die Frau mit dem Einbaum watete hüfttief ins Wasser und machte sich dann unter dem Gelächter etlicher Zuschauer nicht sehr geschickt ans Einsteigen, wobei sie ein paarmal fast den Strohhut verlor. Sie rückte die große schmetterlingsförmige Sonnenbrille immer wieder zurecht und mußte auch einmal Handtuch und Strandtasche aus dem Wasser fischen, doch nach mehreren Versuchen hatte sie es geschafft und saß in ihrem Boot, das sich in Richtung Flußmitte bewegte. Die ganze Zeit schien sie von den Reaktionen der Badegäste so unbeeindruckt, als erreichten die Lacher und Spottrufe gar nicht ihr

Ohr, als existierte sie mit ihrem außergewöhnlichen Gefährt in einer durchsichtigen Blase, die sich nun an einen anderen Ort bewegen würde, von einem kaum merklichen, nur ihrem Fortkommen geltenden Wind bewegt. Die Frau lag allem Anschein nach nicht sehr bequem in ihrem Boot, die Beine staken hoch über der einen Spitze des Kajaks empor, am anderen Ende hockte ihr Kopf unter dem verrutschten Hut so tief, als hätte jemand sie achtlos in das Boot geworfen, doch machte sie keinen Versuch, ihre Lage zu ändern, streckte nur einen Arm heraus, um das Boot weiter vom Strand wegzulenken. Als sie die Strömung in der Flußmitte erreicht hatte, applaudierte man unter Johlen, winkte, rief muntere Schiffahrtsfloskeln und feuerte die Halbwüchsigen an, die dem Boot hinterherschwammen. Das grellfarbene Schiffchen schaukelte auf die Pfeiler der Autobrücke zu, die Frau lugte über den Rand, als sich plötzlich heftige Wellen rings um das Boot bildeten, über den Rand schwappten und es so ins Schlingern versetzten, daß es umkippte. Die Frau verlor den Strohhut, richtete sich mit ungläubigem Blick in dem kippenden Boot auf und warf die Arme hilfesuchend in die Höhe, dann verschwand sie im Wasser. Das Schiffchen trieb mit dem Boden nach oben auf den auslaufenden Wellen, die goldfarbenen Griffe der Tasche leuchteten in der matten Sonne auf, bevor sie untergingen, der Strohhut schaukelte und drehte sich im Kreis. Am schnellsten kam der Blasebalg voran, er schwamm schon einige Bootslängen voraus an der Brücke, der Schlauch wand und ringelte sich im Wasser wie lebendig. Einzelne Zuschauer klatschten zwar grölend Beifall, doch schwang etwas Halbherziges darin, das halbe Herz applaudierte dem Scherz, das andere halbe verhärtete sich gegen den leisen Schauer, der es befiel. Die beiden Halbwüchsigen, die unter Wasser das Boot zum Kentern gebracht hatten, tauchten jetzt auf, Arme streckten sich ihnen neben der Rutschbahn entgegen, zogen sie an Land, klopften ihnen auf die Schultern, während das umgestülpte Schlauchboot, leicht wie ein verlorenes Kinderspielzeug, lautlos und sanft den Brückenpfeilerm entgegentrudelte. Aus der Halbwüchsigenecke ertönten noch ein paar abgehackte Lacher, ansonsten wurde es still, in der Ferne klang Donner, Wind kam auf, alle Bewegungen wurden eckig und bleiern, man streifte sich Hemden und Kleidchen über, rollte Decken und Liegematten auf, packte Utensilien zusammen, verließ den kleinen Strand, die Halbwüchsigen waren im Handumdrehen verschwunden. Meine Begleiter schienen sehr betreten, versicherten mir, die Frau sei weitergeschwommen, bestimmt sitze sie jenseits der Brücke schon wieder in ihrem Boot, das eben zwischen den Pfeilern hindurchgeglitten und nicht mehr in Sichtweite war. Das Gewitter dieses Nachmittags war eines der heftigsten, die ich je erlebt hatte, Bäche traten über die Ufer, Straßen verschwanden unter Regenfluten, Abwässer schäumten aus den Gullies, der schwarze, der weiße und der rasche Körös, die ich später am Tag und weiter im Süden kreuzte, schäumten um die Pfosten der dröhnenden Holzbrücken. Nur die Tisza ließ sich dort unten nichts anmerken von dem Gewitter, schob sich graubraun unter dem Regenhimmel voran, der tagelang nicht mehr auflokkern wollte und einen frühen Herbst brachte.

Jetzt, im Frühjahr, kam ich geradewegs von Norden, nur an der Tisza entlang, ohne mich weiter nach Osten zu wagen und von weiteren Flüssen umgarnen zu lassen. Längs der Tisza war genug an Hochwassernachspiel zu sehen. Als ich auf der Brücke stand, und auf das von Osten strömende Wasser blickte, hatte ich Mühe, mir klarzumachen, daß ich bis jetzt auf dem Weg nach Süden flußaufwärts gefahren war, und die Landschaft schien einen Augenblick lang Kopf zu stehen. Aus den Bäumen am Hang rief der erste Kuckuck des Jahres, ein Frühankömmling mit seinem Abzählvers – Kuckuck Kuckuck sag mir doch – das Herz setzte ein paar Schläge aus, wenn die unberechenbare Vogelstimme nach wenigen Rufen verstummte.

Beim Anblick des Abhangs mit den verlassenen Ausflugsbuden und dem kleinen Strand wurde mir auch jetzt wieder so kalt wie an dem Augusttag inmitten der Badegäste, die nach dem Unglück unter dem beginnenden Donnergrollen wie Flüchtende zu ihren Autos strömten. Ich ging den menschenleeren Pfad hinab zum Strand. Er wirkte wie abgehackt, als habe die Überschwemmung Teile des Ufers fortgerissen, das jetzt steil zu dem braun und trüb vorüberströmenden Fluß abfiel. Äste, Zweige, Holzstücke und kreiselnder Plastikabfall schwammen auf dem Wasser. Ein fauliger Gestank lag über der Gegend, obwohl die Flußränder weniger verschmutzt und sumpfig waren als weiter im Norden. Die Luft war erfüllt von kleinen Insekten, dabei war es noch so früh im Jahr, daß kaum ein Baum Blätter hatte. An der Brücke, wo sich das Ufer wieder sanfter neigte, bemerkte ich einen Mann. Er trug eine Art Cowboyhut und hantierte mit einem Eimer und einigen Gerätschaften. Als er aufschaute, grüßte er und bedeutete mir mit freundlichem Winken näherzukommen.

Er stellte sich mir als Goldsucher vor und erklärte ungefragt seine Utensilien, die etwas Spielzeughaftes an sich hatten. In einem blauen Plastikeimer – blau, erläuterte er, weil sich dagegen das Gold besonders leuchtend abhebe – hatte er winzige Bröckchen, Blättchen und Körnchen gesammelt, die auf die eine oder andere Weise glänzten und schimmerten. Nichts davon sah mir nach Gold aus, eher wie Messing, wie abgeplatzte Schichten von Lack oder Farbe, wie winzige Knäuel und Knötchen aus sperrigem Draht, in denen sich ein Sonnenstrahl verfing. Eigentlich sammle ich Glanz, sagte er. Der Glanz ist es doch, der das Gold ausmacht, allen Floskeln zum Trotz, nicht wahr? Was wäre das Gold ohne den Glanz? Man könnte es mit einem Klümpchen Dreck oder Stein verwechseln, mit einem beliebigen Kiesel. Ohne Glanz keine Pracht, ohne Pracht keine Macht. Oder? Die Frage galt niemandem. Sie hing unbeantwortet in der Luft, der Goldsucher war schon wieder dabei, tief über den Fluß gebeugt, ein feinmaschiges Sieb weit ausholend, gegen die Strömung zu ziehen. Als das Wasser von dem Ertrag seines Beutezugs abgelaufen war, zeichnete sich zwischen Unratsfetzen, aufgequollenen Pflanzenstengeln und Holzstückchen ein kleines schimmerndes Etwas ab, ein kleiner Hohlkörper, oben offen wie ein winziges erstarrtes Säckchen. Ha!, rief der Goldsucher und hob es mit zwei spitzen Fingern in die Sonne. Schauen Sie sich das an! Soll das kein Gold sein? Er rieb es vorsichtig an seinem Hemdärmel, und tatsächlich fing das kleine Ding einen Sonnenstrahl auf und warf ihn mit solcher Leuchtkraft zurück, daß ich kurz wie geblendet war. Ein geheimnisvolles Etwas!, fuhr er wie predigend fort. Ein Glanzmysterium! Ein Leuchträtsel! Er legte es in seinen blauen Eimer, neben die anderen Fundstücke, und dort sah es merkwürdig verloren und fehl am Platze aus. Der Goldsucher schien den gleichen Eindruck zu haben. Wahrscheinlich ein Goldzahn, sagte er und zuckte mit den Schultern. Eine Goldkrone, die schon jemand vom Zahn gezogen hat. Er zuckte mit den Schultern. Hier wird viel gestorben, und man nimmt, was man kriegt. Jeder will zuerst bei einem Toten sein, um zu sehn, was er im Mund hat. Jedes Hochwasser fördert allerhand an den Tag, da darf auch der Goldzahn nicht fehlen.

Er zog einen Gegenstand aus der Tasche, den er am Vortag ein Stück weiter flußabwärts gefunden hatte. Es war eine Sonnenbrille, wie sie vor Jahren modern gewesen waren, die Fassung für die Gläser hatte die Form einer Gesichtslarve, wie ein Maskenballzubehör. Die Scharniere der Bügelgelenke waren mit goldschimmerndem geriffeltem Metall kaschiert, auf dem winzige bunte Plättchen glänzten wie Schuppen eines Lebewesens. Die Frau vom letzten Jahr fiel mir unwillkürlich ein, mit ihrem einbaumförmigen Schlauchboot und der altmodischen Strandtasche. Wie sie ins Boot geklettert und ihr dabei die Brille verrutscht war. Doch ihre Sonnenbrille hatte anders ausgesehen.

Ich überließ den Goldsucher seiner Glückssuche und fuhr weiter, Richtung Südwesten, bis ich wieder auf die Tisza stieß. Das Hochwasser hatte sich vorangeschoben, hatte sich über die Schwemmwiesen verteilt und bildete eine riesige Fläche, in der sich der graue Himmel spiegelte. Nichts als das weiße helle Licht verriet den Frühling. Reiherschwärme schweiften über den Rändern der farblosen Wasserlandschaft, stießen ihre schmerzenden Töne aus, die die Luft in zitternde Fetzen rissen, warfen ihren blassen Schatten auf das unter den Reiherrufen vibrierende Wasser. Kahl ragten Baumwipfel aus der Flut, die Betten und Verläufe der Zuflüsse ließen sich in dem riesigen Gewässer nicht mehr ausmachen. Die große Ebene zwischen Donau und Maros – durchschnitten von der Tisza, die nach Süden zu breiter, mächtiger, geschichtenflüsternder und tragödienreicher wurde, während zunehmend klar war, daß sie das Meer nie erreichen, daß ihr die Donau den Weg abschneiden und sie verschlingen würde – diese Ebene, die von den Hängen an ihrem Rand das melancholische Aussehen eines von werweißwelcher Hand geleerten Meeres hatte, begann sich hier in diesem trüben Frühjahr wieder zu füllen und gaukelte dem Betrachter eine Landschaft vor, die nur noch in Ahnungen und in keiner Erinnerung mehr existierte. In Szolnok, dem eckigen, grauen, traurigen Szolnok, das alle Hoffnung in die Wege aus der Stadt hinaus gesteckt und deshalb den größten Eisenbahnknotenpunkt des Landes geschnürt hatte, standen die Züge vom Wasser eingekesselt auf den Gleisen, die Reisenden starrten trübsinnig auf die Betonauswüchse des Bahnhofs, das sprießende Frühlingsunkraut zwischen den Eisenbahnschwellen, den Abfall in den Bahnsteigecken, der im dünnen Wind zuckte, die Gesichter der Reisenden im Zug auf dem gegenüberliegenden Gleis. In den breiten Garagengassen am Fuß der Wohnblocks mit Blick auf die Tisza, am stadtwärtigen Fuß des hohen Deichs, der jetzt von Uniformierten mit Sandsäcken aufgestockt und verstärkt wurde, hockten die Männer, denn die Garagen waren Männerzone, jeder hatte hinter seinem Tor etwas verborgen, selten ein Auto, öfter eine kleine Werkstatt, Schrottsammlungen, Werkzeuge, geflickte Utensilien zum Flicken schadhafter Habseligkeiten, Bier. Die Männer tranken, rauchten, spuckten aus, wenn Kommandos vom Deich herüberflogen, gestikulierten dazu mit schweren Armen und Händen, brachen in kurzes Palaver aus. Nachrichten vom sinkenden Wasserspiegel wurden weitergereicht, die Männer scharrten mit den gummibestiefelten Füßen, bis die Stadt in Sicherheit war.

Später im Jahr, es war schon fast Sommer, sah ich die Tisza bei Szeged wieder. Der Fluß war breit und ruhig zwischen wulstigem Ufergebüsch, das er während des Hochwassers völlig bedeckt hatte. In den inzwischen belaubten Ästen hing noch der raschelnde Auswurf der Flut. Zwei Überschwemmungen waren in den letzten Monaten über diese Ebene gegangen, und in der kleinen Ausflugskolonie am Toten Arm der Tisza wurden die Stelzenhäuschen gelüftet, in denen der Flußschlamm langsam trocknete, verrottende Polster und Matratzen lagen in den Gärten herum oder waren an die Vorderzäune gelehnt, vom Hochwasser zerstörter Hausrat säumte die morastigen Wege, und im Knick des Toten Arms, hinter einem von Unrat stinkenden Auwald, zitterte die Wasserfläche von den blühenden Eintagsfliegen, der Tiszablume, Insekten, die nach Jahren des Larvenschlafs alle zur gleichen Zeit die in unzähligen schuppenartigen Farbtupferchen glänzenden Flügel spreizend zu minuten-, höchstens stundenlanger strahlender Pracht schlüpfen, die man dann ihr »Leben« nennt.

28
Regen

In meinem zweiten Frühjahr in London rauschte eine dem Vernehmen nach noch nie dagewesene Regenzeit über die Dächer der Stadt. Die Passanten auf den Straßen segelten unter Regenschirmen knapp über den Gehsteigplatten dahin, von dem steten den Regen begleitenden Wind vorwärtsbewegt und, Intuition oder althergebrachten Regeln folgend, sich durch Manövrieren des Schirmes davor schützend, gänzlich durchnäßt zu werden. Ich wußte, daß ich diese Kunst nie beherrschen würde und verlegte mich aufs Busfahren. Vor Nässe schlotternd stand ich an der Bushaltestelle und stieg in den erstbesten Bus. Vom Oberdeck aus lernte ich eine andere Stadt kennen, solange ich regelmäßig über das immer wieder beschlagende Fenster wischte. Die Busse fuhren unzuverlässig und langsam durch den stockenden Verkehr, auf dem Oberdeck hielten sich, wie ich bald feststellte, vor allem Dauerfahrer auf, Obdachlose, ihres Hauses Verwiesene, Flüchtende, Ruhesuchende, Reisende mit dem Abend als einzigem Ziel, wenn sie den Tag hinter sich gebracht haben würden. Dort saßen, dösten, lasen oder schauten sie, wohlwissend, daß unterdessen der Gerichtsvollzieher an ihrer Tür klopfte, ihre Liebsten andere Liebste in der heimischen Wohnung empfingen, anempfohlene Pflegebedürftige vergeblich nach warmer Milch oder Morgenzeitung quengelten, der Regen durch Dach und Decke drang, die aufgestellten Behälter längst überflossen und der gemusterte Teppichboden vor Nässe gurgelte wie eine Wiese im Frühling. Manche waren den ganzen Fahrtag über in ein Buch oder die unerschöpfliche Zeitung des letzten Sonntags vertieft, andere starrten vor sich hin, schliefen oder wischten so wie ich auf dem Fenster neben ihrem Sitz ein Sichtfeld frei. Bis auf die kurzen lärmenden Invasionen von Schulkindern morgens und am Nachmittag war es still, die Stimmung besänftigend. Der Bus bewegte sich mit einem wie scherzhaft grollenden Motorenrumpeln voran, über die Vorderscheibe strich träge ein Scheibenwischer, die Straßenlaternen, Leuchtreklamen und dunklen Schatten der Brücken waren verschwommen durch den Dunst auf der Innenseite des Fensters zu erkennen. Die Busse durchquerten die ganze Stadt, von Clapton nach Clapham, von Putney nach Finchley, längere Strecken als viele Einwohner der Stadt sicher überhaupt je hier zurücklegten, zumal der Fluß für jeden eine Grenze zwischen Süd und Nord zog, die man selten freiwillig überschritt. Aus dem Fenster auf dem Oberdeck des Busses sah man in die kleinen Wohnungen über den Läden, in Büros und Werkstätten, in ausgebrannte Obergeschosse kleiner Häuschen an den ungeliebten Straßen, auf die gegen Ratten, Tauben und unbefugte Bewohner verbarrikadierten Fenster aufgegebener Reihenhäuser an lärmenden Verkehrsadern, Häuser, aus denen man werweißwarum auf Nimmerwiedersehen und ohne Hinterlassen einer Nachsendeadresse verschwunden war – auf der Flucht vor Schulden und ihren Eintreibern, vor falschen Liebsten und befürchteten Heimsuchungen, denn in dieser Stadt tauchte man auf und tauchte unter, trug in jedem Stadtteil ein anderes Gesicht und setzte sogar die Schritte anders, es war die Hauptstadt der Anpassungstalente.

An meine langen Wanderungen und Fußwege gewöhnt, auf denen ich notgedrungen immer nur Blicke in Parterre- und Souterrainfenster erhaschen konnte, entdeckte ich jetzt die Welt der ersten Etagen, wo man schlief und schrieb, Kinder kämmte, ankleidete, wiegte und fütterte, Staubsauger schob und Armevoll Kleider in Koffer warf, wo man bügelte, schlug, sich vor dem Spiegel drehte und wo man weinte. Aus den ersten Etagen lernte man mehr über die Stadt, wie mir schien, auf dieser höheren Ebene spielte sich Tieferes ab als im geschäftigen Parterre, und durch diese vorübergleitende Anteilnahme fühlte ich mich der Stadt allmählich zugehöriger als beim Gehen und Betrachten dessen, was sich auf Augenhöhe des Fußgängers sehen ließ. Während man unten das Lachen, das Lächeln und Grinsen sah, wurde man auf der ersten Etage Zeuge des Weinens. Alte Frauen weinten um ihr zerbrochenes Gebiß, alte Männer beim Versuch, den Hosenknopf zu schließen, Kinder umklammerten weinend die Beine von Vater oder Mutter, Jünglinge weinten am Telefon. Auch in den Büros im ersten Stock wurde viel geweint, allenthalben hätte man aus dem auf Armeslänge vorüberrollenden Bus einem schluchzenden Mädchen oder einem großen Mann, dessen Tränen ihm auf Oberhemd und Hosenträger tropften, ein Taschentuch reichen wollen. Da zu ebener Erde so besonders viel gegrinst und gelächelt wurde, erschien mir der Einblick in diese vielen Kammern unterschiedlicher Traurigkeiten geradezu tröstlich, etwas wurde ins Gleichgewicht gerückt, ein Anschein von Gerechtigkeit stellte sich ein.

Schaute man hinunter auf den Gehsteig, sah man ein Meer von Regenschirmen, sanfte schwarze Quallen mit winzigen Füßchen, die aneinander vorbeitrieben und schwebten, ohne anzuecken oder sich ineinander zu verschlingen. Dazwischen einzelne an ihrer Schutzlosigkeit erkennbare Unhiesige, die barhäuptig mit triefendem Haar oder mit wasserschweren Hüten, Kapuzen, Mützen ratlos durch den Regen irrten. Kommt auf den Bus! Rettet Euch ins Trockne! Lernt Eure neue Heimat kennen!, hätte ich ihnen zurufen wollen, doch natürlich ließ ich aus Rücksicht auf meine Mitreisenden die Klappfenster im Bus geschlossen, und meine Klopfzeichen fanden keine Beachtung.

Vom Oberdeck des Busses erkannte ich in diesem Regen auch unten Dinge, die mir zu ebener Erde bei trockenem Wetter verborgen geblieben waren. Da waren die kleinen Narbenwülste, wo die Stadtteile aneinanderstießen und zusammengewachsen waren, sichtbar von oben als langgezogene Aufwerfung, ein mehrfach schlecht ausgebesserter Riß im Asphalt, dem Fußgänger nicht wahrnehmbar, doch der Bus geriet darauf ins Schlingern. So dicht auch alles mit Stadt beschriftet war, so hing doch fast jedes Gelände auch noch einer alten Kleinörtlichkeit an. Seltsamerweise traten diese Grenzen in der Lichtarmut der verschleiernden Regensaison deutlicher hervor als auf späteren Busreisen durch die Stadt bei hellerem Licht und Trockenheit, so wie auch die Züge eines in Bewegung fotografierten Gesichts gerade in ihrer Unschärfe alle über dieses Gesicht hinweggegangenen und noch zu erwartenden Alter und Zustände offenbaren. Im Regen, der allen Gerüchten zum Trotz hier viel seltener fiel als an vielen anderen Orten, die ich kannte, lagen Dinge bloß, die sich im hellen Licht und Trockenheit verbergen konnten, und dieser etwas geheimnisvolle und unausgesprochene Umstand mochte der Grund dafür sein, daß ausgerechnet dieser Stadt der Regen als sozusagen natürlicher Zustand zugeschrieben wurde. Es kam mir vor, als fühlten sich die Häuser an diesen Narbenläufen im Regen unbeobachtet und ließen sich deshalb gleichsam gehen, lehnten sich voneinander fort, strebten dem Ihren zu, dem Reicheren, dem Ärmeren, dem Weißeren, dem Schwärzeren, dem süßer oder dem bitterer Duftenden, dem Schrilleren oder dem Matteren, und Klüfte taten sich zwischen ihnen auf, deren beide Seiten voneinander abstachen. Die Gardinen in den Erkerfenstern auf der einen Seite der Kluft unterschieden sich von denen auf der anderen, das gleiche galt für die Farbpalette der Haustüren, die Schleichart der zwischen den Vorgartenmäuerchen streifenden Katzen, die Blumen in diesen umfriedeten Vorgärtchen. Nie konnte ich ein Haus ausmachen, daß auf einem solchen Narbenstrang erbaut war, ein Grenzhäuschen, das womöglich immer unsicher stand, wo die Bücher nachts aus den Regalen fielen, die Bilder sich nicht dazu bringen ließen, gerade zu hängen und die Tassen und Teller vom kleinsten Windhauch in Scheppern versetzt werden konnten. Immer wieder machte ich mich mit dem festen Vorsatz auf, danach Ausschau zu halten, vergaß es jedoch zu schnell über den Dingen, die ich zu sehen bekam.

Irgendwann verebbte der Regen, stundenweise gab es keinen Niederschlag, schließlich riß sogar die Wolkendecke Augenblicke lang auf, und dann blieb es trocken. Noch war alles von Nässe gesättigt, unter den Gehsteigplatten schmatzte die Erde, aus den Gullies ließ sich ein ständiges Gurgeln vernehmen, die Vogelnester in den Bäumen hingen in schlaffen Fransen herab, und die durchfeuchteten Innenräume trockneten nur langsam. Ich fuhr weiter mit dem Bus und lernte die Hügel und Kuppen kennen, auf denen die Stadt erbaut war, die weiten Ausblicke vom Kamm einer Erhebung über ein unendliches Häusermeer, das sich in weiter Ferne in blaugrüne Höhenzüge auflöste oder ins milchiggraue Licht, mit dem sich das Flußdelta ankündigte, wo nicht mehr auszumachen war, ob die Dächer zum Himmel oder zur Erde gehörten. Die Riesigkeit der Stadt wurde mir jetzt erst klar und gefiel mir, ein unendliches Labyrinth, in dem man sich verirren, verstecken oder vergessen konnte, wo man gleichzeitig am heimischsten und am fremdesten sein konnte, das Ende der Überschaubarkeit. Die Strecken mit diesen Ausblicken, mit dem Aufstieg auf den weißlichen Himmel hinter einer häuserbedeckten Hügelkuppe zu, gefolgt von dem Blick über das erstarrte Wogen der wie ineinander geklammerten, einander auf den ersten Blick so ähnlichen kleinen grau- und rotgedeckten Häuser und der Fahrt hinab wieder eintauchend in diese Häuser- und Straßenflut – das wurden die Linien, an denen entlang ich mein Koordinatennetz dieses Frühjahrs errichtete. An diesen Strecken lernte ich das Licht der Stadt lesen, auf anderen, weniger dem Himmel zugewandten Buslinien lernte ich die Stadtzeiten verstehen, wie etwa die Bettlerstunden, die immer auf den Sonntagabend fielen. Die Busse waren dann meist voll, es war eine Tageszeit, die ich mied, der ich aber nicht immer ausweichen konnte, zumal an Sonntagen andere, unverhoffte und ungeschriebene Regeln galten, es gab Schlenker oder Aufenthalte in äußersten Vororten, Zigarettenpausen der Fahrer an den sogenannten Buslöchern, wo sich mehrere Strecken kreuzten und die Busse an einem winzigen Park oder einer Grünfläche hintereinander abgestellt werden konnten, damit die Fahrer Gelegenheit hatten, auf dem schmalen Streifen zwischen Bus und Zaun des beiläufigen und von Verwahrlosung bedrohten Grüngeländes zu stehen, sich etwas zu erzählen, einander Zigaretten anzubieten und gemeinsam zu rauchen, während die Passagiere im Bus über Grund und Länge der Pause im Ungewissen blieben und beim Anblick der schwatzenden und rauchenden Busfahrer bald unruhig auf den Sitzen herumzurutschen begannen. An diesen Sonntagen der Unvorhersehbarkeit drangen auch die Bettler in die Busse, immer am Abend und immer in dicken schweren Mänteln, immer in einen feuchten, alle Schichten der Vernachlässigung des Mantels aufwühlenden Regengeruch gehüllt. So wankten sie, nachdem sie auf wundersame Weise die Aufmerksamkeit des wachsamen Schaffners unterschlüpft hatten, auf dem Oberdeck des fahrenden Busses von Sitzreihe zu Sitzreihe, hielten den Passagieren schmutzige, werweißwo aufgesammelte Pappbecher für Almosen vor die Augen und stießen ihre Sprüchlein durch die Lücken und Schadhaftigkeiten des Gebisses. Jeder Bettler hatte seine Geschichte von Unglück, Mißgeschick, Bedürftigkeit, in knappen Sätzen schnell heruntergeraunt, damit kein Nackenschlag eines unmutigen Passagiers oder nachfolgenden Bettlers sie unsanft ein paar Reihen vorwärts beförderte, womöglich gerade an der Reihe mit dem Spendierkönig des Abends vorbei. Der Spendierkönig der Sonntagabendbettler, die ich samt und sonders schon allein der mit Regen und Gerüchen vollgesogenen Mäntel wegen sehr bedauerte und auch mit kleinen Münzen bedachte, dieser Spendierkönig war natürlich ein Märchen, nie sah ich einen den Bettlern mehr spendieren als ein paar Kupfermünzen, nie einen, der sich ihnen mit generöser Gebärde zugewandt hätte, um aus einer Füllhornhand klingenden Silberglanz in ihre Becher rinnen zu lassen, und dennoch hing den Bettlern immer ein Leuchten um die Pupille, wie das Spiegelbild einer fernen Lichterscheinung, die es in der Wirklichkeit des Oberdecks jedoch sicher nicht gab. Es mochte das Ritual sein, die sonntagabendliche Bettlerandacht, die in diesen Sprüchlein, dem Schieben der Pappbecher vor die Augen der müden Fahrgäste, dem Wanken und gebückten Trippeln ihren Ausdruck fand, und die gelegentlichen Püffe, das Zischeln der Verachtung, die hochmütige Nichtbeachtung, die ihnen durch die Fahrgäste widerfuhr, mochten eine Art Läuterung sein, nach der sie sich bekräftigt an jeder beliebigen Ecke mäßig belebter Straßen aufstellen konnten, um ihrer Beschäftigung ergiebiger nachzugehen.

Neben den Bettelstunden am Sonntagabend gab es auch noch andere, allerdings weniger vorhersagbare Muster, es gab die Messertage, deren einzige mir erkennbare Regel das scharfe Licht windiger Tage war, dann drückten sich hundsgesichtige Männer auf den hinteren Sitzen herum, das Weiße im Auge blitzte ihnen unruhig, während sie mit den Fingern über die schön geschärfte Klinge eines Messers fuhren, das sie auf dem Schoß hielten, gelegentlich zückten sie es wie zum Spaß oder in einer Art Selbstgespräch, man hielt sich von ihnen fern, wahrte Abstand, hielt den Blick aus dem Fenster gerichtet, hinauf zum Himmel, hinein in die vorübergleitenden Wohnungen und Büros, hinunter auf die Köpfe der Menge, die den Messerblitzer ausgeworfen hatte und an irgendeiner Haltestelle wieder aufsaugen würde. Es gab stille, graue Nachmittage, die unentschlossen und unbeweglich zwischen Regen und Sonne hingen und die Beter aus den Häusern holten und aufs Oberdeck führten, blasse, fromme Wisperer, die geduckt auf ihren Sitzen hockten und in kleinen kunststoffschwarz gebundenen Büchlein lasen, mit grauen Fingerspitzen den Buchstaben der verschiedensten Alphabete und Schriftzeichen auf den dunkel geblätterten Seiten folgend, dazu die Lippen bewegend und sich zu ihrem Wispersang wiegend, eine Wolke gegenläufiger Betmelodien, die sich stimmlos rieben und eine unter der niedrigen Decke des Fahrzeugs strudelnde Wolke bildeten. So schwebte, von den Bussen getragen, eine Ordnung der Zeit durch die Straßen der Stadt, die nichts mit den Wochentagen, Uhrzeiten und Monatsnamen zu tun hatte, eine Ausgeburt der Dichte gegeneinander streifender, streichender, kratzender Bewegungen, die keinen Platz in den Gebilden der Gefügigkeit fanden und sich dennoch gegen die völlige Verwirrung und Verhedderung zur Wehr setzen wollten.

Eines Tages stellte ich fest, daß die Bäume blühten. In dem Viertel, das der Bus gerade durchquerte, standen die Blüten in weißen und hellrosa Bäuschen um die noch unbelaubten Zweige, und in das weißliche Vormittagslicht gehüllt fügte sich das alles – Bäume, Blüten, Häuser und die sanft verschwimmenden Fluchtpunkte der Straßen – zu einem Bild, das sich mit einer solchen Macht bewahren wollte, daß die um diese Stunde spärlichen Passanten, die Katzen, die Vögel, Augenblicke lang völlig reglos verharrten, als folgten sie einer Anweisung zur höchsten Bereitschaft, sich Unvergeßliches einzuprägen. Ich stieg an der nächsten Haltestelle aus, um das Bild nicht zu verlieren, und fand bald, aus einem unvertrauten Winkel hinter dem ehemaligen Markt der Heimatlosen kommend, in meine Straße.

Auf dem Trottoir stand mein Nachbar und hatte die Hand schwer auf eine große Kiste gelegt, die ihm bis zur Hüfte reichte, sein Blick ruhte in der Ferne. Die goldfarbene Fassung seiner Brille schimmerte in der Abwesenheit direkten Sonnenlichts matt, seine fein manikürten Fingernägel trommelten zart auf die Kartonfläche. Hier in der Straße blühen die Bäume kaum merklich, sagte ich abwartend, denn er versperrte den Weg, und nichts war an diesem Ort der Beseitigung eines Hindernisses so zuträglich wie eine zusammenhanglose Bemerkung. Ich habe eine neue Maschine gekauft, antwortete er. Dann kippte er die große Kiste mit einem geschickten Griff und führte mir vor, wie er sie eigenhändig und ohne fremde Hilfe auf kleinen Rollen in sein Haus bewegen konnte.

29

Gold

Der Winter lag noch zäh in den Ecken herum, zwischen den Büschen von Springfeld Park, im Erlenhain jenseits des Lea, im Gestrüpp längs der abfallenden Böschung der Bahngleise, er klebte an der Ziegelwand mit dem einen kleinen Fenster, das seit Wochen schon nachts dunkel blieb, und lungerte in den Rolladenritzen der Geschäfte, die vom einen auf den anderen Tag nicht mehr öffneten, deren Pächter sich mitsamt der Waren aus dem Staub gemacht haben oder ihre angesammelten Schulden an trostlosem Ort abbüßen mochten. Trotzdem wurden die Tage länger, der Himmel heller, sprossen die weißen und gelben Narzissen büschelweise zwischen und auf den Gräbern von Abney Park Cemetery, probten die Amseln Gesang im blattlosen Astwerk der Hinterhofbäume und spiegelte sich das vielfarben hastende Gewölk so klar in den Pfützen, daß es dem Betrachter schwindlig wurde. Eines Tages kreuzte die ehemalige Sonja und spätere Gabriella meinen Weg, das Mädchen mit der Lochkamera, das auf ein Hausboot verschwunden war. Sie schob einen altmodischen Kinderwagen mit ihrem wenige Wochen alten Kind, das stumm aus seinen dunklen Augen blickte, ein haubenumkränztes Gesichtchen, das in den Kissen steckte wie eine Fotografie aus alten Zeiten, als Kleinkinder still und unverwandt ins lang belichtende fremde Auge der Kamera zu schauen verstanden.

Sonjas Name war bloß noch ein blasser Umriß ihrer vergangenen Gestalt, der noch an ihr haftete, damit man sie nach langer Zeit wiedererkennen konnte, jetzt mochte sie Margaret heißen oder Ruth, sie lächelte schief und müde und lud mich ein, mit ihr zum Kroaten zu gehen, um in seinen Kleiderbeständen zu wühlen. Der Kroate hatte neuerdings keine gute Laune, die Spenden standen in Säcken herum, nichts mehr wurde ausgeräumt, verdrossen wies er die vielköpfigen Familien ab, die sich gelegentlich bei ihm einfanden, um sich einzukleiden und auszustatten, wischte mit großen Gebärden vor ihren Augen hin und her, als könnte er den verbliebenen Inhalt des Ladens so vor ihren Augen ausradieren. Die ehemalige Sonja aber hieß er willkommen, erwiderte ihr schiefes Lächeln, leerte einige Säcke auf dem Boden des Ladens aus und gestattete ihr, darin nach Brauchbarem zu suchen. Sie fischte ein paar Stücke Babykleidung aus dem muffigen Haufen und stopfte alles in eine Tasche aus grünem Krokolederimitat, die Monate schon unbeachtet auf dem Regal neben der Kasse langsam in sich zusammensackte und unter der wachsenden Staubschicht an Form verlor. Den angebotenen Fünfpfundschein für die herausgewühlten Kleidungsstücke wollte der Kroate nicht annehmen, das Wohl bosnischer Flüchtlinge lag ihm nicht mehr am Herzen, und auch das klingelnde Telefon hob er nicht ab. Der Kassettenrecorder stand stumm und um jede Nachbarschaft gespendeter Dinge gebracht auf seinem Regalbrett. Bis auf die eindringenden Straßengeräusche war es still im Laden, und möglicherweise erschien in dieser Abwesenheit von jeglichem Gesang der Geruch der aufgetürmten Kleider, die die Wintermonate sicher zusammengeknüllt und ungereinigt in dem kalten feuchten Korridor am Hinterausgang des Ladens gelegen hatten, besonders stockig und beißend.

Das Mädchen stopfte die grüne Tasche mit den Kleidungsstücken in den Korb des Kinderwagens und machte sich wieder auf den Rückweg. Ich begleitete sie durch Springfield Park bis zum River Lea, ein Stück flußaufwärts, wohin ich nie ging, durch eine von Krähen besiedelte Platanenallee, hinaus in Vorstadtgelände, nach Westen gesäumt von der wackligen Ordnung der Reihenhausstraßen und einem Wohnblock, der, in leblose Stille gehüllt, wirkte, wie aus einem fernen, einem anderen Land zugehörigen Provinzkurort hierher, ins Gegenüber der riesigen Wasserspeicher auf der anderen Seite des Flusses versprengt. Hinter uns lag die Grenze von Schwänen und Wildnis, hier, flußaufwärts, stadtauswärts war der River Lea ein verwaistes Gewässerchen, dem man weder eine Geschichte noch die Zukunft zutraute, die es nach kaum einer Meile Flußweg erwartete. Das Mädchen erzählte von ihrem Leben auf dem Hausboot, das werweißwo liegen mochte, ihre kleinen Anekdoten hätten an jedem Schauplatz stattfinden können, versprengte kleine Fetzchen eines Lebens, in denen die Lochkamera keine Rolle mehr spielte, denn die ganze Hoffnung der ehemaligen Sonja lag jetzt im Absprung in ein anderes Land, wie sie erklärte. Als das Kind zu weinen begann, sang das Mädchen ihm ein unbeholfenes kleines Lied vor, dessen Worte erfunden klangen, doch das Kind schnell beruhigten, wieder schaute es stumm und unverwandt wie aus dem alten Bild, in dem es auf diesem Spaziergang steckte. Wir durchquerten eine Unterführung unter einer großen Ausfallstraße, am Boden hatte sich das Regenwasser der letzten Wochen zu großen stinkenden Pfützen gesammelt, jenseits der Unterführung säumten Industrieanlagen den Flußlauf, hellblauer Schaum kräuselte um ein Abflußrohr, das aus der Böschung ragte, Kinder zündelten im kahlen Gebüsch, zwischen ihnen jaulte ein Hund. Eine weiße Nachmittagssonne kam zum Vorschein, tauchte alles in ein plötzliches grelles Licht und ließ die Umrisse so scharf hervortreten, daß sie voneinander abstachen und alles Zueinandergehörige verloren. Ich suchte eine Abschiedsfloskel und fragte ohne jeden Zusammenhang, ob sie den König gekannt habe. Sofort kam mir die Frage unsinnig vor, doch sie wußte gleich, wen ich meinte, als ich begann, den Kopfputz zu beschreiben. Ja, das ist der König vom Nill, sagte das Mädchen. Meinte sie Nil? Memphis fiel mir ein, Krokodile, Katzen, die Hohepriester von Memphis. Der König vom Nil, hierher verschlagen an den kleinen Lea, der Vogelkönig aus dem fernen Land. Einen Augenblick lang fügte sich mir alles um den König zu einer Geschichte, die sich erzählen lassen würde, die traurige Forttragung des auf eine Trage geschnallten Königs inbegriffen. Doch die ehemalige Sonja zuckte mit den Schultern, nein, einfach Nill. Sie hatte ihn lange nicht gesehen. Ich erzählte ihr nichts von den Sanitätern, den schimmernden Narben auf den Beinen des Königs, davon, wie er fortgeschafft wurde. Mein Kind hätte sicher Freude an ihm gehabt, sagte das Mädchen in ihrem abschiedlichen Ton mit einer Schwere in der Stimme, als sei die von ihr ersonnene Abreise in ein anderes Land eine gewaltige Last, die sie wohl oder übel würde schultern müssen. Ich sah sie davonstapfen in das Grün längs der Industrieanlage, in diese Zwischenräume zwischen den scharfkantigen Dingen aus denen hier, zwischen den ziellosen Ausläufern von Tottenham, kein Bild mehr entstehen wollte, nur noch eine aller Zusammenhänge begebene Kulisse für Geschichtsbrocken, die in ihrer Abgehacktheit voneinander womöglich dem Erzähler von Geschichten schmerzhaft in der Kehle steckenbleiben würden.

Anstatt am Fluß entlang zurückzugehen, nahm ich eine vermeintliche Abkürzung durch die Straßen hinter der Unterführung, vorbei an brettervernagelten Erkerfenstern, lungernden Eckenstehern, jagenden, fliehenden, lachenden Kindern, Frauen, die keuchend ihre karierten Einkaufswägelchen über die rissigen Gehsteige zerrten, vorbei an Auslagen schrumpelnd verstaubter Zwiebeln, Süßkartoffeln, Kochbananen, an humpelnden Katzen und einohrigen Hunden, durch eine Welt der Winter- und Frühlingsgerüche auf dieser unverhofften Insel zwischen Ausfallstraße, verkümmertem Fluß und der Gegend, die ich im Sinn als meine bezeichnete. Unter den Blicken der Katzen und Hunde, der untätigen Haarschneider und Fingernagelputzerinnen und der Jugendlichen, die auf notdürftig zusammengestoppelten Fahrrädern die Straßen auf und ab segelten, bewegte ich mich im Kreis, ohne eine Richtung auszumachen, die aus dieser Welt hinausführte. Als ich das dritte Mal an der kümmerlichen Gemüseauslage vorbeikam, fragte ich den im Eingang seines kundenlosen Ladens lungernden Besitzer nach dem Weg in Richtung Springfield Park. Springfield Park, Springfield Park, wiederholte er, als stelle er sich selbst eine halblaute Frage, wies dann mit ungefährer und unschlüssiger Gebärde den Weg, und als die Sonne unterging, erkannte ich auch meine Gegend wieder, wo kleine Gruppen verkleideter Kinder durch die Straßen zogen und an Haustüren klopften. Es war Purim, die Kinder hatten Schnarren und Rasseln, schleiften güldene Schleier, aufgelöste Turbane und locker sitzende Schwerter über den Gehsteig hinter sich her, klopften an den ihnen bekannten und erlaubten Türen und bekamen Süßigkeiten für ein Lied oder einen Spruch. Im kühlen Frühlingsdämmer stellten sie sich in den Lichtkegeln der hellen Vorgartenlampen zu lebenden orientalischen Bildern, bekamen Beifall für ihre kleinen Pantomimen, streckten die Hände nach Gaben aus und gingen davon. Manchen Gruppen folgten Mütter oder Väter in einigem Abstand, sie musterten mich mit mißtrauischen Blicken wie einen Eindringling in diesen Straßen mit ihren vorübergehend den Orient märchenhafter Vergangenheit probenden Kindern, während die Amseln zum ersten Mal nach dem Winter im Dämmer mit dieser Süße sangen, die allein den kalten Ländern vorbehalten ist, und so, als wollten sie einen schillernden Mantel der Lieblichkeit über die Kinder und Eltern breiten, die in den Straßen umhergingen und mit Pluderhosen, goldglitzernden Schleiern und klirrendem Schmuck aus Katzensilber alles Hiesige überstrahlen wollten.

Es war dunkel, als ich in meiner Straße ankam. Etwa auf der Höhe von Greengrocer Katz hatte sich ein Auflauf um den Kroaten und einen Rastafarier gesammelt, den ich schon oft in der Straße und auch im Gespräch mit dem Kroaten gesehen hatte. In Greengrocer Katz' hell erleuchtetem Laden drückte der Gehilfe neugierig die Nase an die Glastür, um Zeuge zu sein, während der Gemüsehändler selbst im Hintergrund bedächtig die Kisten packte wie an jedem Donnerstag. Die mit Schnurrbart, Schwert und golddurchwirktem Turban ausgestatteten Stollerkinder standen verwirrt und angeregt blickend an der Tür ihres parkenden Autos und beobachteten ihren Vater, der am Rand des Gehsteigs gestikulierte und den Arm nach dem sich halbherzig um die Menge drükkenden Jackie ausstreckte. Die kurdischen Taxifahrer hatten ihre Wartebank vor dem Minicab-Büro verlassen und umstanden den Kroaten, zwei elegant gekleidete Schwarze, die sich vielleicht zum Billardspiel angeschickt hatten, wollten den Rastafarier beruhigen, der ein krummes Messer über dem Kopf schwenkte, Zufallspassanten und Anwohner kamen, gingen, kamen wieder, der Besitzer des Vierundzwanzigstundenladens stand im Eingang seines Geschäfts und bezichtigte den Rastafarier mit eintönig anklagenden Rufen, bei ihm eine Flasche Rum gestohlen zu haben. Der Kroate hielt sich den Arm, ein Taxifahrer stützte ihm den Ellenbogen und rief he bleedy he bleedy, bis der Kroate ihm den Ellenbogen entzog und sich abwandte. Er hatte tatsächlich einen Blutflekken auf dem Hemdsärmel, aber winkte mit dem Arm lässig ab, keine Hilfe, warf ein paar kroatische Brocken hin, erklärte den Umstehenden etwas Unverständliches und ging hocherhobenen Hauptes zur Bushaltestelle, wobei mir auffiel, daß ich ihn noch nie hatte kommen oder gehen sehen.

Am nächsten Tag stand der Kroate auf dem Gehsteig und blinzelte ins Licht. Den Arm trug er in einer Schlinge aus einer breiten lilagemusterten Krawatte, die er wahrscheinlich aus einem der Spendensäcke gezogen hatte. Tomorrow sees the things that never come today, sang Neil Young verzerrt und knisternd aus dem Inneren des Ladens. Der Kroate winkte mich in den Laden und zeigte mir, was gestern Anlaß für den Streit mit dem Rastafarier gewesen war, dem beim Wühlen in einem der Spendensäcke eine alte Dose zwischen die Finger geraten war. Sie sah aus wie eine Filmdose, war ein wenig verbeult und abgestoßen. Look, sagte der Kroate und drehte den Deckel ab. Die Dose war angefüllt mit herausgebrochenen Goldzähnen. Lucky lucky, grinste er. Er setzte den Deckel wieder auf die Dose und schüttelte sie behutsam, drückte sie an seine Wange. Die Sonne schien. Greengrocer Katz ließ ratternd den Eisenladen vor seinem Geschäft herunter und sperrte ab für den Ruhetag. Bald würde Frühling sein.

30

Bow

März, Schonmärz, mit einem Bein noch im Kalten, jedenfalls da, wo Schatten fiel. Doch der frostlose Winter machte sich endgültig davon und Platz für anderes Licht. Der Himmel stets unruhig, über dem Marschland von Vögeln erfüllt, von Südosten kommende Schwärme, dünne zitternde Schatten folgten ihnen über dem Gras, nervöse, ununterscheidbar schwarz gegen die Wolken zuckende Mengen, die dank einer in ihren Flügelspitzen wohnenden Erinnerung oder vogeleigenen Überlieferung immer noch die trügerische Hoffnung auf einen Ausruhplatz in den Stratford, Hackney, Walthamstow Marshes hatten. Die ansässigen Vögel zogen ihre Kreise unter den Zugschwärmen, mit dem sich anbahnenden Frühling beschäftigt und vertraut mit dem gestutzten Grenzland, das eine schrumpfende Insel zwischen den unterschiedlich ziegelfarbenen Gliedmaßen der Stadt war. Das Licht wurde immer mehr zum windgeschärften Weiß, je näher ich der Themse kam. Südlich von Hackney Wick, wenn man das seeartige, stillverlassene Gewässer hinter sich hatte, das sich am Zusammenfluß von Hertford Union Canal und zahmem Lea bildet, rückte die Stadt näher zu beiden Seiten des Flusses, sie dunkelte von Westen heran, Ziegel, Stein, zerbrochene Fensterscheiben dem Fluß zugewandt, Gras und Kraut hatte den Belag des Gehwegs am Flußufer gesprengt, selten glitt ein Boot aus dem Hertford Union Canal, der Schatten eines Kahns wie ein verirrtes Gaukelbild. Fischreiher standen reglos auf schilfumwachsenen Stein- und Ziegelvorsprüngen der Fabrikmauern und starrten ins Wasser, ungerührt und um ihre Unberührbarkeit wissend, wo die abgehalfterte Städtischkeit klaffte und platzte und sich kleinhalmiges Wildgrün aus den Ritzen schob. Die Ziegel der Mauern und Pfeiler zwischen rostenden Eisenstäben wurden durchlässig und fanden zu dem zurück, was sie vor ihrer Verziegelung gewesen waren, Lehm, Erde, Boden, Ablagerung längst verströmter Wasserläufe, sie bröckelten in das vorläufig noch geregelte Becken des Lea und boten Gras, Quecken und Moos die ausgekrümelten Mulden zur Besiedlung an. In den Höfen auf dem westlichen Ufer, wo die Mauern vom Wasser nur durch dünne Streifen schütterer, unratgespickter Sumpfpflanzen getrennt waren, türmte sich Schrott in den Höfen: Blech, Eisen, Metalle, alles schon um seine Form gebracht und zum bloßen Stoff reduziert, plattgewalzt, gebündelt, gepresst, von Hunden bewacht, die man gelegentlich heiser bellen hörte. Ausgemustertes, zur zwielichtigen Weiterverwertung beiseite Geschobenes bewehrte hier die Grenze von Bow, wo sich früher die Stadt zu Ende erklärte, wo die Backsteine aus den Lehmgruben und Ziegeleien von London Fields verladen wurden und die Reise flußaufwärts nach Stamford Hill antraten, um sich dort in neue Arme, Finger und Adern von Stadt zu verwandeln. Auf der Ostseite des Flusses lag früher Essex, grün und flach, eine Gegend der Außenorte, die heute Vororte waren, einstiges Marsch- und Wiesenland, das jetzt in Flußnähe weniger ziegelfarben war als grau, unter Lager- und Industriegelände verschwand, unter Ausfallstraßen, Sportstadien,

Mülldeponien und den asphaltierten Abstellplätzen für die Wohnwagen der zur Seßhaftigkeit bekehrten Travellers, die ihre Pferdchen und Künste, ihr Handwerk und ihr Weg- und Wanderwissen abgestoßen und aufgegeben hatten, Verwahrbares noch kleingefaltet verwahrten und zu den nur ihnen bekannten Feiertagen hervorholten, bestaunten und besprachen, den schulbesuchenden, der Wanderschaft entwöhnten Kindern Wundersames zuraunten, das irgendwo ihrer noch harren mochte.

Ein Gitter versperrte den Weg am Fluß, eine hastig errichtete Barriere, die provisorisch wirkte, keinen ersichtlichen Grund hatte, aber schon lange hier stehen mußte. Dünnarmige Schlingpflanzen hingen winterdürr in den Gittermaschen, herbeigewehter Abfall ballte sich in dem rechten Winkel von Gitter und Wegmauer, von wo es keinen Ausgang mehr gab, kein Wind, der in dieses Knäuel griff und es auseinander- oder weiterscheuchte. Durch die Gittermaschen sah man den Weg, der weiter am Fluß entlangführte, ungestört und unbetreten ließ er sich von Gras und graugrünen Kriechpflanzen einnehmen, die aus allen Ritzen und Rissen quollen. Ich mußte umkehren, die kurze Strecke zu einem Steg zurückgehen, der über den Fluß ans westliche Ufer führte, nach Bow. Auf der lärmenden Straße fiel mir erst auf, wie still es am Fluß gewesen war, der wie ein Tal durch den Stadtteil schnitt und zwischen den beiden uferlosen dicht bebauten Seiten eine schärfere Grenze zog als zwischen Stadt und Wildnis. Von der Straße aus schaute man auf das Wasser hinab, das sich in seiner kleinen Schlucht dunkel und unbeteiligt nach Süden in Richtung Mündung schob, und hinüber auf das graue, wirr bebaute und mit grauen Blechschuppen bestückte Gelände, ein ungeschlachter Deckel auf Sumpfland.

Der Stadtteil Bow war mir fremd. Ich verlor die Orientierung bei dem Versuch, die breiten befahrenen Straßen zu vermeiden, wo sich der Verkehr mit Gewalt zwischen Norden und Süden und Osten und Westen vorwärtszwängte, auf dem mit hohen Leitplanken bewehrten Flyover über den Lea, und durch den Blackwall Tunnel unter der Themse her, Betonadern, durch die die weit ausholende Geschäftigkeit wogte, während die quer dazu strömenden Flüsse unsichtbar blieben, als sollte der Geschäftige nicht abgelenkt und nicht an die seinem zugewiesenen Weg zuwiderlaufende Richtung der Flüsse erinnert werden. Ich verirrte mich in Bow zwischen den Nachkriegssiedlungen aus dunkelbraunem Backstein und den von der Sanierungswucht der Nachkriegszeit verschont gebliebenen Reihen kleiner Häuschen aus grauen, gelben, roten Ziegeln, schmutzig von mehr als hundert Jahren Ruß und dunkler Ausdünstung, viktorianisch verzierte Ställchen für arme Familien, mindestens zwei Parteien pro Haus, stets im Streit um Hof und Klosett, die Frauen wund von Phosphor und Schwefel in der Zündholzfabrik, die Männer schief vom Schleppen und Laden am Fluß, auf dem Bau, im Schlachthaus.

Schwarz verschleierte Frauen trugen jetzt ihre Einkäufe durch diese Straßen, sie gingen in Gruppen, aber schweigend, ihre Gewänder wehten im Wind und fegten über den Boden, die Frauen waren kleine schwarze Welten, die zwischen den Reihenhäuschen und den Bauten der Nachkriegssiedlungen schwebten, ohne in eine sichtbare Verbindung mit diesem Gelände zu treten. Hegten sie unter ihrem schwarzen Schutzundschirmmantel eine Liebe – zu diesem Licht, zu einem

Baum, zum Fluß? Nannten sie das Haus Zuhause, wo sie ihre Taschen mit Einkäufen auf einem Küchentisch abstellen würden, wo sie ihren Kindern Essen bereiteten, aus dem Fenster schauten, morgens ihre Träume aus den Bettuchfalten pflückten? Die kühle unentschlossene Märzluft wehte bunte Schokoladenpapiere über die Gehsteige, schwarze Kinder stritten darum, wer an der Reihe war, sich in einem verbeulten Einkaufswagen eine kleine Rampe hinunterrollen zu lassen, um gegen das eingedellte Eisentor eines Eingangs im Tiefparterre zu scheppern, in den Imbißcafés kauten Männer in zementverstaubter Arbeitskleidung an fettigen Pasteten, die sich mit Fleischnamen schmückten, und schaufelten Kartoffelbrei in sich hinein. Staub, Ruß und der durch die Straßen treibende Abfall tilgten in der von den Durchfahrtsstraßen übertosten Gegend Spuren schnell und gründlich, alles dort war Jetzt und Grau, nur die alte Kirche mit Kirchhof, den Anwohnern vor Jahrhunderten gewährt, damit sie in den häufigen Überschwemmungszeiten Trost und Erbauung fanden, ragte aus der vom Verkehr umwogten Insel in der Mitte der Bow Road auf und wollte als Idylle trotzen, was nicht gelang. Auf dieser Kircheninsel waren die letzten Ketzer von London verbrannt worden, hier am Rand war der rechte Platz für einen Scheiterhaufen gewesen, dessen Rauchschwaden bei günstigem Wind aus Westen auf Mündung und Marschland zutrieben. Dort konnten sich die winzigen fettigen Rußpartikel auf dem Gefieder der Wat- und Sumpfvögel, der Reiher, Dommeln und Rohrsänger niederlassen.

Die verwahrlosten, von keiner Zuwendung gestreiften Straßen in der Nähe des Lea trugen noch in jedem Stein und Ziegel, was diese Gegend ausgemacht hatte: eine Pufferzone war es gewesen, benannt nach Brücke und Furt, ein Übergangsgelände, der flußbezogene Zwischenstreifen zwischen Stadt und Land. Nicht nur der Lea markierte hier die Grenze, wo der Grund schwankend, fließend und stadtuntauglich wurde, der Channelsea River kam hinzu, Three Mills Wall River, City Mill River, Bow Creek, lauter gezeitenabhängige Läufe, die innerhalb von Stunden vom verschlammten Rinnsal zum strudelnden Flüßchen wurden, und umgekehrt. Zwischen Flußnetz und Straßennetz wurde Bow zum Umschlagplatz, der von den Brocken und Brosamen lebte, die bei Transport und Umschlag abfielen: Am östlichen Ufer, dem Essexufer, das nicht mehr London war, wurde jahrhundertelang für die ewig hungrige und verfressene Stadt geschlachtet, die Rinder von den Marschwiesen, die Schweine aus den Ställen der Abteien. Das Schlachtblut floß in den Fluß, die rosigroten Wellen plätscherten davon, wurden zu Schlieren und verloren sich dann ganz in den Windungen des Unterlaufs, den River Lea und Bow Creek sich teilten, vielleicht färbte sich Ufererde, wo das Rosigrot angeschwemmt wurde, ließ die Blutpartikel absinken und in den Stoff für Ziegel dringen, eine der vielen hiesigen Schattierungen mag dem Schlachtblut vom Essex Ufer verdankt sein. Faulig wird es dort in der Gegend der heutigen Schleuse gerochen haben. Wo jetzt die von Gestrüpp umwucherten Gasbehälter ihren Schatten warfen, war damals Auland, Schwemmland, flußabwärts von den großen Mühlen, dieser Maschinerie der Versorgung. Hunde, Katzen, Ratten werden in ihren jeweiligen Winkeln hockend und schielend auf alles gelauert haben, was zu ihren Gunsten abfallen mochte, und sich auf die Bröckchen und Fasern gestürzt haben, sobald sich die Gelegenheit bot, um Sehnen und Knorpel zu streiten und blutig zu beißen, während sich die Ratten in bedachter Formation mit der Nahrung davonmachten. Schlachtergesellen werden grölend und sich voreinander brüstend Schweres nach den Streunertieren geworfen haben, Ziegelbrocken, die Hund oder Katze mit Wucht trafen, ein Bein brachen, den dünnen Knochen hinter dem Katzenohr knackten, Tiere niederstreckten oder so verletzten, daß sie sich in der Schutzlosigkeit des schilfigen Ufers nur noch mit Mühe in einen Unterschlupf zum Sterben verkriechen konnten.

Krähen werden in dunklen Wolken über dem Schlachtufer gekrächzt haben, ihre gezackten, zuckenden Schatten fielen dann auf die Schlachtstellen, die Schlachtergesellen und Knochenhaufen, und im ganzen Unterlauf des Flusses wird es von fetten Aalen gewimmelt haben.

Was geschah mit den Knochen? Türmten sie sich zu Bergen, die gelegentlich bei hohem Wasserstand in den Lea rutschten, wurden sie von klugen Hausfrauen entwendet, die sich Suppe für die Familie versprachen, bleichten sie weiß im schwachen Sonnenschein, oder faulten sie grünlich in den häufigen Regenperioden? Trug der Seewind Salz herbei, das sie umkrustete? Gelangten sie zu einer Verwendung? Schnitzte man schrill und bitter tönende Flöten daraus, von denen es hieß, sie könnten die Sinne verwirren – doch wem? Dem Spieler oder dem unfreiwilligen Zuhörer? Fertigte man Spielzeug daraus, Hausgeräte, kleine Werkzeuge? Pflügte man sie in die großen Felder, die den Abteien gehörten, erntete man von Knochen satt gedüngtes Korn, das dann ein paar hundert Meter flußaufwärts vom Schlachtufer gemahlen wurde? Die Vorstellung der Knochenberge verfolgte mich, doch ich wußte auch, daß irgendwann ein gescheiter Mann darauf gekommen war, sie zu Porzellan zu verarbeiten. Knochenporzellan war wertvoll und berühmt seines perlmutten schimmernden Weißtons und seiner besonderen Härte wegen. Angeblich hatte Knochenporzellan den Glanz und die Festigkeit gesunder, kräftiger Jungmädchenzähne.

Wie ging es zu, als das Rezept für Knochenporzellan ertüftelt war? Wuschen Frauen nun unter der Aufsicht von Schlachtergesellen die Knochen am Fluß, bevor sie ans andere Ufer gebracht wurden? Kratzten sie die Fleischfasern mit ihren Fingernägeln aus den Beugen und Ritzen, und wehrten unterdessen mit Ellbogen ruckend und einer freien Hand wedelnd die aaslustigen Krähenvögel ab, oder umstanden Gehilfen sie und schwenkten Fetzen, die den gierenden Vögeln Angst machen sollten? Streiften die Finger der knochenwaschenden Frauen an den schleimigen Mäulern und Flossen fleischgieriger Fische vorbei, die dicht unter der Wasseroberfläche nach Beute zitterten? Und fuhr dann ein Wagen mit den weißgeputzten Knochen durch die Furt auf die andere Seite, oder über die schwankende Brücke, oder war es ein Kahn, der den Transport der weißen Knochenhügelchen besorgte? In Bow jedenfalls wurden sie in eigens dafür errichteten Öfen unter Luftzufuhr in Knochenasche verwandelt, ein weißliches Pulver, in dem mancher Geselle, der vom Glanz des Knochenporzellans wußte, schon einen Schimmer entdeckt haben mag, was ihn versucht haben könnte, eine Handvoll in die eigene, hoffentlich geflickte Tasche abzuführen. Doch dieser Glanz der Knochenasche war eine Täuschung, wie der Porzellanmeister immer wieder erklärte. Der Glanz der Asche war nichts als ein Gerücht.

In den Jahren, in denen sich der Porzellanmeister aus Bow ein Vermögen erbrennen wollte, waren die Knochenveräscherungsöfen in dauerndem Betrieb. Sie qualmten, ein Gestank wie von verbranntem Horn muß in der Luft gelegen haben, ein dauernder Dunst, der sich in Nase und Mund der Anwohner festsetzte und den Geschmackssinn mit einer muffigen Schicht überzog. Auf allen Oberflächen siedelte sich eine dünne, leicht fettige, graue Schicht ab, an der Blättchen und kleine Vogelfedern haftenblieben, und die nur mit Mühe zu entfernen war. An Abenden mit Südwind standen die Anwohner auf den Straßen und in ihren Höfen, suchten Linderung von dem Geruch der Knochenasche und schnappten wie gestrandete Fische nach dem süßen Hauch von der Zuckerfabrik an der Themse.

Doch trotz der vielen Knochen hatte der Porzellanmeister von Bow kein Glück. Vielleicht war der Lehm, der der Knochenasche beigemischt werden mußte, nicht hell genug, vielleicht fand sich dieser hellgraue feine Lehm just nur an den Stellen, wo Schlachtblut eingesickert war und dem ganzen Porzellan einen Hauch von Rosigkeit verlieh, der hübsch gewesen sein mag, doch sich mit dem weißen Glanz anderer gerühmter Porzellane nicht messen konnte. So schwappten weder Ruhm noch Reichtum nach Bow, und erst die Zündholzfabrik in ihrem prächtigen Palast zwischen Lea und Fairfield Road brachte wieder Verheißung, Arbeit, Lohn, in Schwefeldunst und dem grünlichem Phosphoreszieren kranker Kiefer im Dunkel der viktorianischen Familienställchen.

Über eine halbverborgene Treppe gelangte ich in der Nähe der Schnellstraßenüberführung wieder an den Fluß und ging bis zur Schleuse, wo der um die große braunbacksteinige Ziegelanlage der alten Mühlen strömende Bow Creek in den Lea mündet. Über mir ratterten die Züge über die Eisenbrücke in Richtung Themsemündung. Blesshühner quakten ihre gurrigen Beleidigtheitslaute und paddelten aufgeregt zwischen kränklichen Binsen und Schleusenzunge. Der Boden unter meinen Füßen schien zu schwanken. Die großen leeren Gasbehälter auf der Ostseite des Flusses sahen aus, als schwebten sie. Ich spazierte über das Mühlengelände, verirrte mich zwischen den Flüßchen. Vietnamesen saßen an einem verborgenen Plätzchen von Gebüsch gedeckt und angelten. Neben sich hatten sie einen durchscheinenden Plastikbehälter, in dem ich Fische zucken sah. Es wurde kühl, eine seltene beißende Klarheit der Luft unter einem wolkenlosen Vorabendhimmel, fast als sollte es einen Geschmack von dem winterüber ausgebliebenen Frost geben. Ich ging zurück nach Hackney Wick, fuhr auf meinem Weg mit den Fingern über die Oberflächen der Ziegelmauern am Uferrand. Lehm, Mörtel, Moos. Randtextur. In den noch kahlen Bäumen sangen Amseln aus ihren zur Süße geblähten schwarzen Kehlen, die Wasservögel schwiegen still.

31
Hooghly River

Die Brücke über dem Hooghly zitterte vom Lärm, vom Auftreffen unzähliger Sohlen auf den Gehsteig zwischen Fahrbahn und Geländer, vom Vibrieren der Automotoren, vom Hupen, Rufen, Grölen aus Taxis und Lieferwagen, von den Geräuschen der Menschen, Menschen, Menschen, die, in Waggons eingezwängt und außen an Türen und Fenster geklammert im Howrah Bahnhof eingetroffen waren und jetzt über die Brücke in die Stadt strömten. Blumenverkäufer, die ihre Türme aus Tagetes und Chrysanthemen auf dem Kopf balancierend durch das Gedränge schoben, Gemüsehändler mit ihren Körben, Arbeiter auf dem Weg zu den Fabriken und Ziegeleien, Tagelöhner. Unten auf dem Fluß verkehrten die Fähren, breite rostige Boote, scheppernd und ächzend, auf denen sich auch die Menschen drängten, etwas besser gestellt als die Brückenläufer, wie sich an Taschen, Köfferchen und Schuhwerk erkennen ließ, ein schiebendes, drükkendes, ellbogenspitz die Plätze behauptendes Wogen über dem eine Rücksichtslosigkeit und Gewalt lag, als ginge es bei dieser morgendlichen Flußüberquerung um die lebensrettende Flucht vor einer Bedrohung, die Menschen zwängten sich, klammerten sich an Reling, Streben und Träger, riefen, brüllten, vergriffen sich, die Fähren schwankten auf dem Wasser, neigten sich mal zur einen, mal zur anderen Seite, fanden wieder ihr Gleichgewicht, legten an, der Schwall der Menge stieß aus der Eingezwängtheit entlassen über den Anlegesteg, schwärmte aus ans Ufer der unübersehbaren Stadt. Die Wege teilten sich hinter der Brücke – zum Blumenmarkt am Fluß, zu den Gemüsemärkten in der Innenstadt, zu den Fabriken und Werkstätten am Fluß, wo Ziegel und unzählige kleine Gebrauchsgegenstände des täglichen Lebens aus Lehm hergestellt wurden, die benutzt und zerbrochen wieder dem lehmigen Fluß zugeführt wurden, diesem Fluß, der ausspuckte und verschlang, während über ihm das Licht in so sanfter dichter Diesigkeit stand, daß alles Grelle zu einem jeder Schärfe enthobenen Leuchten wurde. Diese Sanftheitsläuterung des Lichts stand im Gegensatz zum Wasser selbst, das übelriechend, schmutzig, trüb und kadaverführend dahinfloß, voller Unrat, gesprenkelt mit den auf Strudeln kreiselnden Kränzchen oranger Blumen, die flußbestattete Kinderleichen geschmückt hatten.

Die orangen Blumen leuchteten überall, auf improvisierten kleinen Altären am Straßenrand, an förmlichen großen Schreinen auf den dafür errichteten Emporen, an Kiosken und Verkaufsständen und vor allem auf dem Blumenmarkt unterhalb der Brücke. Dort, zwischen Güterbahngleisen und Fluß türmten sie sich zu Bergen, lose, in Kränzen, Gebinden, zu Riesenschlangen gesteckt, aus Baumwollsäcken quellend. Dazwischen Chrysanthemen in Weiß und Blutrot, starre grüne Riesenblätter an dicken fleischigen Stengeln. Nichts Duftendes. Zwischenhändler erfeilschten Säcke voller Blüten, Flachkörbe mit aufgetürmten Blumenpyramiden, endlose gewundene Blumenketten. Hausfrauen und Bedienstete handelten um kleinere Mengen mit einer scharfen Grobheit und häßlich klingenden abgehackten Wortwechseln, die Blumen hätten köpfen können, hätten die Blüten noch auf den Stengeln gesessen.

Nach dem Morgenverkehr lag ein Teil der Fähren vor Anker am innenstadtseitigen Ufer, und Horden von lendenbeschürzten Jungen nahmen ihr Morgenbad in dem schmutzigen Wasser, balgten sich schreiend in dem Schlammstreifen zwischen der improvisierten Uferrampe und dem Fluß, kletterten naßglänzend an den Anlegestegen herum, drängelten plantschend und spritzend zurück ans Ufer, während ein Stück weiter flußabwärts Sterbende auf Bambustragen von einem Steg aus zum Wasser hin gesenkt wurden, um so, zumindest mit einem Fuß in die heiligenden Fluten dieses Gangesarms getaucht, ihr Leben loszulassen. In der Nähe des Sterbestegs schichteten junge Männer in weißen Lendentüchern Holzstöße zur Feuerbestattung auf, Leichen wurden auf Bahren herbeigetragen und abgestellt, der süßstaubige Rauch des brennenden Wurzelholzes hing in der Luft und setzte sich in alle Poren und Fasern.

Ganz Kalkutta bis in seine äußersten Ausläufer war von dem mit Totem durchsetzten Fluß getränkt. Tümpel, Rinnsale, Wasserläufe, Gräben – die Stadt schwamm auf dem vielarmigen Ganges-Hooghly, der sich sich daranmachte, das Meer aufzusuchen, überall sproß, gedieh und faulte es, Bananen, Mango, Kokosnüsse, klebrige, schwere, aufdringlich süße Früchte, deren Namen ich nicht kannte. Überall stiegen, fielen, krächzten Krähenschwärme, kreisten gierige Schwarzmilane und stießen mit gellendem Schrei zwischen die Aas und Abfall plündernden Krähen. Man schöpfte Wasser aus den Tümpeln, in denen die Wasserbüffel bis zum Bauch standen, fing Fische in dunklen Wasserlöchern, beschwor die unvermeidlichen Schlangen, die in dieser Landschaft zersetzender Fruchtbarkeit sagenhafte Ausmaße haben sollten, und hätschelte die Hunde, die die Schlangen verbellen sollten. Die wasserscheuen Katzen hatten es hingegen nicht gut, sie unterlagen sogar den Ratten, die hier fett und schlau wurden und vor den Hunden nichts zu füchten hatten. Der Fluß mit seinen unzähligen Armen und Fingern brachte Nahrung und Ausscheidung, Gedeihen und Fäulnis, Gift und Heilsamkeit zum Verschwimmen, Verfließen, Verschmelzen, ein schmutziger Lebensquell, der die Toten verschlang.

Der Bodensatz des Flusses, der tonbraune Schlamm, war in ständiger Bewegung, wurde vom Fluß zu Erde zu Lehm zu Gegenständen, zu Ziegeln, Hausrat und Gottesfiguren, die alle wieder zerfielen, sich auflösten, dem Fluß wieder anheimgegeben wurden. Morgens früh wurden unzählige kleine Teetassen auf flachen Körben, zu dicht geschichteten Pyramiden getürmt, aus den Töpferwerkstätten an die Straßenköche geliefert, wie Riesen bewegten sich die langsam schreitenden Träger mit ihrer Last auf dem Kopf durch die erwachende Stadt, durch die Herden kleiner schwarzweißer Ziegen, die im Morgengrauen zur fahlen Scheinweide des Maidan getrieben wurden, durch die Kinderscharen um die Kartonbehausungen längs der großen Straßen, zwischen den Betonstelzen der Circus Avenue hindurch. Am Abend lagen die ausgedienten Becher zu Scherben zertreten in der Gosse und schickten sich an, wieder zu der Erde zu werden, die der Regen in die nächste Wasserader waschen würde, welche sie dem Hooghly zuführen, der sie wieder als seinen formbaren Bodensatz hergeben würde, um neues Zerbrechlich-Zersetzliches zu formen. In Kumartuli, der Töpferstadt im Norden Kalkuttas, wurden von alteingesessenen Handwerkerfamilien, die sich ewigkeitsträchtiger Fertigkeiten bei der Gestaltung von Tönernem rühmten, Hunderttausende Gottheitsfiguren für die großen Feste hergestellt, daumen- und armlange, kinds- und mannsgroße Figuren, flußschlammfarben, geweißt oder bunt angemalt, schlichte und prächtige, die in den Tagen vor den Festen feilgeboten, erworben, geschmückt und nach dem Fest wieder im Fluß versenkt wurden, als habe man dem Fluß gegenüber das Versprechen zu erfüllen, das Entnommene wieder zurückzugeben. Die Figuren für die kleinen und großen, privaten und öffentlichen Schreine und Altäre waren grob, starr, leicht verzerrt und verzogen, die jetzt im Februar allenthalben aufgestellten Saraswati-Figuren hielten das Saiteninstrument mit riesiger klotziger Hand. Saraswati, die erstarrte Göttin des Fließens über den Wassern des Ursprungs, einem dunklen Tümpel, dessen Oberfläche denen der trüben Vorstadtweiher von Kalkutta gleicht, den Fisch-, Büffel-, Schlangengewässern. Verkörperungen aus brüchigem Ton, unter denen sich die Stände der Straßenhändler bogen und die in mannshohen Trupps die Straßen säumten, während der Verkehr fast stillstand – die Autos krochen an den Ausstellungsstücken vorbei, die Fahrer hielten an, wenn ihnen ein Exemplar gefiel, stiegen aus, berieten, feilschten, verluden den Erwerb in das mit laufendem Motor wartende Fahrzeug. Saraswati, die Göttin von Belesenheit, Gelehrsamkeit und Kunst wurde auf Hof, Veranda, Balkon oder im Wohnzimmer aufgestellt, mit den Blumengirlanden vom Markt am Fluß geschmückt und schenkte allen mit Lehre, Bildung, Wissen Befaßten einen Feiertag.

Am Abend vor dem Saraswatifest war Rüstzeit für den Feiertag in den Straßen von Baithakkhana, der Bücherstadt von Kalkutta. Es dämmerte, die Luft roch nach süßlichem Rauch und Autoabgasen, nach abgestandem Wasser und faulendem Abfall, in dem noch unverdrossene Krähen pickten. Auf den großen Straßen drängten sich die Menschen, um die Buchläden wurde es schon still. Die Geschäfte, Kioske und Karrenstände mit gebrauchten Büchern wurden abgesperrt, hier und da waren Rolläden bereits heruntergelassen, man packte die Stapel und Kisten zusammen, räumte auf. Unschlüssige Feiertäglichkeit breitete sich aus. Im Schutz eines wulstigen Banyanbaums flackerten Kerzen und warfen ein unruhiges Licht auf einen winzigen Schrein mit plumpen, verzerrten Figuren, die wie eine Parodie der prachtvollen Bühnen wirkten, auf denen Saraswati zur Schau gestellt und geschmückt wurde. Ein kleiner Laden mit vollgestopfter Auslage war noch geöffnet. Vor dem Laden standen auf einem wackligen Regal Kartons mit Fotografien aufgereiht, die Kartons beschriftet mit Ortsnamen, die mir zum größten Teil fremd waren. Der Verkäufer stand an den Rahmen seiner geöffneten Ladentür gelehnt, er schenkte mir keine Beachtung und schien so ins Gespräch mit seinem Kunden vertieft, daß er das Schließen des Ladens wohl vergessen hatte. Er rauchte, redete, beschrieb mit der zigarettenhaltenden Hand etwas in die Luft, lachte, parodierte, imitierte in verschiedenen Tonfällen, sein Bengali gesprenkelt mit englischen Brocken. Der Kunde fächelte indessen mit einem abgestoßenen grellfarbenen Taschenbuch, das er vielleicht zu kaufen gedachte, bemüht den Rauch fort und bediente sich gleichzeitig an Süßigkeiten, die ihm der Verkäufer gastfreundlich in einer Konditorschachtel entgegenhielt. Die Fotografien in den Kartons waren zum größten Teil postkartengroße Landschaftsansichten in unechten, zu Rot- oder Blaustichigkeit kippenden Farben, dazwischen Blumenbilder, ein Hochglanzfoto von einem Schlangenbeschwörer, das in seiner gestochenen Schärfe zwischen den Postkarten mit ihren verschwommenen Umrissen und falschen Farbigkeiten auffiel. Der weißliche Kopf der Schlange ragte über den Rand des Korbes. Ich hatte noch nie einen Schlangenkopf aus der Nähe gesehen und war erstaunt, wie sich das Maul nach unten zu verbreiterte und abflachte. In dem mit Kolkata beschrifteten Karton steckte zwischen rosagetönten Abbildungen von Tempeln und Sehenswürdigkeiten ein kleines, in grünes Kunstleder gebundenes Album. Auf den schwarzen Seiten, unter dem dünnen spinnwebgemusterten Trennpapier klebten brüchig gewordene Fotoecken, die meisten leer. Vielleicht ein Dutzend Schwarzweißfotografien waren noch in dem Album enthalten, teilweise aus den Klebeecken gerutscht. Sie zeigten Szenen am Wasser, Fischerboote und Palmen, eine lächelnde Frau, die stolz Körbe mit Fischen präsentierte, eine öde Promenade, auf der europäische Damen bei offensichtlich windigem Wetter mit Sonnenschirmen spazierten, einen Mann, der im Freien, vor dem aufwendigen Eingang eines öffentlichen Gebäudes, wichtig vor einer großen Schreibmaschine saß. Diamond Harbour Telegraph ließ sich auf einem Gebäude im Hintergrund entziffern. Diamond Harbour, der Name klang verwegen, in Verbindung mit dem großen Wasser voller dschunkenartiger Boote, das auf fast jedem Bild im Hintergrund zu erkennen war, eher fernöstlich als indisch. Ich wollte das Album mitnehmen und fühlte das leicht schmierige oberflächlich genarbte Kunstleder schon wie einen Besitz unter den Fingerkuppen, doch als ich den Verkäufer nach dem Preis fragte, schüttelte er den Kopf, we're closed, sagte er fast grob. No transactions.

Durch die inzwischen dunklen Buchhandelsstraßen fuhr ein trockener Wind, der alles mögliche zum Rascheln brachte – die graugrünen ledrigen Blätter an den Bäumen, Papierabfall in der Gosse, verblichene Wimpel über den Ladentüren. Sirrende Nachtvögel wisperten in den Baumkronen, Hunde bellten. Von der großen Straße drangen die durchdringenden Töne der Autohupen und das dünne Bimmeln der Wallahglöckchen aus der dröhnenden Lärmwolke des Verkehrs. Unversehens geriet ich in ein Netz kleiner Straßen voller Betriebsamkeit, Musik und Speisegerüchen. Dort, abseits der Buchhandlungen und von den geschäftigeren Straßen wie abgeriegelt von einem langgestreckten Ziegelgebäude, das im Dunkeln wie ein versprengtes Stück England aussah, lag das Viertel der Buchherstellung, wo unzählige Setzer, Drucker, Kollationierer und Buchbinder in ihren winzigen Werkstätten, ihren Büros und kaum kindshohen Kriechböden jetzt ihre Arbeit beendeten, zum Teil aber auch schon ihren Arbeitsplatz gesäubert, die Maschinen und Arbeitsgeräte mit Räucherstäbchen besteckt und sich zum Abendessen auf den Eingangsstufen niedergelassen hatten. Ich ging durch die schmalen Straßen, in denen kaum ein Nichthiesiger unterwegs zu sein schien, und blickte in die unzähligen Theater der Buchanfertigung, jede Werkstatt in den niedrigen Häusern eine Bühne auf ein, anderthalb, zwei Ebenen, auf der unteren die Druckmaschine, ein großes dunkles, jetzt schweigendes Tier, das der Mittelpunkt der Aufmerksamkeit war.

Jetzt ruhte es, bereits geputzt, sogar geschmückt, oder gerade dabei festtäglich hergerichtet zu werden, verehrte Tiere aus Eisen und Druckerschwärze. An den Wänden waren verschiedene Utensilien befestigt, Bürsten, Werkzeuge, Kästen, auch einfache Klappritschen, die dem Drucker nachts dienten, wenn er in enger Nachbarschaft seines Maschinentiers schlief. Auf den oberen Etagen sah man nur einen Ausschnitt des Geschehens, das waren Nebenbühnen, auf denen die Oberkörper der Setzer eine Rolle spielten, die ebenfalls jetzt ihren Arbeitsplatz in Ordnung brachten, putzten, polierten, sortierten, und neben ihnen auch die Rümpfe der Kollationierer, die in großer Geschwindigkeit letzte Papierbögen ordneten und schichteten. Hier und da, wo die breiten niedrigen Fenster auf Höhe des Zwischenbodens angebracht waren, sah man auch nur die leicht gegrätschten, unruhigen Beine der Setzer und Kollationierer, oder ihre gebückten Umrisse, wo sie im Schneidersitz über der Arbeit hockten. Jede Werkstatt war ihre eigene Weltbühne, die sich um eine Druckschrift drehte, die Menschen von unsichtbaren Fäden bewegt, während draußen, auf den Straßen ein Leben flutete, das nichts mit ihnen zu tun zu haben schien: barfüßige Wallahs bahnten mit scheppernden Bleiglöckchen ihrer Rikscha den Weg, schlingernde Fahrradfahrer klingelten, Motorrikschas, die nur im Kriechtempo vorwärtskamen, hupten. Lastenträger, Passantengruppen, in Unterhaltungen vertieft, ohne Hast, Werber für Speiselokale. Hier und da führten schmale Gassen zwischen Gebäuden hindurch, die auf eine rätselhafte Weise miteinander verbunden schienen, das waren die größeren Verlage und Druckhäuser, wo der Feiertag noch nicht angebrochen war und die Maschinen noch liefen, wo bedruckte Bögen geschichtet und zum Sortieren in halbdunkle Obergeschosse getragen wurden. Dort nahmen murmelnde Frauen die Bögen in Empfang, die sie dann hockend oder im Fersensitz mit geübter Hand in die richtige Reihenfolge für den Buchbinder brachten. In diesen halböffentlichen Gassen, die sich in die Druckhäuser hineinverzweigten, lungerten Kinder herum, man stieß auf rückwärtige Fenster von Garküchen, durch die den Druckereiarbeitern Essen gereicht wurde, Bettler traten aus Nischen, duckten die Köpfe unter dem Rascheln des bedruckten Papiers zu ihren Häupten, dem auslaufenden Dröhnen der Maschinen, dem Kratzen der Besenborsten auf dem Werkstattboden, hielten die mageren Hände dem Passanten entgegen und sammelten Essensreste von den Fensterbänken. Ich meinte mich auf einen alten Spruch zu besinnen, dem zufolge man jedem Bettler, den man auch nur mit dem Saum des Kleides streift, ein Almosen schuldig ist. Gab es einen solchen Spruch, oder hatte er sich jetzt, hier, im Theater von Baithakkhana in meinem Kopf gebildet?

Wo sich die Straßen zu größeren Plätzen weiteten, wurden Bühnen und Schreine für Saraswati aufgebaut. Musik drang aus Lautsprechern, Handwerker klopften, sägten, hämmerten, stemmten Leisten und Bohlen, improvisierten elektrische Leitungen um die großen bunten Heiligenfiguren herum, vor denen man sich am nächsten Tag versammeln würde, wenn in dem Viertel alle Maschinen still sein und kein Papier rascheln würde, eine Ehrerbietung, die man der Göttin der Lehre schuldig war. Nach und nach kehrte in den meisten Werkstätten Ruhe ein, sie waren jetzt in gelblichem Licht liegende Inseln, an denen mich das Gedränge der Fußgänger und Wallahs vorüberschwemmte, während die scheppernden

Gesänge aus den vielen Lautsprechern und das Hupen der Rikscha- und Motorradfahrer in den Ohren dröhnten. Ich hatte längst die Orientierung verloren, meinte, im Kreis zu gehen, stieß aber auf nichts, das ich wiedererkannte, zu vieles war sich ähnlich in seiner Fremdfarbigkeit, der Unverständlichkeit von Zeichen, Gebärden und Abläufen. Die blinkenden Lämpchen der Saraswati-Schreine, der sanfte Schein, der aus den halb geschlossenen Werk- und Schlafstätten fiel, die Musik aus all den Lautsprechern, das Klingeln, Pfeifen, Hupen, die Rufe und geraunten Worte, der süßlich-bittere Rauch von Räucherstäbchen und dem verglimmenden Holz in den Öfen der Straßenköche, das alles verschmolz zu einem tönenden, lichternden, rauchduftenden Fluß, der mich irgendwann ohne mein Zutun hinaus auf die College Street spülte.

Am Saraswati-Tag ging ich am Hooghly spazieren, zwischen festtäglich gekleideten Schülerinnen, die kichernd ihre Aufmachungen verglichen, Eltern mit kleinen Kindern, in Gelb und Gold gekleidet, den Farben der Gottheit, der sie zum guten Lernen anempfohlen wurden, vorbei an den Horden halbnackter badender Straßenjungen um die Anlegestellen, an den Bestattungsplätzen und Holzstößen. Das Licht war dunstigblau, das andere Ufer des Hooghly mit der riesigen Howrah-Bahnhofsanlage verschwamm im Morgennebel, wie ein ferner Traum schwebte die Howrahbrücke über dem Wasser, das schmutzig und orange Blütenbündelchen wiegend nach Süden floß. Ich stieß auf die Anlegestelle eines Bootes, das offenbar Flußfahrten unternahm, ein halb offener Kahn, etwas kleiner als die Fähren, mit einem teils überdachten Oberdeck, auf dem Klappstühle standen. Am Steg döste ein Mann auf einem Liegestuhl, neben ihm war ein Schild aufgebaut, das Fahrten nach Diamond Harbour anbot.

Ich blieb stehen und warf einen Blick auf das Schiff, das Schild, eine Reihe von Fotos, die so ausgebleicht waren, daß sich nur noch Farbflecken ausmachen ließen. Ich dachte an das Album, das ich am Vorabend in dem Antiquariatskiosk gesehen hatte. Den Mann mit der Schreibmaschine. Die Frau mit dem Fischkorb. Die öde Promenade. Durch seinen Halbschlafschleier hatte der Mann mich bemerkt und erhob sich aus seinem Liegestuhl. Er angelte einen weißen Sonnenhut hervor, der vielleicht etwas Kapitänshaftes vermitteln sollte, und rückte ihn auf seinem strähnigen Haar zurecht. Unvermittelt und ohne Einleitung begann er auf mich einzureden und die angebotene Reise anzupreisen. Er malte das Bild des Flusses in verlockenden Farben, die überwältigenden Ausblicke von Deck, die Schönheit von Diamond Harbour mit seinem Fischmarkt, Überresten alter Pracht, seinen Grünanlagen. Er zog einen Ordner aus einer abgegriffenen Aktentasche, die wie achtlos hingeworfen auf dem Landesteg lag, und präsentierte mir ausgebleichte Fotos von indisch gekleideten breit lächelnden Frauen an Deck eines Schiffes, das sicher nicht das hier vor Anker liegende war, von ernsten Männern in weißen uniformartigen Anzügen, von schmierigen Sonnenuntergängen und zuletzt von einem mageren Schlangenbeschwörer mit Korb und Schlangenkopf. Attraktionen, die den belohnten, der sich auf die Reise ins sagenhafte Diamond Harbour einließ.

Als ich mich nach der Abfahrtszeit erkundigte, zuckte er mit den Schultern und schaute auf den Fluß, als stehe dort etwas geschrieben. Es hing von der Menge der Passagiere ab, der Tageszeit, dem Wetter, dem Wochentag, deutete er an. Wir einigten uns auf den nächsten Samstagmittag.

Er schrieb meinen Namen auf ein Blatt in seinem Ordner, und gab mir einen Zettel aus braunem Packpapier mit einem diagonalen roten Streifen und dem etwas verrutschten Aufdruck »Diamond Harbour«. Reservation, sagte der Bootsmann nachdrücklich.

Die Gruppe, die sich am Samstagmittag am Steg einfand, war klein. Drei Männer in hellen Anzügen, ein junges Paar, eine Familie mit zwei Kindern, eine füllige Dame in schimmerndem Sari, die in einem kostbar aussehenden Korb ein kleines Schoßhündchen mit sich führte. Der Bootsmann und ein Gehilfe gaben sich sehr wichtig. Einzeln geleiteten sie die Passagiere über den wackligen Steg auf das Deck, die Eltern wurden streng angewiesen, ihre Kinder auf den Arm zu nehmen. In einiger Entfernung standen Straßenjungen halb im Wasser und Schlamm und beobachteten den Vorgang. Ab und zu lachten sie, riefen etwas, niemand schenkte ihnen Beachtung, sie kehrten zu ihren Balgereien zurück, als wollten sie den Passagieren des Dampfers etwas vorführen. Beim Blick auf das braune von undefinierbarem Abfall bedeckte Wasser unter dem Anlegesteg überkam mich eine plötzliche Furcht. Aus der Nähe betrachtet zeigte sich der Dampfer und seine ganze Ausstattung noch klappriger und brüchiger als er vom Ufer aus gewirkt hatte. Die Plastikstühle auf Deck waren rissig, die Armlehnen teils abgebrochen, alles von einem Schmutzfilm bedeckt, den die schwere dunstige Luft Tag für Tag auf jeder Oberfläche ablegte. Die Reling war wacklig, die Rettungsringe aus schartigem Schaumstoff, der Bodenbelag des Decks warf Wellen und Blasen, Stolperwülste für den Unachtsamen, der einmal um den sicheren Halt der Füße auf Deck gebracht, leicht unter der Reling hindurch in das gurgelnde Wasser rutschen konnte.

Es war diesig und sehr warm, die Sonne stand milchig klein über dem Fluß, Richtung Mündung und Meer. Der Gehilfe des Bootsmanns löste die rostige Kette vom Steg, warf sie scheppernd und klirrend aufs Deck und sprang mit einem waghalsigen Satz über die schwappende Kluft. Er kam so heftig auf, daß sich das Boot zur Seite legte und die unbesetzten Stühle Richtung Reling kippten. Die Passagiere, außer der Frau mit dem Schoßhündchen, klatschten lachend Beifall, und die beiden Kinder hüpften ausgelassen herum, um es dem Bootsgehilfen nachzutun. Obwohl ich Flußfahrten gern unternahm und dieses Gleiten zwischen zwei Ufern immer als eine besondere Art der Fortbewegung empfunden hatte, fühlte ich mich hier preisgegeben, ängstlich, in, oder vielmehr auf äußerster Fremde. Das Boot drehte sich auf der Flußmitte, es schwankte im Wellengang größerer Schiffe, ich sah das Wasser über den Bug spritzen und wurde den Gedanken an die dem Fluß anheimgegebenen Kinderleichen nicht los. Ich trat an die Reling, nicht ohne Mühe auf dem unsteten Holperdeck, und schaute hinunter. Das Wasser war undurchdringlich dunkel, von strudelnden, kreiselnden Gegenständen durchsetzt, Fetzen, Stroh, Ästen, Abfall, Undefinierbarem, dem ich nicht ansehen konnte, ob es vom Wasser bewegt wurde, oder sich selbst im Wasser bewegte. Ich meinte Körperteile zu erkennen, die sich im nächsten Augenblick in geschwänzte Reptilien verwandelten, dann wieder starr wie Wurzeln oder Äste auf den Wellen schaukelten. Sobald die kleinen orangen Blumenbüschel sichtbar wurden, wandte ich den Blick ab. Das junge Paar stand auf der gegenüberliegenden Seite des Decks an die Reling gelehnt, sie fotografierten sich gegenseitig , aber auch das Boot und das, was sie am vorbeigleitenden Ufer interessant fanden. Dabei schienen die Ufer so weit entfernt, im Dunst verschwimmend, unerreichbar. Das unbeholfene Gespinst der Howrah Bridge löste sich in der diesigen Luft auf und wurde zur dünnen blassen Zeichnung einer Brücke in den Lüften, während der Dampfer unter dem dunklen Schatten der nächsten Brücke hindurchglitt, hinter der die Kidderpore Docks in Sicht kamen. Ein stiller Hafen, keine mit Lasten beschäftigten Kräne, keine geschäftigen Lotsenboote. Lange, von Reihen kabinenartiger Verschläge gekrönte Riegel grenzten die Docks ein. Die Verschläge waren grau und bläulich, in dem von Dunst dichten Licht schwebten sie, in der Stille leise vibrierend, doch auch die vor Anker liegenden Schiffe mit ihren rostwunden Naht- und Schleifstellen, die Schrotthügel zwischen den Hafenbecken, die starren Lastkräne schwebten, eine mattfarbene und nichts verheißende Luftspiegelung zum Abschiedsgruß bei der Ausfahrt aus der Stadt über den schmutzigen Fluß.

Abgestoßen von dem undurchdringlichen Braun des Wassers und verwirrt von dem Spiel der halbbelebten Dinge in den Wellen setzte ich mich auf einen Stuhl in der Mitte des Decks, möglichst weit von der Reling entfernt, unter das vorspringende Dach des Unterstands. Früher waren hier einmal Bänke befestigt gewesen, von denen nur noch die Verankerungen im Fußboden übrig waren. Hitze, Regen und die üblen Dünste der Fabriken, die jetzt an den Ufern sichtbar wurden, hatten das schmale Vordach zu einem zarten Spitzenmuster zerfressen, das trügerisch milchige Sonnenlicht fiel brennend durch das filigrane Rostwerk. Ich schloß die Augen und versuchte mich zu erinnern, wo ich den Namen schon gesehen hatte, der in großen Lettern auf einer Fabrik am Ufer stand. Berger Paints. Verwaschen und verblaßt hatte sich der Name auf einer Fassade in Homerton abgezeichnet, unweit des Lea. Ein Werk, in dessen Dunstkreis giftiger Dämpfe vor hundert Jahren nichts gedieh und bei Regen die Wäsche in den Höfen der kleinen Ziegelhäuschen, wo die Bergerarbeiter wohnten, Löcher davontrug. Ein seltsamer Gruß aus einer anderen Welt, deren Ziegel, Straßen, Vogelrufe ich kannte, auch wenn ich die Not der Berger-Paints-Ära nur von ähnlichen Fotografien kannte wie das noch ferne Diamond Harbour.

Die füllige Frau im prächtigen Sari ließ sich neben mir nieder und nahm ihr Hündchen aus dem verzierten Korb, in dem sie es trug. Zwischen den Stirnfransen des Tierchens sah ein so winziges Gesicht hervor, daß man es ohne weiteres für das Hinterteil hätte halten können, nur wenn die kleine rote Zunge herausfuhr und das Hündchen gleichzeitig kurz die flattrigen Lider über den schwarzen Augen hochzog, ließ sich ausmachen, daß es sich um den Kopf, um Augen, Nase, Maul handelte. Die Dame stellte sich mir als Mrs Bose vor, sie nickte mit einer gewissen Huld, als ich meinen Namen nannte, als wolle sie ihn gleichzeitig genehmigen und erklären, daß er nichts Besonderes war. Sie kraulte ihr Hündchen und reichte ihm kleine mit Pastete bestrichene Happen, die sie mit spitzen Fingern aus einer Plastikdose hob. Mrs Bose bereitete jeden zweiten Tag Pastete für ihren Hund zu, der in Kalkutta lebte, während sie einem Hotel bei Diamond Harbour vorstand. Sie reiste hin und her, zum Wohle ihres Hundes, meistens mit dem Auto, doch heute hatte sie sich zu einer Schiffsfahrt entschlossen, mit Hund, weil ihre Anwesenheit im Hotel jetzt eine Woche lang erfordert war. Große Feierlichkeiten standen bevor, wichtige Gäste wurden erwartet, und so reiste sie mit Hund »on the great water body of the Ganges«, wie sie andächtig erklärte. Ihr Fahrer bewegte sich indessen mit dem Gepäck über die von Rikschas, Motorrädern, Lastwagen, Bussen, Rindern, Ziegen, Schweinen und Menschenmassen wimmelnden Durchgangsstraßen der endlosen Vororte Kalkuttas nach Süden. Während ich mir die Fahrt über diese überfüllten lärmenden Straßen vorstellte, die unausgesetzte Nähe von Menschen und Tieren, die Unglücke und ihre Spuren, deren man unweigerlich Zeuge wurde, dann erschien mir die verhältnismäßige Stille hier auf dem Fluß wohltuend und sanft, auch wenn der Motor des Dampfers unstet dröhnte, die in gefährlicher Nähe der Reling rutschenden Kleinkinder kreischten und gelegentlich möwenartige Vögel mit einem scharfen durchdringenden Schrei auf das schäumende Wasser stießen. Der Fluß weitete sich, die Stadt, in einen graugoldenen Dunst aus Feinstaub, Industrieschwaden und der Luftfeuchtigkeit des beginnenden Gangesdeltas gehüllt, entglitt in die Ferne und hing am Horizont. Mrs Bose sprach ununterbrochen in einem leise predigenden Ton, sie erzählte von der Pracht des Hotels, dem sie vorstand, von der Liebe, die alle Tiere für sie empfanden, vom Fluß, immer wieder vom Fluß, vom great water body of the Ganges, zu dem der Hooghly sowie unzählige andere Flüsse gehörten, die alle dem Indischen Ozean zustrebten.

Die drei Männer in hellen Anzügen saßen in dem überdachten Teil des Decks, sie hatten die Stühle zwischen die Befestigungsreste der Bänke geklemmt und rauchten, redeten, lachten, knipsten gelegentlich größere Anlagen am Ufer und schrieben etwas in dicke Notizbücher. Ohne ihre Knipsutensilien hätten sie auch vor hundert Jahren genauso an Deck eines tuckernden Dampfers auf dem Hooghly sitzen können, wohl bei einem von größeren Schiffen und Frachtern verursachten heftigeren Wellengang und mit Ausblick auf ein weniger dicht bebautes Mündungsland, dessen Landzungen zwischen kleinen Zuflüssen und Tümpeln zu schweben schienen. Auch hätten sie damals auf bequemeren Sitzen und in Gegenwart von Dienern in leicht speckigen, mogulisch anmutenden Uniformen gesessen, ähnlich denen, die das Personal in den feineren Waggons der Langstreckennachtzüge noch heute trug. Die Diener werden damals Erfrischungen serviert haben, während sich die Ufer des Flusses unter zunehmend erschöpften Blicken immer schneller in Sumpfland auflösten, dessen Grenze zum Festen des Landes ebenso verschwamm wie die dünne Linie des vermeintlichen Horizonts, der mit dem Schaukeln des Schiffes stieg und fiel. Auch werden im Wasser mehr Kadaver geschwommen sein als jetzt.

Mrs Boses eintöniges Geplauder, das unglückliche Fiepen ihres Schoßhündchens, das Rumpeln des Schiffsmotors, das Klatschen der Wellen und das Schwanken des Bootes, in dessen Takt die schwatzenden Männerstimmen stiegen und fielen unter der weißlichen Sonne, die die dunstige Luft schwer und zäh werden ließ – das alles versetzte mich in einen bleiernen Halbschlaf, in dem mich die Frage bedrückte, warum ich nur diese Schiffsreise angetreten hatte und was ich in Diamond Harbour zu finden hoffte, im Gefolge des weißgekleideten Männertrios, des jungen Paares, das inzwischen auch auf Stühlen im Unterstand döste, der Eltern, die schweigend ihre schlafenden Kinder im Arm hielten und ernst, fast mißmutig den Blick auf die entschwindende Stadt richteten, und von Mrs Bose mit ihrem Hündchen. Ich versank in die Traumvision eines öden Landestegs im schmutzigen Dämmerlicht des Abends, denn zwischen Schlaf und Wachen war mir klargeworden, daß ich bei der frühen und rasch hereinbrechenden Dunkelheit der Gegend nicht mehr an diesem Tag nach Kalkutta zurückkehren konnte. Mrs Bose rüttelte mich an der Schulter, um mich aus meiner unbequemen, schlafschwer über die Lehne hängenden Stellung zu befreien und riet mir in unvermittelt befehlerischem Ton, ihr zum Bug des Dampfers zu folgen. Der Nachmittag war fortgeschritten, das Licht hatte eine warme, graublaue Tönung angenommen, die vor uns, wo der Fluß in Richtung Mündung breiter wurde wie ein Trichter, von rosigen Schlieren durchzogen war. Winzige Boote kreuzten vor dem fernen Horizont, und zu beiden Seiten des Flusses zogen sich unzählige kleine Fabriken, aus deren Schornsteinen dünner Rauch stieg. Das, erklärte Mrs Bose, waren die Ziegeleien, wo aus dem Flußschlamm die Ziegel nicht nur für das ganze Land, sondern auch für die angrenzenden Nationen, wie sie es nannte, hergestellt wurden, exportiert in alle Richtungen, ebenso wie die Jute, die wie die Ziegel dem riesigen vom Ganges durchsetzten Mündungsland zu verdanken war und die Menschen im dürftigen Brot hielt. Glaubte man Mrs Bose, waren die Hütten und Häuser der halben Welt aus den Ziegeln erbaut, die am Ganges und seinen Nebenarmen hergestellt wurden, sowie auch die Seile,

Kordeln und Säcke der halben Welt aus der hiesigen Jute gewirkt waren. Mrs Bose glaubte, wie sich herausstellte, an eine Art wohltätiger Bengalisierung der Welt mittels der hier hergestellten Ziegel und der hiesigen Säcke, Schnüre und Stricke, jedenfalls nahm ich es in dem fiebrigen Schwindel, der mich im Halbschlaf angefallen hatte, so wahr.

Mrs Bose wies auf eine rötliche Landspitze in großer Ferne hin. Dort würde sie aussteigen. Das war ihr Ort. My place, sagte sie mit einer vagen und auch herrscherlichen Handbewegung auf die Landspitze hin. Mein Ort! Welche Zuflucht, diese Worte beim Schwanken auf diesem Fluß, der mir zunehmend wie ein Nirgends erschien, dem man nirgendshin entfliehen konnte! Welch ein Trost, so etwas sagen zu können – mein Ort!, im Angesicht dieses sich gewaltig auftuenden Flußmauls im Süden, zu dem sich eine ganze Reihe weiterer Mäuler gesellen würde, lauter Schlünde, die mit vereinten Kräften den Ganges ins Meer spieen, ohne ihn je loswerden zu können.

Das Boot legte an einem Landesteg an, der keinen Namen trug. Die Sonne hing rot über den fernen Umrissen der Vororte von Kalkutta, die im rosa und orange durchfärbten Abenddunst bebten, ein Auswuchs des Flusses, unstet, ungewiß, unfest wie dieser. In der Nähe hingegen war das Abendlicht bläulich getränkt, und alles trat mit einer sanften Deutlichkeit hervor: die Fabriken und kleinen Siedlungen am Ufer, die Boote auf dem Fluß, die Kokospalmen und Bananenbäume, rotblütiges Gestrüpp und das rostfarbene Band eines Pfades am Wasser, Zaunpfähle, niedrige blaßbraune Ziegeldächer. Der Landesteg führte zu einer schmalen Straße zwischen schachtelartigen halbfertigen Häusern. Wäsche hing zum Trocknen in den Fensterlöchern, Kinder spielten auf Sandhaufen und aufgetürmten Ziegeln, Frauen balancierten Lasten mit Baumaterial auf dem Kopf, Männer standen oben auf den Mauern und strichen Mörtel. Hier und da stieg hinter unfertigen Mauern Rauch auf, wo man mit der Zubereitung des Essens begann. Wie in den großen Städten wohnten auch hier die am Bau arbeitenden Familien in den Rohbauten, die sich langsam um sie schlossen. Wenn das Gehäuse fertig war, würden die Familien weiterziehen, zur nächsten Baustelle, wo die Kinder wieder im Sand spielen, die Frauen Ziegellasten auf dem Kopf tragen, die Männer mauern würden, während die Wäsche erst am hölzernen Grundgerüst, dann in den Fensterlöchern der emporwachsenden Wände hängen würde. Ein ums andere Mal bauten sich die Wanderarbeiter ums Obdach und mußten von neuem beginnen, unter offenem Himmel.

Alle Reisenden verließen hier das Boot. Der Bootsmann und sein Gehilfe sahen mich auffordernd an, und in plötzlichem Schrecken bei der Vorstellung, alleine auf dem Dampfer zu bleiben, lief ich hinter Mrs Bose her, obwohl ich mir nicht vorstellen konnte, daß es sich hier um das auf den Albumfotografien dargestellte Diamond Harbour handeln konnte. Von einem Hafen, einer Promenade war keine Spur, keine Ansiedlung ließ sich ausmachen, wo Fischmarkt, Telegraphenamt und flanierende Frauen überhaupt einen Platz haben könnten. Die Abendsonne ließ Mrs Boses golddurchwirktes Gewand besonders prachtvoll erscheinen; von Schimmer und Glanz umgeben schritt sie in ihrer Leibesfülle gemessen und wie eine durch nichts zu erschütternde Gottheit über den Landesteg und reichte dem wartenden Fahrer den

Korb mit ihrem Hündchen. Die anderen Passagiere, auch das muntere Männertrio in weißen Anzügen, wirkten wie kleine huschende Zwerge vor und neben ihr. Mrs Bose drehte sich um und bedeutete mir, mit ihr ins Auto zu steigen.

Mrs Boses Hotel lag hinter einer gesicherten Pforte mit Türhüter. Man ließ uns ein, das Auto glitt in der Dämmerung durch eine Parkanlage und hielt schließlich vor einem Gebäude direkt am Fluß, der nur ein großes Dunkel jenseits eines Gebüschs war, doch man hörte den Atem der Wellen und das leise Plätschern, mit dem sie am Ufer ausliefen. Mrs Bose wies mir eine kleine Kammer hinter der Rezeption zu und befahl mir zu schlafen. Ein kleines Fenster ging auf den Fluß hinaus. In der Ferne schimmerten winzige Lichter, vielleicht von Booten, vielleicht vom anderen Ufer oder von Landspitzen, die in den riesigen Fluß ragten. Ich fragte Mrs Bose, ob es hier Schlangen gebe. Sie lächelte nachsichtig. Natürlich gab es Schlangen. This is the great water body of the Ganges, intonierte sie wieder. Wie sollte es keine Schlangen geben? Nachts kamen die Schlangen, die tagsüber im Fluß lebten und sich von dem ernährten, was der Fluß mit sich führte, an Land gekrochen. Aber der Garten war eingezäunt, und längs des Zauns am Fluß streuten die Bediensteten jeden Abend Rattengift aus. Damit wünschte Mrs Bose mir eine gute Nacht. Sollte der great water body of the Ganges mich in den Schlaf wiegen. Ich lag im Dunkel, und, wissend wie Rattengift wirkte, versuchte ich mir vorzustellen, wie die Schlangen schlaff im Wasser hingen, in das sie sich nach Genuß des Giftes noch retten konnten, und, umspielt von all dem, was man im Fluß treiben sah, ratlos der langsamen Zersetzung ihrer Blutgefäße ausgeliefert waren.

Ich lauschte auf den Fluß, hörte ab und zu ein Aufflackern streitlustiger Stimmen draußen, vor dem Fenster, Diener, die Eindringlinge vertrieben, ob Tiere oder Menschen, oder die miteinander zankten. In Kalkutta hatte ich mich an die zankenden Stimmen als ständige Geräuschkulisse gewöhnt. In die leisen Wellen des Flusses mischten sich die Geräusche von Nachtvögeln, vibrierende Klagelaute, stoßweises Schrillen, ein stetes Zirpen, das stieg und fiel wie Wellengang. Ich schlief ein, hatte Träume, die mir nicht im Gedächtnis blieben, und wachte von einem tuckernden Motorengeräusch auf. Draußen über dem Fluß war es noch dunkel. Ich trat in den Garten hinaus. Bedienstete dösten auf Stühlen am Zaun, die erschlafften Arme über Gewehren gekreuzt. Die Vögel regten sich, durch das anhebende Lärmen der Krähen tönte der wehmütige weiche Zweiton des Koel und der heiser zitternde Kehlenstoß von Reihern.

Der Garten lag an der Mündung eines kleineren Flusses in den Hooghly. Fischer kamen auf ihren mit knatternden Motoren ausgestatteten Booten den kleinen Fluß herab und fuhren zum Fischen auf den Hooghly hinaus. Kleine Lampen schwankten unter den Verdecken aus Palmblättern. Die Fischer riefen sich gegenseitig, vielleicht auch den Wächtern an der Seite des Gartens etwas zu, aus dem Dorf, das sich jetzt im beginnenden Dämmer auf der anderen Seite des kleinen Flusses abzeichnete, hörte man eintönigen Gesang und Kinderstimmen.

Als die Sonne aufging, sah ich, wie gezeitenabhängig der Fluß war. Wo ich am Abend die Wellen ans Ufer plätschern gehört hatte, glänzte jetzt der Schlamm, der Zufluß war eine schmale Rinne, bei Flut würde das Wasser bis an die Wunderblumenbüsche reichen, die am Stacheldrahtzaun blühten. Die Fischerboote lagen jetzt im ersten Sonnenlicht weit draußen im Fluß, der bläulich flimmernd mit dem Horizont verschmolz, als sei dort schon das Meer. In dem dünn von Vogelspuren beschrifteten Schlamm wateten Männer und Frauen mit geschürzten Gewändern und Turbanen gegen die Sonne und suchten nach Schalentieren, die sie in flachen Deckelkörben sammelten. Sie stritten und lachten abwechselnd miteinander, ihre pastellfarbenen Turbane bewegten sich durch die Lücken in den rot- und rosablütigen Büschen. Den ganzen Tag saß ich am Fluß, während hinter mir die Bediensteten Vorbereitungen für die von Mrs Bose angekündigten Feierlichkeiten trafen. Weiße Zelte wurden auf den Rasenflächen errichtet, lange Tische aufgebaut, Blumenschmuck gesteckt. Gelegentlich stattete Mrs Bose mir einen Besuch ab und hielt einen kleinen Vortrag über den Fluß, den Ozean, die Blumen, die Tiere, die sie alle liebten. Ihr Hündchen fiepste in seinem Korb, der hinter dem vergitterten Fenster der Hotelrezeption stand. Auf der anderen Seite des kleinen Zuflusses ragte die Landzunge in den Hooghly, die Mrs Bose mir vom Dampfer aus gezeigt hatte. Kinder hüteten Ziegen im Schatten der Palmen, Kühe wanderten umher. Ich hörte die Abzählverse der Kinder und ihre reigenartigen Gesänge, sie spielten Verstecken und Fangen und bekamen zwischendurch von herbeieilenden ungehaltenen Frauen Zurechtweisungen oder Befehle zu hören, die immer grob und scheltend klangen. Am Nachmittag kehrten die Boote mit der Flut zurück, und die Kinder liefen lachend und lärmend am Wasser entlang zu einer winzigen Bucht, wo die Fischerboote ans Ufer gezogen wurden und die Fischer große viereckige Körbe aus

Vertiefungen unter dem Verdeck hievten. In der Geschäftigkeit bei der Heimkehr der Fischer achtete keiner mehr auf die Ziegen, die ungehindert zwischen den Hütten umherschweiften und ihre schwarzen Köttel auf die Türschwellen fallenließen.

Seit dem Mittag hatte ich den Umriß eines riesigen Schiffes beobachtet, das sich langsam näherte, aber dann in einiger Entfernung mitten im Fluß verharrte. Kurz darauf erschienen kleine Kähne, hochbeladen mit Ziegeln, die von etlichen Punkten am Ufer das Riesenschiff ansteuerten. Die Ziegel wurden mit einer Hebevorrichtung, die in dem bläulichdiesigen Licht wie ein zittrig gezeichneter Galgen aussah, in den Schiffsbauch verfrachtet, die kleinen Boote kehrten zu ihrer Ziegelei zurück, um eine neue Ladung zu holen. Als die Dämmerung fiel, leuchteten kleine Lampen um das riesige Schiff auf, und so, von diesen Lampen grob umzeichnet, lag es im dunstigen dunkelnden Raum, der nicht zur Erde und nicht zum Himmel gehörte, während die kleinen Kähne eilig dem Ufer zustrebten und in den Abend verschwanden. Schwer von dem steingewordenen, allen Treibguts entfilterten Flußschlamm würde der Riesenfrachter irgendwann bei günstiger Gezeitenlage ins Fast-Meer der Mündung stechen und diese rechteckigen unbeschrifteten Botschaften des great waterbody of the Ganges über den Indischen Ozean in die Fremde bringen.

Am Abend empfahl Mrs Bose mich ihrem Fahrer an, der um frische Zutaten für die Pastete des Hündchens nach Kalkutta geschickt wurde und mich mitnehmen sollte. Am nächsten Tag würde ich über die Howrah Bridge zum Bahnhof fahren und mit dem Nachtzug nach Norden die erste Etappe des Rückwegs Richtung Europa zurücklegen. Die Fahrt durch die Dörfer und Vororte war mühsam. Überall drängten sich auch im Dunkel noch die Menschen auf den Straßen, Kinder spielten ihr improvisiertes Cricket im Licht flackernder Straßenlampen, die Sarawatischreine wurden abgebaut. Die unzähligen Figuren würden ihr Ende jetzt da finden, woher sie gekommen waren. In Prozessionen würden sie zum Hooghly gebracht und versenkt werden, das Wasser würde sie auflösen, der Fluß sie sich wieder einverleiben, die unbemalten wie die bemalten mit dem dicken groben Auftrag aus Berger-Paints, deren Partikel sich in die Bäuche der Fische ätzen würden, so wie sich die Farbdämpfe der Bergerfabrik vor hundert Jahren in Homerton am River Lea den Arbeitern und Anwohnern in Schleimhäute und Lungen gebrannt und sie langsam um Schlaf, Lebensluft und Augenlicht gebracht hatten.

32

Hochbahn

Aus dem Fenster des Hauses, in dem ich die längste Zeit in London lebte, blickte ich auf Ziegel. Auf die gelben Ziegel des Hauses gegenüber, das genauso aussah wie meines, und auf die bräunlichen Ziegel der Fabrik, in der asiatische Frauen Bürsten aller Art banden. Früher waren hier Klaviere gebaut worden, vermutlich von Männern, wenngleich die feineren dem Bürstenbinden ähnlicheren Arbeiten wie das Polieren von Tasten und Lackflächen, das Auspinseln der Markeninschrift mit Goldfarbe und das Einpassen der zierlichen güldenen Schlüsselchen in die verschließbaren Klaviaturdeckel womöglich auch von Frauen ausgeführt wurde, jedenfalls in den Jahren, in denen viele Männer in den Krieg zogen, um in spärlicher Zahl, mit Wunden und Gebrechen behaftet, mancher Gliedmaßen beraubt und allem Streben nach feinen Tätigkeiten verlustig, aus diesem zurückzukehren. Vor den Klavierbauern, in sehr ferner Vergangenheit also, waren vornehmlich junge Mädchen und Frauen aus den überfüllten Reihenhäuschen der Arbeiterviertel in dieser Fabrik damit beschäftigt gewesen, Albuminpapier für fotografische Drucke herzustellen. Die Frauenhände eigneten sich viel besser als Männerhände dazu, Eierschalen behutsam aufzuklopfen, das Eiklar makellos und ungetrübt vom Eigelb zu trennen und zu Schaum zu schlagen. Es war ein Beruf, der Ernst und Geschick verlangte und der Kunst zuträglich war, und auch wenn sich die Mädchen und Frauen kichernd und fluchend einen Weg durch die Hühnerscharen bahnten, die sich der vielen erforderlichen Eier wegen auf Straßen und Höfen drängen mochten, in der Fabrik selbst waren sie andächtig und still und posierten mit ernsten Gesichtern für die gelegentlichen Belegschaftsaufnahmen vor der Ziegelwand im Hof und einmal sogar auf dem flachen Dach der Fabrik mit nichts als dem Himmel hinter ihren Köpfen und den Dampfwolken eines vorbeifahrenden Zuges um ihre Schnürschuhknöchel.

Hinter der Fabrik ging es weiter mit den Ziegeln, dort verlief die Hochbahn auf einem Viadukt aus fast schwarzen Backsteinen, unter dessen Vorsprüngen riesige Taubenschwärme nisteten und die Luft mit Lauten erfüllten, immer gurrte es aus vielen Kehlen, klockerte ein Schnabel, schnalzte ein Taubenkropf im Dunkel unter dem Vorsprung, rieselten dünne Federn, tropfte platschend Vogelkot, der immer neue Bahnen in die Wände des Viadukts fraß. Aus dem Dachfenster sah ich über die Hochbahn hinweg bis zu den Mietshäusern aus der Zwischenkriegszeit, wo die Fenster und Balkonbrüstungen weiß von den rötlichen Ziegeln abstachen. Horden unbändiger Kinder schwärmten zwischen den Mietshäusern und der Bahnlinie auf struppigem Niemandsland und verwahrlostem Sportgelände, sie hegten und hüteten Geheimnisse in den aufgelassenen Werkstätten und Lagerräumen, die in besseren Zeiten unter den Tragebögen des Viadukts betrieben wurden. Die Kinder lieferten sich Mutproben auf den Gleisen, dann sah ich sie als schwarze Schatten gegen den flaschengrünen Sommerabendhimmel, wie sie über die Eisenbahnschwellen staksten, einander jagten, daß der Schotter knirschend flog, sich johlend vom Viadukt auf die Feuerleiter der Fabrik hangelten, deren schwarze Geländerstäbe den Himmel in schmale Streifen schnitten, die Eisenrohre hallten dumpf, wenn ihre Füße daran schlugen, und die dünnen, an ihren Unbändigkeiten geschliffenen Stimmen der Kinder drangen bis in mein Zimmer, wenn sie auf dem obersten Podest der Feuertreppe standen und rauchten, wie die indischen Bürstenbinderinnen in ihren bunten Gewändern an den Arbeitstagen. In den großen Fenstern der Fabrik spiegelten sich der Himmel, die Züge, der Viadukt, die Türmchen und Erker der leerstehenden Schule am anderen Ende der kurzen Straße. Während der Arbeitszeit standen die Fenster der Werkhalle meist offen. Gedämpftes Surren, Schlurfen, Scharren und Schleifen lag in der Luft, gleichmäßig doch ohne Rhythmus, gelegentlich von einem Husten oder einem Klopflaut unterbrochen. Ich lauschte auf düstere Schritte eines Aufsehers, den ich mir zu diesen Geräuschen vorstellte, vielleicht würde er ab und zu schneidende Anweisungen und Befehle ausstoßen, doch nichts dergleichen drang heraus, nur die Stimmen der Frauen brandeten gelegentlich und unvermittelt auf, begleitet von rhythmischem Klatschen, manchmal hellem Gelächter. Waren es Feierlichkeiten, Ärger, frohe Nachrichten, die sie das von Surren, Scharren und Klopfen durchsetzte Schweigen brechen ließen? Sehen konnte ich die Frauen nie bei der Arbeit, immer hörte ich nur diese eintönigen gemessenen Geräusche und fragte mich, was für Verrichtungen es waren, die sie ausführten, ob sie standen oder saßen, hin und her gingen, vielleicht kleine wortlose Scherze durch die Luft warfen. Lieferwagen brachten Ware – Kisten mit Borsten? Riesenknäuel Draht und Zwirn? Bürstengriffe, Stiele? Besenköpfe? –

der Portier der Fabrik, der gleichzeitig auch der Aufseher in der Werkhalle sein mochte, und die Lieferanten stemmten, schleppten, fluchten, ein paar Frauengesichter erschienen am Fenster, kurz, als wogten sie tanzend vorüber. Bei jedem Wetter allerdings stahlen sich Frauen in kleinen Grüppchen auf die Feuerleiter um zu rauchen, als sollte ihr Rauchen ein Geheimnis bleiben, obwohl ihr Kichern doch weithin hörbar und ihre bunten Gestalten vor dem Hintergrund des Himmels, der Ziegel, des kantigen Treppengestänges jedem auffallen mußten. Auch bei Kälte und Regen trugen die Arbeiterinnen offene Schuhe, die Absätze der Schlappen schlugen auf die Gitterstufen der Feuertreppe. Ihre Gewänder flatterten vor den Ziegelmauern. Nach Feierabend sperrte ein kahlköpfiger Mann hinter den Frauen das Tor zum Fabrikhof ab. Die Fenster waren dann alle geschlossen und saßen wie Spiegel in der Mauer, die nur noch Fassade war, bekritzelt von der Schrift, die Wetter, Zeit und Schmutz mit ihren ungehobelten Griffeln auf den Ziegeln hinterlassen hatten. Keine zwei Ziegel hatten die gleiche Farbe.

Um fünf Uhr nachmittags verließen die Frauen die Fabrik, ein Pulk aus Lachen und Rufen, der sich in kleinere Ströme zu Untergrundbahn, Bus und Hochbahn teilte, bei schlechtem Wetter trugen sie schwarze Regenschirme, stießen spitze halblachende Schreie aus, wenn der Sturm daran riß, das Schirmgestänge umstülpte und sich die langen Schals im Schirmgewirr verhedderten. Manchmal sah ich sie noch zwischen den Giebeln der gegenüberliegenden Häuser auf dem Bahnsteig stehen, bunte Schatten zwischen gelbem, rotem, braunem Backstein, die auf den Zug warteten, der meistens verspätet war.

Die Züge gaben, je nach Wind und Klarheit der Luft, ein hastiges Klackern, ein Stampfen und Tuckern oder ein von Sausen und Rauschen begleitetes Ächzen von sich. Die von rechts kommenden Züge traten nach einem seufzenden Halt ab Richtung Osten, wo der Fluß schon in Gezeiten atmete wie das Meer und eine Fähre über die wogende braune breite Themse setzte, stadteinwärts bewehrt mit den Flutsperren, die hinter der unablässig grauweiße Dampfwolken ausstoßenden Zuckerfabrik wie die erstarrten Häupter riesiger Tiere von Sage und Märchen aus dem Wasser ragten. Von links kamen die Züge, die Richtung Westen fuhren, in Vororte, wo die Themse erst begann, ihre dörfliche, von grünen Wiesen und sanften Hängen gesäumte inländische Lieblichkeit abzustreifen. Die Züge beschrieben einen krakeligen Halbkreis durch die Nordhälfte der Stadt und kamen an beiden Endstationen vor dem Ufer quietschend zum Stehen, drüben lag eine andere Welt, die südliche Stadthälfte, wo man den Kopf nach rechts drehte, um flußabwärts zu schauen, und die Züge nach ihren südstädtischen Regeln und Ordnungen fuhren.

Die Hochbahn war ein Pendel, das unzuverlässig durch die Tage schlug. Die abwechselnd nach Osten und Westen gehenden Bahnen waren oft verspätet oder blieben wegen Schäden an Gleis, Leitung und Waggons aus, trotzdem bestimmten das Geräusch der Züge und abends, wenn alles Backsteinerne vom Dunkel verschluckt war, die hinter den Dächern der gegenüberliegenden Häuser vorüberschwebenden Lichterketten den Takt, in dem die Zeit verging. Ich unterquerte die Hochbahn fast täglich, kannte das widerhallende Rattern der Züge über dem Tunnel, das von den Backsteingewölben zurückgeworfene Echo der Polizeisirenen, den Dunst der Pinkelstellen der Obdachlosen, die um die zugige Halle vor dem Fahrkartenschalter auf der Straßenebene lungerten, und den beißenden Geruch des Taubenkots in den weniger befahrenen Unterführungen, die Schwingungen, in die die stets gurrenden Taubenkehlen alles ringsum versetzten, das leise sirrende Sausen des Schleiers aus unablässig herabrieselnden besudelten Taubenfedern. Gelegentlich nahm ich die Bahn in die eine oder andere Richtung, studierte die Rückseiten der Straßen, Dächer, Schornsteine, Giebel und Hintergärten im wechselnden Licht, die Brachlandstreifen mit Krähen und Katzen, diese ganze Hinterstadt, die dem Fassadenblick aus den Busfenstern verborgen blieb. Mit dem Finger auf der Stadtkarte verfolgte ich die dünne Linie, die sich wie der Umriß eines verzerrten schartigen Halbmonds durch die grünen und grauen Flächen auf dem Papier zog, sich durch die roten, braunen und schwarzen Fäden der Straßen wand und zu den Stationen verdickte, dann streckenweise als fadenschmales Rinnsal durch Niemandsland sickerte. Ich lief am Viadukt entlang, erst nach Westen, bis ich in Gleisverzweigungen steckenblieb und mich zurücktastete an der bröckelnden Buchstabenübung der sich wiederholenden Bögen in unendlichen Variationen von Ziegelschattierungen entlang, über diesen einen Schriftzug, der auf der Höhe der oberen Etagen der die Gleise säumenden Reihenhäuschen etwas zwischen die unzähligen Leben der Stadt eintrug, das sich vielleicht gar nicht entziffern ließ.

Ich machte mich auf in Richtung Osten, schlug mich durch Niemandsland mit Fuchsbauten unter Dornengestrüpp und rostigen Überbleibseln alten Eisenbahnzubehörs abseits der Ausläufer der großen Bahnhöfe. Knospender Flieder nickte an halbverfallenen Bauzäunen, verbeulte Einkaufswagen standen in frühlingskarges Gebüsch gerammt. Hinter dieser Zone der Verwahrlosung und Aufgegebenheit, im Schatten längst abgewirtschafteter Fabriken und Lagerhallen, im Dunst des abwässerführenden Kanals, beherbergte der Viadukt unter seinen Bögen das verlorene, verschenkte, veruntreute und gestohlene Gut der Stadt, eine lockere Reihe nicht endenwollender Trödelgewölbe, in denen es alles gab, was auf die eine oder andere Weise aus dem Kreislauf der Benutzung ausgestoßen, entlassen oder entwendet worden war. Unter dem Rumpeln der Züge zitterten Waggonladungen von Fahrrädern, Stühlen, Küchenschränken und Tischen, halb ausgeweidete Waschmaschinen, Autositze, Regale mit Zerbrechlichem und Unzerbrechlichem, Jacken, Mäntel und geblümte Kleider, Bücher und Schallplatten, dunkel vom Staub, der aus den Ziegelporen rieselte, und angefressen von Vogelkot. Bei gutem Wetter saßen die Händler auf Klapphokkern und löchrigen Autositzen vor den geöffneten Ladengewölben. Sie tranken Tee aus Thermosflaschen und blinzelten in die Sonne. Keiner pries seine Ware an, nie sah ich Kundschaft, hier und da machte sich ein Händler an dem Bestand in seiner Obhut zu schaffen, räumte um, sortierte, flickte ein Fahrrad. Die Schilder, die hier und da aufgestellt waren, um auf bestimmte Waren zu verweisen – Tweedmäntel etwa oder Kühlschränke – sahen aus wie vor Jahrzehnten beschriftet und führten Bezeichnungen auf, die wie aus sagenhaft ferner Zeit winkten und Bilder längst nicht mehr gebräuchlicher Gegenstände aufsteigen ließen. Das Personal dieser Ladengewölbe schien eher als Hüter denn als Händler zu fungieren, betraut mit der Aufsicht über diesen Auswurf der Stadt, der werweißwie und von werweißwem herbei- und zusammengetragen, -gezerrt, -gefahren worden war. Aus den Gewölben schlug muffiger und säuerlicher Geruch, an jedem Ding haftete etwas, eine Spur des Handhabers oder Eigners, die selbst wenn sie von Pilz und Fäulnis befallen war, auf ungreifbare Weise auf ein Leben verwies, das in Nachbarschaft zu diesem Ding verlaufen war. Die Luft um diese Gewölbe des östlichen Viadukts war erfüllt von sporenartigen Ablegern dieser Leben, die aus Fingerabdrücken, Speiseresten, Schweißflekken ausblühten und das Ihre zur Verunsterblichung der Stadt beitrugen.

Weiter nach Osten wurden die Lagerläden spärlicher. Die meisten Gewölbe waren verschlossen, längst zugemauert oder seit so vielen Jahren verriegelt und versperrt, daß die Vorhängeschlösser mit den Riegeln zu einem rostfarbenen, von verhärteten Dreckschichten zusammengehaltenen Brokken verschmolzen waren. Irgendwann versperrte Gestrüpp den zum Pfad geschmälerten Weg, er bog zur Seite ab, fort vom Viadukt, auf eine queckenüberwucherte Fahrbahn aus Pflastersteinen, in der schmale Gleise verliefen. Die Gleise beschrieben eine Schlaufe, kurz dahinter brach die Fahrbahn ab, winterdürres Unkraut stand kniehoch und streifte die untere Barriere eines Geländers, dahinter floß ein Gewässer, in dem sich die Brücke mit dem darüberfahrenden Zug spiegelte. Vor dem Viadukt, am Geländer zum Fluß und von mir durch wispernde dürre Distelstecken getrennt, saß ein Mann, der ein Banjo im Arm hielt und die rechte Hand wie zu einer Banjospielerpantomime bewegte. Die Holztore von drei Gewölben des Viadukts standen offen. Sie waren voller Ziegel. Ein schwarzer Hund lag im Sonnenflecken des Nachmittags.

River Lea, River Lea, Lea River, River Lea, sang der Mann mit näseliger Stimme, und klopfte auf das unbesaitete Banjo.

Der Mann war Ziegelsteinsammler. Er behauptete, von jedem Ziegel in seinem Lager zu wissen, woher er stammte. London Stock, sagte er mit ausholender Gebärde vor seinen Beständen. Alle stammten aus Londoner Erde, waren hier gebrannt und gestempelt worden. Er wußte die gelb getönten voneinander zu unterscheiden, die roten, die bräunlichen, die lilaschwarzen. Er wußte, welche für Kirchen benutzt worden waren, welche für Krankenhäuser und Schulen, welche für Wohnhäuser und welche für die Einfriedungsmauern von Friedhöfen. Es gab Ämterziegel und Fabrikziegel, Vorgartenziegel und Hinterhofziegel, Ziegel für Armenhäuschen, in denen sich zwei Familien drei Zimmer teilten, und Ziegel für die Wohnblocks mit weiß abgesetzten Verzierungen und Gesimsen und mit Dienstboteneingängen. Er fuhr mit den Fingerkuppen über die Ziegel in seinen Gewölben und zeigte mir den Staub, der sich in die Hautrillen gesetzt hatte, dazu hielt er einen kleinen Vortrag über die Londoner Ziegel und die Gründe für ihre große Vielfalt. Schreib das auf, sagte er. Irgendwann mal.

Er zeigte mir den Weg zur nächsten Haltestelle der Hochbahn. Ich stand auf dem Bahnsteig und blickte hinunter zu dem Fluß, von dem ich noch nie etwas gehört hatte. Er strömte zwischen einer Ziegelwelt dahin, der Themse zu.

Nach einigen Stationen versagte ein Türmechanismus des Hochbahnzuges. Die Passagiere mußten aussteigen und auf den nächsten Zug warten. Es waren nicht viele Leute, einige machten sich zu Fuß auf den Weg, eine kleine Handvoll blieb zurück und verteilte sich über den besonders langen Bahnsteig. Es war der erste warme, liebliche Abend der Frühlings. Es roch süßlich nach Blüten, die man nicht sah, die Sonne ging unter, der Lärm der Stadt legte sich. Der Zug ließ auf sich warten. Ich blickte über unbelaubtes Gesträuch auf ein großes dreiseitiges Gebäude aus Backstein, das von einem hohen Stahlzaun umgeben war. Die Stahlgitter vor den vielen Fenstern warfen einen grauen Schimmer auf die drei dunkelvioletten Backsteinwände. Der Ziegelsammler hatte nicht erwähnt, welche Art Ziegel man für Gefängnisse verwendete, obwohl es in London etliche gab. Männerstimmen stiegen aus den vergitterten Fenstern auf, sie sangen im Wechsel, drei, vier, ein halbes Dutzend, schöne, in der Abendluft zitternde Stimmen, die Ziegelwand warf das Echo zurück, hierhin und dorthin, ein Gespräch, dessen Worte ich nicht verstand, so geführt, das die kurzen Tonfolgen zwischen den Wänden hin und her geworfen wurden, stiegen, fielen, sich dehnten, schrumpften, miteinander zu einem Geflecht aus Tönen und unverständlichen Worten wurden.

Es dämmerte, der Gesang franste aus und verstummte, ich zog mein Heft hervor und schrieb auf, wie vom Ziegelsammler angewiesen:

Die große Stadt London ist erbaut auf einem Netz unzähliger Flüsse unterschiedlichen Alters. Die Flüsse strömen aus Landschaften verschiedenster Gesteinsarten zum Meer und führen die von diesen Gesteinsarten geprägten Sedimente mit sich. Der Schlamm eines jeden unterirdischen Flusses hat eine andere Farbe und trägt eine andere Geschichte. Deshalb haben die Ziegel von London so viele Farben wie die keiner anderen Stadt auf dieser Welt.

33

Stein

Fast den ganzen März über war der Himmel hell und weiß. Manchmal drang die Sonne schwach durch die ebenmäßige hohe Wolkenschicht, dann war es, als könnte man das Licht greifen und zwischen den Fingern hindurchrinnen lassen, und die Dinge legten blasse weiche Schatten wie einen Film auf Gehsteig, Straße, Häuserwände. Unscharf malte sich der kahle Baum im Hintergarten auf der Ziegelwand ab, das nie mehr erleuchtete Fenster stand jetzt wie ein Zeichen in der Mauer, deren verschiedenfarbene und unterschiedlich beschaffene Ziegel mir immer mehr wie ein Text erschienen, eine um das Fenster als Fremdzeichen und an den bleichsonnigen Tagen um den großen Einwurf des sanften Schattens erweiterte Schrift, in der die Geschichte der letzten Monate von meinem Beobachtungsposten betrachtet aufgezeichnet war. Mein Blick, meine Hände, meine Fingerkuppen, ja selbst meine durch die Schuhe tastenden Fußsohlen erkundeten nur noch Flächen, Oberflächen, als wollten sie sich in diesem langen langsamen Abschied vom Innern der Dinge zurückziehen und gleichzeitig tastend und spürend die eigene Spur in den erkundeten Oberflächen hinterlassen und eingeschrieben wissen.

Anfang März schenkte der Kroate mir eine billige alte Kamera für Sofortbilder. Vor dem Laden hatte er sie aus einer Kiste mit Gerümpel gefischt, die jemand aus Ratlosigkeit, Verdruß oder einer Anwandlung erinnerter Güte dort abgestellt hatte. Eine Ansammlung ramponierter Gegenstände, wie sich am Rand jedes Gebrauchtwarenmarkts türmen, zu allgemein, fabrikhaft und farblos, um zuzulassen, daß sich der Finder einen auch noch so holprigen Reim auf ein Leben vor dem Hintergrund dieser Gegenstände machen könnte. Es war einer der blassen Sonnentage, an denen alles einen matten Glanz trug, sogar die Kisten mit grellfarbenen Getränken, die der Gehilfe von Greengrocer Katz an diesem Tag vom Gehsteig in den Keller des Ladens schleppte, während Greengrocer Katz die rosig schimmernden Pampelmusen in den angelieferten Kartons zählte und frommen Hausfrauen die Datteln empfahl, auf deren etwas eingefallener Haut sich auch das milchige Sonnenlicht spiegelte, denn alles Getrocknete, Kandierte, Zubereitete, an dem der vergangene Sommer, Herbst und Winter hafteten, war möglichst in diesem Monat zu verbrauchen, um nicht in die Verbannung geschickt werden zu müssen, wenn Pessach kam.

Den Kaffeebecher in der einen Hand, die Zigarette in der anderen untersuchte der Kroate mit der Spitze seines abgelaufenen und nur noch mühsam glänzenden Lackschuhs den Inhalt der Kiste. Er wollte keine Spenden mehr, man sah ihm Mißmut und Unruhe an, der Laden war ihm über, er beschwerte sich bei Jackie und dem pakistanischen Betreiber des Internetcafés über die vielen muffigen Säcke mit Kleidung und Haushaltsgegenständen, die sich in dem feuchten Korridor hinter dem Ladenlokal stapelten. Sein Kassettenrecorder lief nur noch selten, sein kleines Vorzugsrepertoire klang scheppernd und verzerrt. Er hielt mir die Kamera entgegen, als ich vorbeikam, ein Zufallsgeschenk, das ich in der Hoffnung annahm, daß es noch funktionsfähig war und sich für das jedem von gelegentlichen Schnappschüssen vertraute Format der falschfarbenen Buntfilme eignete.

In der Wohnung klappte ich die Kamera auf, wischte über das Objektiv und drückte probehalber auf den Auslöser. Unter stotterndem Ächzen warf die Kamera ein Bild aus, offenbar lag noch eine alte Filmkassette darin. Das Objektiv war auf die Wand des Vorderzimmers gerichtet gewesen, wo sich Bücherkisten stapelten. Auf die braunen, leicht abgestoßenen Pappflächen fiel jetzt das blasse Sonnenlicht dieses Märzmorgens. Langsam verfärbte sich die Fläche der Fotografie. Der größte Teil blieb orangerötlich, rostfarben, zersetzt von der zäh gewordenen Emulsion, und nur in dem Drittel rechts unten, sozusagen im Südosten der Bildfläche, zeichnete sich etwas ab, das auf den ersten Blick wie eine Mauer aussah, eine unscharf strukturierte Fläche wie nachlässig aufgebrachter streifig getrockneter Mörtel, an der Blicke abprallen mußten, und allein der wissende Betrachter konnte darin die Oberfläche der Kartons mit milchig verschwimmenden kleinen Sonnenflecken erkennen.

In einem kleinen Geschäft auf der Ecke von Amhurst Park und Stamford Hill, hinter einem Schaufenster mit ausgebleichten Fotos von Hochzeiten und anderen Feiern, von Feiernden in Frisuren und Moden, die den Betrachter Jahrzehnte zurückwarfen, in eine Zeit, die in der Erinnerung plötzlich ganz und gar in rotstichiges Licht getaucht schien, dort fand ich einen Film, der in meine Kamera paßte. Der Verkäufer war ein schwerfälliger Mann, womöglich der Urheber der ausgestellten Fotos, er brummte etwas auf meine Frage hin und kramte dann murmelnd und schnaufend in einem Regal, bis er die Schachtel mit dem Film fand. Der abgelaufenen Haltbarkeit wegen gab er mir einen Preisnachlaß. Auf einer Bank am Clapton Pond legte ich den Film ein. Es wurde kühl, die improvisierte Imbißbude schloß früher als sonst, die Kinder kehrten von der Schule zurück, Trauben von Kindern in dunklen Schuluniformen, die Frommenmädchen in Faltenröcken bis zur Wade, blasse sittsame Kinder, deren Blicke sich nie in die Augen Fremder verirrten.

Ich ging durch die Spätnachmittagsstraßen, suchte nach etwas, das sich fotografieren ließ. Ich entschied mich schließlich für den Eingang eines mehrstöckigen Wohnblocks aus der Zwischenkriegszeit, ein Ziegelbau mit Sprossenfenstern, weiß getünchten Balkonen, die die schmale Straßenfassade einnahmen, glatten Säulen rechts und links der schwarz lackierten Eingangstür mit schachtartigem Fenster. Rookwood Court Nos 1-9 stand auf einem blaugrünen Schild über der Tür. Ich schaute durch den Sucher, verschwommen sah ich den Eingang, die Säulen, das Schild, die Reihe Klingelknöpfe, die beiden schmalen Wohnungsfenster neben den Säulen. Der Auslöser ließ sich schwer bedienen, doch ein Bild schob sich unter dem leisen Quietschen der Walzen heraus. Zwei Frommenkinder kehrten von der Schule zurück, gefolgt von ihrer perückentragenden Mutter, die einen Kinderwagen schob. Sie schaute mich mißtrauisch an, die Kinder warfen einen verstohlenen Neugierblick zurück, bevor die schwarze Tür hinter ihnen ins Schloß fiel.

Das Bild trat langsam aus der grauen Fläche hervor. Die Aufnahme war schief, ich mußte die Kamera falsch gehalten haben, der Hauseingang sah aus, als lehnte sich das ganze

Gebäude mir entgegen. Die weißen Flächen der Säulen und der untersten Balkonbrüstung zeigten eine unscharfe Ebenmäßigkeit, auf der sich keine Beschaffenheit der Oberfläche erkennen ließ, doch die Ziegelsteine und die quadratischen Betonplatten zwischen Gehsteig und Tür waren in jeder Einzelheit sichtbar, jeder Farbton vom fast blutfleckigen Rot bis zum aschenfarbenen Dunkelgrau der Ziegel, jede Mörtelverschmierung, jede Unebenheit in der Dicke der Mörtelschichten und den grauen, brüchigen Gehsteigplatten traten hervor, und auch die winzigen Halme, die aus dem schartigen Spalt zwischen Gehsteig und Eingangsbereich sprossen. Um den Türgriff schimmerte ein unerklärlicher Widerschein auf dem schwarzen Lack, und am unteren Rand der Tür zeichnete sich graues Gekrakel ab, das wohl die Spuren der Schuhspitzen beschrieb, die gegen die Tür getreten oder gestoßen waren, ungeduldig, unmutig, träge und hilflos. Hinter der weißen Gardine auf der rechten Seite des Eingangs erschien eine Hand, die ich beim Betrachten des Eingangs nicht bemerkt hatte, eine dünne, vermutlich alte Hand, eine unsichere Hand, die nach etwas tastete, das mir verborgen blieb. Es war ein Bild für meine ungewisse Zukunft, an dem ich mich würde festhalten können, das ich irgendwann würde zur Hand nehmen können, um zu sagen: Stamford Hill, London, soundso fühlten sich die Ziegel unter den Fingerkuppen an, die von Gras und Kraut durchsprossenen rissigen Gehwegplatten unter den Füßen, soundso saßen die Krähen in den Bäumen und soundso überdunkelten sie in zerstreuten großen Schwärmen das Blickfeld, diese und keine andere Schattenlosigkeit war dem dortigen Licht eigen, das da war mein Ort, und diese magere alte Hand hält ein Stück von meinem Leben für immer fest.

Alle paar Tage machte ich ein Bild mit der Kamera des Kroaten. Abschiedsbilder von Oberflächen, Fundstücken, Zufallsdingen. Auf allen herrscht das gleiche Licht, hellgrau und schattenlos, das Licht dieser Märztage, die sich fast immer nach einem weißlichen, zaghaft sonnigen Morgen am Nachmittag eintrübten, ohne Regen zu bringen, und zum Abend wieder lichter, fast klar wurden. Eines Freitagnachmittags kam ich in eine schmale Straße, die ich noch nie bemerkt hatte. Es war eine Sackgasse, an deren Ende ein Schrotthändler und eine Autowerkstatt die an die Rückseiten der Hinterhöfe von Stamford Hill grenzenden schuppenartigen Verschläge einnahmen. Frommenkinder standen Schlange an einer Bäkkerei, kleine Jungen mit Kippa und Schläfenlocken balgten sich, bezopfte Mädchen tuschelten, jedes Kind ging davon mit einer raschelnden dünnen Plastiktüte, in der zwei Weißbrote für den Freitagabend lagen. Über den Kindern flackerte die Leuchtreklame des Nachbargeschäfts, Morris Kosher Milk Restaurant. Auf dem vorspringenden Reklameschild saß eine Krähe. Ich hob die Kamera für eine Aufnahme, sobald ich den Auslöser drückte, flog die Krähe davon, auf dem Bild war nur der von dünnen Wolken überzogene Frühlingshimmel zwischen den Ziegelfassaden zu sehen, eine graue Schliere wie ein letzter Flügelschatten des Vogels, am unteren Rand das halberleuchtete Schild. Die letzten Kinder liefen mit ihren knisternden Tüten davon und so, eilig über den Gehsteig davonfliegend, erschienen sie mir einen Augenblick lang wie Engel mit ihren Broten als Botschaft, die sie gerade zur rechten Minute vor Sonnenuntergang in die Häuser tragen würden.

Einmal zeigte ich bei der Rückkehr von meinem Gang dem Kroaten das Bild, das ich gemacht hatte, doch er blickte verständnislos darauf. Das Bild von diesem Nachmittag zeigte einen Gegenstand, für den ich selbst keinen Namen finden konnte, ein rostendes, abblätterndes weißes Gestell mit einem halbrunden Gestänge, an dem ein brauner Stoff hing. Ich hatte ihn am Rand einer schmalen Straße entdeckt, wo er vor einem Hydranten abgestellt worden war, auf einem Flekken Fahrbahn, wo die dünne Asphaltschicht über dem alten Pflaster fast ganz abgetragen war, und die graurötlichen blanken Kopfsteine zum Vorschein kamen. Auch wenn ich einen solchen Gegenstand noch nie gesehen hatte und keinen Namen für ihn hätte nennen können, verband er sich mir auf den ersten Blick mit Siechtum und Gebrechen. Vielleicht war es diese Assoziation, die den Kroaten befremdete, doch eher war es wohl so, daß er die Kamera bereits vergessen hatte. Er bot mir wie zur Entschädigung für die ausgebliebene Reaktion auf das Bild einen Kaffee an, und zusammen standen wir vor dem Laden, während drinnen der Kassettenrecorder schepperte. In my mind I still need a place to go, sang Neil Young verzerrt und von metallischem Vibrieren unterwandert. Der Kroate winkte jovial Greengrocer Katz zu, der den Gruß nicht erwiderte. Ich warf einen Blick in den Laden. Er war fast leer. Auf der Theke lagen noch ein paar Kleinigkeiten, der Kassettenrecorder zitterte auf dem Regalbrett, doch alle Kleider waren von den Stangen verschwunden, die Kisten mit Kleinkram, offensichtlich geleert, standen ordentlich übereinandergestapelt. Der Raum sah so klein aus. Die Wände wirkten grau und schmutzig, durchzogen von Rissen im Putz und übersät mit Flecken, den Spuren von Feuchtigkeitsschäden, die älter sein mochten als die Konflikte, vor denen die Bosnier geflüchtet waren. Hier und da fügten sich die Feuchtigkeitsschäden zu landkartenartigen Zeichnungen, die ich gerne näher betrachtet und vielleicht mit Namen versehen hätte. Es war ein sanfter, freundlicher Abend, der den Durchbruch des Frühlings ankündigte. Am nächsten Tag riß die Wolkendecke auf, und die Sonne schien. Die Mädchen in dem osteuropäischen Lebensmittelgeschäft trugen Kleider mit kurzen Ärmeln, die kurdischen Taxifahrer saßen im Hemd auf der Bank vor ihrem Minicab-Schalter und warteten scherzend auf Kundschaft. Ich ging zu Stoller's, um eine Jahrzeitkerze zu kaufen. Zum letzten Mal würde ich in London des Geburtstags meines Vaters gedenken. Ein Teil des Geschäfts war schon für die Pessachverkäufe hergerichtet, Dinge, die nicht mit den Ganzjahreswaren in Kontakt kommen durften, lagen auf einem gereinigten und mit Papieren ausgelegten Regal neben der Kasse und warteten auf Kundschaft.

Im Durchgang zum Lager bemerkte ich Jackie. Ich hatte ihn lange nicht gesehen. Er wirkte ein wenig abgerissen und zwinkerte mir zu, jedenfalls kam es mir so vor. Er stand dort in dem dämmrigen Gang zwischen Lager und Laden als hätte er etwas vergessen, leicht vornübergebeugt hatte er die Hand nachdenklich ans Kinn gelegt wie jemand, der sich angestrengt auf etwas besinnen will. Mrs Stoller sprach unterdessen laut ins Telefon und kündigte eine Ankunft an einem Flughafen an. Flugnummer, Fluglinie und Uhrzeit rief sie laut und überdeutlich auf Englisch durch die sicher von Knistern und Knacken erfüllte Leitung über den Ozean.

Ich nahm die kleine Kerzenpackung in der blauweißen Schachtel und bezahlte an der Kasse. Mrs Stoller strich das Geld von der Theke, an ihrer Hand saß ein Ring mit einem grünen Stein, der zu dem Schmuckumschlag ihres frommen Buches paßte. Ich warf beim Hinausgehen einen Blick in den Gang, doch Jackie stand nicht mehr da. Er hatte sich besonnen auf das, was zu tun war.

Am Abend dieses Tages sah ich ihn neben dem Kroaten stehen. Der Kroate schloß seinen Laden ab, sie verabschiedeten sich, Jackie trat zurück in die Einfahrt von Stollers Lager, die schon ganz im abendlichen Schatten lag. Er hob die Hand zu einem zaghaften Winken. Der Kroate ging die Straße hinunter, in der einen Hand trug er den Kassettenrecorder. Der Himmel hinter Abney Park Cemetery war rot, orange und türkis vom Sonnenuntergang. Am Rand von Stamford Hill drehte sich der Kroate noch einmal um. Er war jetzt schwarz wie ein Schattenriß gegen das Sonnenuntergangslicht. Er hob die linke Hand und winkte noch einmal. Ob Jackie noch im Dämmer der Einfahrt stand, konnte ich nicht sehen.

34

Leamouth

Südlich von Bow verlor sich der Fluß zwischen Straßen, Fabriken, Bürogebäuden. Der Pfad brach an der Schleuse ab, dort stand ich an der Spitze der Zunge, zwischen Lea und Bow Creek, der bei einsetzender Ebbe schneller und strudelnder aus dem großen Bogen um Three Mills Island geströmt kam als der Lea von Norden. Die Züge zwischen Stadt und Marschland, zwischen der aller Häfen beraubten Stadtthemse und den Docks von Tilbury an der Mündungsthemse brachten die alte Eisenbrücke über der Schleuse zum Zittern. Geradeaus nach Süden hing die Spitze des Turms von Canary Wharf in der Luft, ein bläulicher Umriß am hochnebligen Himmel. Über einer Mauer streckten sich die kleinblütigen Zweige eines wildwuchernden Baums. Vor mir lag der Fluß von keinem Weg gesäumt, kroch zwischen Mauern, struppigem Ufergebüsch und alten verfallenden Lagerhallen davon, krümmte sich aus dem Blick. Ich versuchte, dem Verlauf auf der westlichen Seite zu folgen, schlug an die Eisentüren von Werkhallen, an die morschen Fenster düsterer Geschäftshäuser, an hastig errichtete Wellblechtore und rüttelte an rostflockigen Gitterstäben, immer in der Hoffnung, Zugang zu Höfen und verkrauteten Niemandslandflecken zu finden, hinter denen ich den Fluß vermutete. Es war ein ausgestorbenes Land an diesen vermeintlichen Ufern des untersten Unterlaufs des Lea, niemand antwortete auf mein Klopfen, keiner kam, um mir zu öffnen oder mich fortzuschicken, nicht einmal Hunde schlugen an. Auf der Oststeite, in den düsteren Siedlungen von Canning Town erging es mir nicht besser, Kinder die ich nach dem Fluß fragte, sahen mich verständnislos an, sie kicherten mir hinterher und hätten mich vielleicht gerne mit etwas erschreckt, Frauen, die von der Arbeit kamen, verstanden meine Frage nicht und tippten sich an die Stirn, ein marderzähniges Mädchen, an dem windigen Apriltag in ihrer dünnen silberfädigen Bluse bibbernd und sich in den Eingang einer Bahnstation drückend, zischte mir ein paar häßliche Worte entgegen, der arme Lea begann mir leid zu tun. Ein vergessenes Gewässer, so nah an der Mündung, mit all den Strommeilen und Ufergegenden hinter sich, von denen er immer etwas mitführte, auf seinen Boden sinken ließ, an anderen Rändern ablegte, als kleine Mitgift an die Themse weitertrug. Auf der Karte war ich dem Flußlauf gefolgt, dem zögernden, gedehnten, sich wider sich selbst krümmenden S der letzten Meilen vor der Mündung, die sich um eine von der Umgegend durch Wasser, Schnellstraßen, Industrie wie abgeschnittene Halbinsel legten, ein der Vergessenheit anheimgefallener Stadtteil, wo bis in die Zwischenkriegszeit die Ärmsten lebten, umringt von Eisenwerken, Glasfabrik und Sirupbetrieb, im gelegentlichen Geruchsfeld der großen Zuckerfabriken von Silvertown. All diese Süße am Rand der Ärmstengegend! Doch in diesen abweisenden, ausblickslosen Straßen beiderseits des Flußlaufs, die nichts mit dem Netz der benannten Wege auf der Karte zu schaffen haben wollten, war vom Lea keine Spur. Erst kurz vor der Themse fand ich ihn wieder, unter einer Ausfallstraße, an deren schmalem,

Fußgängern nicht gewogenen Rand ich kaum Platz zum Stehen hatte, um über das Geländer hinunterzuschauen. Es war Ebbe, ein kaltblauer Himmel spiegelte sich in dem dünnen Rinnsal, das zwischen zwei Schlammhängen sickerte – doch auch hier gab es Schwäne, weiß gegen den Schlamm, und im schütteren Riedgras hinter einem Brückenpfeiler verborgen, eine brütende Schwänin auf einem Nest.

Die Ostseite war von Fabriken eingenommen, rauchende Schornsteine, überwucherte Zäune und Mauern zum Fluß, eine Müllspur auf dem Uferhang. Von Westen sah es nach begehbaren Straßen aus, doch bald stellte ich fest, daß die Gegend in Ufernähe eine große Baustelle war, Flächen waren ausgeschachtet, Wege aufgerissen. Erdhügel, von Grasbüscheln und kleinblättrigem Kraut besiedelt, türmten sich auf geschleiftem Gelände. Schiefe Bauzäune versperrten den Blick zum Fluß. Keine Passanten waren unterwegs, keine Arbeiter in Sicht, alles schien erstarrt in dieser anfänglichen Beschädigung, die noch nichts von dem erkennen ließ, was hier geglättet und vorzeigbar entstehen sollte. Auf einem unangetastet gebliebenen Stück Land, beschirmt von einem mageren Busch, der an den oberen Spitzen der Zweige kleine blaßrosa Blüten trug, entdeckte ich einen Imbißstand, ein alter Wohnwagen mit Büffetfenster, durch das man in die Speisenwelt längst vergangener Jahrzehnte blickte. Auf den Stufen zum Eingang des Wohnwagens saß die Büffetherrin, eine blondierte Frau in verfrüht sommerlichem Kleid und geblümter Schürze, die rauchend in die inzwischen durch den Hochnebel gedrungene Sonne blinzelte. Sie grüßte mich mit der Freundlichkeit derer, die lange auf verlorenem Posten gesessen und sich mit der Unwahrscheinlichkeit einer Erfüllung ihrer kleinen Hoffnungen arrangiert haben. Ich fragte sie nach dem Weg zum Fluß, sie runzelte die Stirn, schaute skeptisch. Die Jungs vom Bau blieben seit Tagen schon aus, erklärte sie, als hielten sie den Schlüssel zum Fluß irgendwo versteckt. Alles lag brach, nichts ging weiter. Sie schnipste den Zigarettenstummel auf einen Erdhaufen und stieg in den Büffetwagen. Einladend wies sie auf ihre Waren. Schrumplige Pasteten, Sandwiches mit eingetrockneter Mayonnaise, Kuchen mit rissiger rosafarbener Zuckerglasur. Ich bat um einen Kaffee, sie hatte nur Tee, der abgestanden und bitter schmeckte. Um die Enttäuschung wettzumachen, die ihre Auslage mir bereitet hatte, wies sie auf eine Stelle im Bauzaun. Dort könnte ich durch, gleich runter zum Fluß, sagte sie. No problem. Niemand würde mich abhalten. Die beiden Zaunelemente, die dort aneinanderstießen, ließen sich leicht voneinander lösen, ein Spalt tat sich auf, ich bemerkte einen kleinen Trampelpfad, der schon über die schlammige Böschung geebnet war, wer mochte dort entlanggehen, durch dieses wüste Niemandsland im Schatten der breiten Schnellstraßenbrücke? Es roch nach Abwässern und Chemie, unterhalb der Fabriken auf der anderen Seite sah ich Rohre, aus denen es auf den Uferhang tropfte. Das Rinnsal im Flußbett schien mir noch schmäler als oben von der Autobrücke. Aus der Nähe betrachtet blickten die Schwäne ratlos und verloren, die brütenden Schwäne konnte ich nicht mehr im Schilf entdecken, das hier unten auch zu dünn und schütter wirkte, um ein Nestversteck zu bieten. Ich stand unentschlossen am Ufer und versuchte zwischen den Pfeilern der Überführung hindurchzublicken, Richtung Themse. Bei dem Gedanken, über das morastige Ufer auf ein unzugängliches Industriegelände zuzustaksen, wurde mir beklommen zumute. Ein trauriger Abschied vom Lea stand mir bevor, womöglich ohne die Mündung überhaupt zu erreichen. Als ich mich halbherzig auf den Weg machen wollte, schob sich die Frau vom Büfetwagen durch die Lücke im Zaun. Sie hatte sich eine dikke Strickjacke übergezogen, und obwohl sie kaum älter sein konnte als ich, sah ich sie einen Augenblick lang in einer Straße von Bow oder Poplar stehen, ein Zwischenkriegsmädchen auf dem Weg in den Park am Sonntagnachmittag, oder zum Fluß, eine Matrosenbraut oder Werftarbeiterverlobte, die an der Commercial Road im Akkord zugeschnittene Stoffstükke zu Perkalkleidchen steppte und werweißwarum mehr wußte als andere.

Mit sicheren Schritten ging sie voran und geleitete mich unter der Schnellstraße her, ihr zügiger Gang paßte nicht zu dem immer wieder von lautem Lachen zerrissenen Geplapper, von dem ich nichts verstehen konnte, weil sie die Worte vor sich her stieß, wo sie an Betonpfeiler, Mauern und Uferhang prallten und ungehört zu Boden fielen. Der Fluß lag so tief unterhalb von allem, was hier Stadt war, ich fühlte mich in einer anderen, ausgesperrten, abgeschriebenen Welt, nur offen zu den Himmelsausschnitten, die die Unterseiten der Straßen- und Eisenbahnbrücken begrenzten. Der Flußlauf zog sich durch ein namenloses Abseits zwischen den Mauern und Zäunen der Industrieanlagen und der unter der Kleinbahntrasse gebüschig verwilderten, nur von Vögeln bewohnten Ödlandzunge, um die sich die Flußbeuge legte. Der Anblick der nackten, in der Sonne glänzenden Schlammböschungen des Lea erinnerte mich kurz an die trostlose Landschaft der Girondemündung, wo die Böschungen steiler und tiefer waren, aber ebenso entblößt in der bleiernen Sonne glänzten, die im Juli nach dem Tod meines Vaters Tag für Tag über dem braunen Wasser hing. Nicht Fluß nicht Meer, ein gewaltiger breiter Trichter, der sich zum Atlantik hin öffnete, das trübe Wasser wälzte sich wie ein unendliches Tier, dessen gekräuselter Panzer sich in der Hitze aufzulösen schien und grell in das umliegende Marschland verdunstete. Ansässige der umliegenden Dörfer – geschminkte Frauen mit onduliertem Haar in großgeblümten Bikinis, und schnurrbärtige Schönmänner mit öl- oder schweißglänzenden Rümpfen verdösten in kleinen geschützten Ausbuchtungen die lastenden Nachmittage, während Halbwüchsige unter Gejohle mit stumpfer Lustigkeit immer wieder die von ihnen in die Böschung gebahnte Rinne hinunterrutschten und klatschend in dem schmutzigen trüben Flußwasser landeten. Kinder spielten in seichten Pfühlen, schrieen, wagten sich unbeobachtet ins Wasser, schlugen erbärmlich mit den Schwimmflügelchen, bis ein Schönmann sie rettete, jedes Drama versickerte schnell mitsamt der Tränen des mit klatschender Vaterhand heftig gerügten Kindes, auch kein ersehntes Gewitter entlud sich, alles hing in diesem Gleißen von Himmel, Schlamm, Wasser, sumpfigem Uferland. Ich hatte lange nicht mehr an diese viele Jahre zurückliegende Reise gedacht, in der mir das weißliche Licht der stets getrübten Sonne die Augen blendete, zum Erkennen vertrauter Landschaften untauglich machte und, beim Blick von der struppigfahlen Wiese am Rand einer solchen Flußböschung aus zum grell verschwimmenden Horizont hin, solche Nervenschmerzen verursachte, daß ich Tage im abgedunkelten Zimmer verbringen mußte. Trotz des Hochnebels, der die Sonne immer noch weißlich trübte, fühlte ich mich hier am River Lea sicher vor jeder Blendungsgefahr während ich der Frau folgte, an Müllstreifen und kümmerlichem Sommerflieder vorbei zu einer Treppe, die aussah wie das schiefgetretene Überbleibsel einer alten Anlegestelle, aus einer Zeit, als hier noch Kähne und Frachtboote vor Anker gingen. Über die Treppe gelangten wir auf einen schmalen Pfad, der zwischen zwei Fabrikhöfen auf eine Straße führte. Orchard Place stand auf einem Schild, nichts konnte weniger mit einem Obstgarten gemein haben als dieses öde Gelände, gesäumt von geparkten Lieferwagen, doch menschenleer im Mittagslicht.

Die Straße knickte ab, vorbei an alten Werftgebäuden und Schuppen, einem winzigen Leuchtturm, bis zu einem verwahrlosten einstigen Prachthaus, das in der Sonne lag, trotz der nahgerückten riesig aufragenden Gebäude von Canary Wharf, strahlend mit so viel Fluß und Himmel im Hintergrund. Hinter dem Haus lag die Mündung. Ein paar verwilderte Büsche neigten sich von der Ufermauer dem Wasser zu, Möwen schweiften über diesen flußwärtigen Stadtrand, grün und braun strudelte der Lea wie unschlüssig vor der Vermischung mit dem Graublau der Themse. Das war das Ende meines Ostlondoner Wegs, ein unscheinbarer Ort, kaum auffindbar, täglich von unzähligen Blicken aus der Entfernung gestreift, immer im Vorübergleiten, in der Fortbewegung, Passagenblicke auf einen Übergangsort. Ich blickte die Themse hinunter, die jetzt mit dem Lea auf dem Rücken immer breiter wurde, grauer, gleichgültiger gegenüber den Ufern, meerwärtiger. Die Frau zog einen Schokoladenriegel aus der ausgebeulten Tasche ihrer Strickjacke und bot mir die Hälfte an. Ich kaute lange daran, dem Fluß zugewandt, während die Frau auf der Mauer saß und rauchte. Die Schokolade war widerlich süß und muffig zugleich, zäh und ölig, eine Erinnerungsschokolade, die mich in die Zuckersucht der Kindheit zurückwarf, daß mir fast schwindelte und mich Furcht überfiel, ein kleines Ausflugsboot könnte an diesem seltsamen halbvergessenen Vorposten Ostlondons vorübergondeln, von dessen Reling ich im blauen Kindermantel mir selbst entgegensehen würde.

Die Frau führte mich am Themserand der Halbinsel entlang. Ein großer, direkt an den Fluß grenzender Hof wirkte weniger verlassen und aufgegeben, Leute saßen auf Klappstühlen in der Sonne, hinter ihnen eine verwaschen bunte Wagenburg aus Schiffscontainern. Die Frau wies auf den kleinen Leuchtturm, wollte eine Geschichte dazu erzählen, für die sie unvermittelt einen schauspielerischen Vortragston anschlug. Beim Erzählen blinzelte sie mir ein paarmal kaum merklich zu, als wollte sie mich zu einer Regieanweisung ermuntern. Die Geschichte handelte von der kleinen Tochter des Prachthausbesitzers, die in den Leuchtturm so verliebt war, daß sie sich des Nachts in den von Lea und Themse umplätscherten und feucht umwehten Garten schlich, um den nächtlich strahlenden Schein zu betrachten. Ob durch Kälte, Feuchtigkeit oder üblen Hauch von einem zu dicht vorbeiziehenden Schiff, das Mädchen erkrankte in einer Frühlingsnacht an einem schweren Fieber, aus dem sie erblindet erwachte.

Die spärlichen Zuhörer, die auf ihren Klappstühlen sitzend zugehört hatten, klatschten Beifall, als die Frau schloß, auch wenn sie eigentlich viel zu weit entfernt gesessen hatten, um der in Flußrichtug aufgesagten Erzählung folgen zu können. Ich hingegen war, mit dem Rücken zur Themse stehend, sicher, die ganze Geschichte mitbekommen zu haben, und fühlte mich deshalb geradezu verpflichtet, Beifall zu klatschen, wenngleich etwas verspätet und besorgt um die Frau, die nun sichtbar vor Kälte zitterte und verfroren mit den Zähnen klapperte.

35
Estuary

Auf der Suche nach einer Nähmaschine geriet ich in einen Laden mit Gebrauchtem, irgendwo zwischen Spitalfields und Bethnal Green, wo es früher von Nähmaschinen, Näherinnen, Stoffballen und Stecknadeln gewimmelt hatte. Der Verkäufer war Italiener, er empfahl sich als Spezialist für alte Geräte aller Art und hatte im Hinterraum seines Ladens eine ganze Armee alter Singer-Tischnähmaschinen in polierten Holzkoffern stehen, die er nach Italien zu exportieren gedachte. Um jeden Griff war eine Schnur geschlungen, an der ein kleiner Schlüssel zum Auf- und Absperren des Holzdekkels hing. Ich dachte an meine Großmutter, die bei offenem Fenster an ihrer Nähmaschine herzbewegende Lieder sang, während sich unter dem Nähfuß und ihren Händen unförmig scheinende Stoffteile in Sommerkleider verwandelten, die wir Kinder auf unseren Reisen in den Süden trugen. Der Händler kam aus Comacchio, ein Name der mir, als er ihn beiläufig erwähnte, im ersten Augenblick nur vage bekannt und von keinem Bild begleitet erschien. On the river mouth, sagte der Mann, wie um mir mit seinem holprigen Vokabular nachzuhelfen, und stieß ein Tor zu abgelegenen Erinnerungen auf. Während er gleich dazu überging, mit einstudierter Charmanz seine Ware anzupreisen, fielen mir die weißen Himmel des Po-Deltas wieder ein, die flimmernde helle Ebene, die sich an den Rändern auflöste und meinem Kinderauge so leer schien, am Straßenrand eingestürzte Gehöfte, das Land wie eine flache Schale mit den verwahrlosten Maisfeldern, die im Wind raschelten, die sommerdürren Betten verirrter Flüßlein, die nicht ins Meer wollten, der Himmel immer dunstig, tief, heiß, nie blau, nie mit rundlichen Wolken betupft, ein ebenes, endloses Durchfahrtsland, das sich meiner Kindheitserinnerung stärker einprägte als die Ziele unter blauem Himmel und an felsigem Strand. Ich sah uns auf einer alten Steinbrücke stehen in lastender Nachmittagshitze, mein Vater zeigte uns den Fluß, der kaum mehr war als ein Rinnsal in einem gebleichten Bett, eine Rinne, die dem graublauen Flimmern der Adria zustrebte. In der Ferne zitterten die Umrisse großer Fabriken über der Ebene, Luftspiegelungen, denen die einstigen Bewohner der verfallenen Bauernhäuser querfeldein stolpernd zugeeilt sein mochten, doch die trügerische Diesigkeit wird sie mit der heimlichen Grellheit des Lichts geblendet haben, sie werden zu trockenen Zeiten in steinige Flußbetten gestürzt, zu wasserreichen Zeiten in den unzähligen Wasserläufen ertrunken sein, den fetten Aalen zur Speise, derer Comacchio sich rühmte. Nach der Flußbesichtigung kletterten wir zurück in das heiße Auto und fuhren weiter nach Süden, während mir vor den lichtwunden Augen Kringel, Schleifen und Schnörkel tanzten, die ich als Kind für eine nur mir offenbarte Schrift dieser Mündungsebene hielt.

Ich kaufte dem Mann aus Comacchio eine Nähmaschine ab und schleppte sie nach Hause. Sie stand auf dem Tisch an meinem Fenster, einladend und schön. Bei geöffnetem Fenster probierte ich die Maschine aus, draußen vor dem Haus blühte die Blutjohannisbeere, der allgegenwärtige Stadtstrauch Londons, und verbreitete ihren scharfen Geruch, den ich so gern hatte. Ich unterließ es, in die während der Pausen zwischen den Hochbahnzügen so stille englische Straße zu singen, ich war heimisch genug geworden, es darin meiner Großmutter nicht nachzutun. Während ich nähte, so leise summend, daß meine Stimme nie das Rattern des Nähfußes übertönte, gingen mir Comacchio und die Landschaft Nordostitaliens nicht aus dem Kopf, mein unverdrossen reisender Vater mit seinen gefräßigen Augen, die immer Neues und immer mehr sehen wollten, Landschaften, Städte, Flüsse, Bilder, ein Leben voll Bilder, über denen er das Fotografieren aufgegeben hatte.

In meinem ersten selbstgeschneiderten Londoner Kleid suchte ich den Italiener wieder auf und kaufte ihm sein altes rotes Auto ab, das er mir beiläufig auch angeboten hatte, als ich die Nähmaschine erwarb. Ich hatte lange kein Auto mehr gefahren und brauchte einige Zeit, um mich an den Verkehr zu gewöhnen, an das Manövrieren eines Gefährts in den Autoschlangen, an die Ordnung der befahrbaren, im Unterschied zur begehbaren, Stadt. Eines frühen Morgens machte ich mich auf nach Osten, um den Ort zu finden, wo ich vor Jahrzehnten mit meinem Vater an der Themsemündung gestanden hatte. Die Sonne ging auf und tauchte die Commercial Road mit den Straßenfegern und schwankenden Spätheimkehrern in ein rosiges Licht. Arbeiter frühstückten hinter den fettig beschlagenen Fenstern der kleinen Cafés mit italienischen Namen, wo es nur englisches Frühstück und bitteren Tee aus großen Blechkannen gab. Ich folgte den Schildern aus der Stadt, entschied mich für Orte, deren Namen ich zu erkennen meinte, stets dessen eingedenk, das nichts so sehr ins Ungewisse führt wie die Erinnerung. Ich machte an etlichen Orten halt und schaute auf die Themse, die langsam breiter wurde, doch ihre seltsame Londoner Unverbundenheit mit dem durchströmten Land behielt. In Gravesend aß ich Pommes frites mit Essig und starrte auf die Docks von Tilbury, versuchte mir diese Szene Jahrzehnte zuvor vorzustellen, was war schon dort gewesen, was konnte ich gesehen haben, was nicht? Nach dem rosigen Sonnenaufgang war es ein wolkigwindiger Tag mit guter Sicht, ich konnte zwischen den mäßig geschäftigen Kränen am anderen Ufer Containerstapel erkennen, wie kleine Städte sahen sie aus, heimliche Besiedlungen, die am Rand von Städten, Flüssen, Meeren emporwachsen. Möwen kreisten und stießen ihre scharfen rauhen Rufe aus, die Flut schob sich flußaufwärts, Pferde auf einer Wiese zwischen Fabriken grasten ungestört am Rand stiller Tümpel, in denen sich der Himmel spiegelte. Ich spazierte am Ufer der Isle of Grain und sammelte glatte Kiesel, befingerte schwarze weiche Klumpen zwischen Muschelschalen und angeschwemmten Bruchstücken unbestimmbarer Dinge, es war Erdöl, das wieder zu Stein werden wollte, während riesige Tanker hinaus in die Mündung glitten. Am Abend stand ich in Sheerness auf dem Sand. Hier stieß der Medway zur Themse, die schon kein Fluß mehr war, sie hatte ihr Maul schon zu weit Richtung Meer geöffnet, als sei sie die Verschluckerin und nicht die Verschluckte, die Grenzen verschwammen, ließen sich höchstens an den unterschiedlichen Grautönen der Wasserflächen vermuten, doch auch das konnte eine Täuschung sein. Große Frachtschiffe steuerten den Hafen an, Fischerboote lagen auf dem Wasser, weit draußen, die andere

Seite zeichnete sich weich und dunstig ab, es dunkelte, Lichter flackerten auf, bunte Lichterreihen, wie mir schien in kleinen Signalfolgen blinkend, die ich jedoch zu keiner Botschaft entziffern konnte. Hier mochten wir vor Jahrzehnten gestanden haben, mein Vater und ich, auf dem Weg zurück auf den Kontinent, vielleicht war es das, was diese fernen Leuchtsignale mitteilen wollten.

Kurze Zeit später machte ich mich auf den Weg am Nordufer der Themse entlang, um die Lichter aufzusuchen, die ich von Sheerness aus gesehen hatte. Ich wollte mich nah am Fluß halten, auch wenn man unterwegs nicht viel davon sah, und geriet auf eine kleine abseitige Straße, zu beiden Seiten mit dünnem Gestrüpp bestanden, hier und da eine Lagerhalle, auf der Flußseite die dünnen Finger hoher Kräne, die reglos gegen den Himmel aufragten. Das Land öffnete sich nach Süden: Über dünenartiges Gelände wo stämmige schwere Bauernpferde grasten, als hätte ein vergangenes Jahrhundert sie hier vergessen, ging der Blick auf ein fernes Gedränge von offensichtlicher Hafengegend mit Speichern, Schiffen, Ladekränen, während hinter der Weide eine Wand aus Schiffscontainern auftauchte, Türme angerosteter Riesenkisten mit den Namen der großen Frachtfirmen, die man überall in der Nähe von Häfen sah, Hanjin, Mærsk, P&O, gelb, rot, grün und grau, unbewacht und unbehütet, wer weiß, wer ihren Inhalt erwartete oder womöglich vergessen wollte, ob sie der Verschiffung harrten oder verwaistes Gut waren, leere Hülsen, die wieder gefüllt werden wollten, oder als Verlust abgeschriebene Behälter, vollgestopft mit abhandenem Besitz, der vor seiner Verschiffung Leben ausgemacht hatte.

Bis Leigh on Sea war die Landschaft trostlos, weites

Marschland, so flach, daß man ihm kaum die Festigkeit zutraute, all diese hingeworfenen Siedlungen zu tragen, all diese unschlüssige Halbstädtischkeit, in deren Straßen die unbändigen Kinderhorden, anscheinend auf unablässiger Suche schweifend, halbwild erschienen, sehnsüchtig nach Verwilderung und Unwegsamkeit.

Als ich Southend erreichte, war Ebbe. Die Sonne spiegelte sich in der weiten Fläche des feuchten Schlicks und blendete. Menschen wateten im nassen Sand und sammelten etwas. Ich ging am Strand entlang, bis es Abend wurde, bückte mich nach Muscheln, die aussahen wie aus der Tiefsee ausgeworfene Rückstände sagenhafter Tiere, die am Boden des Meeres umherwanderten, bis sie sich in Fische verwandelten, ihre Tatzen abstreiften und andere Gefilde aufsuchten.

Mit Einbruch der Dämmerung kam ich den Lichtern auf die Spur, die ich von Sheerness gesehen hatte. Der Vergnügungspark am Wasser begann in allen Farben zu blinken und zu glitzern, obwohl er kaum besucht war, nur eine Handvoll Vergnügte kurvten auf den schwindelerregenden Achterbahnen und Schleuderkarussells, sie kreischten, wie es sich gehörte, wenn die Wagen abwärts schossen und die Karussellkabinen waagrecht in der Luft standen, doch ihre Stimmen gingen unter in der Begleitmusik und den abgespulten Anpreisungen der Attraktionen.

An der größten Achterbahn mit den steilsten Abfahrten, ein mit funkelnden Lampengirlanden geschmücktes Riesengebilde verschlungener Bahnen, gekrönt von einer strahlenden Leuchtschrift, stand eine kleine Gruppe Kinder, die alle eine gelbe Blindenbinde am Arm trugen. Erwartungsvoll hatten sie die Gesichter nach vorne gewandt, wo ihre Betreuer die Karten erstanden, und traten dann folgsam nacheinander auf die kleine Plattform, wo die Wagen warteten.

Ich wanderte hinaus auf den langen Pier, der in die Mündung ragte. Es war fast dunkel, je weiter ich mich vom Ufer entfernte, desto schöner sah der Vergnügungspark aus, eine bunte Glasperlenbrosche auf diesem äußersten Stück Land zwischen Fluß und Meer. Anfangs drang ab und zu noch schrilles Gellen und Kreischen, begleitet vom Rasseln der abwärts schießenden Wagen, auf den Pier hinaus, und ich fragte mich, ob es die blinden Kinder waren, die immer noch auf der Achterbahn ihre verschlungenen Kreise drehten. Ob sie sich fürchteten, auch ohne die Höhe zu erkennen, aus der sie nach unten rasten, ob sie Furcht spielten oder vielleicht nur aus Vergnügen kreischten, aus Lust an diesem unvorhersehbaren Auf und Ab in einer Wolke fremder Töne und Geräusche, im Seewind und den Geruchsschwaden von Ausflugsspeisen, an der alle Erwartungen übertreffenden Geschwindigkeit.

Draußen, an der Spitze des meilenlangen Piers, der in das wogende Gemisch aus Gewässern ragte, war ich fast allein. Der Wind fiel in Stößen auf die Plattform, von allen Seiten kommend, und von allen Seiten klatschten die Wellen an die eisernen Träger. Ich stand in der Mündung, zwischen Meer und Fluß, zwischen den Lichterreihen von Sheerness am südlichen und dem bunten Leuchten des Vergnügungsparks von Southend am nördlichen Ufer, zwischen dem sich riesig wölbenden lichtlosen Dunkel über dem Meer im Osten und dem fernen Lichtschein von London im Westen. Hier fing nichts an und hörte nichts auf, vielleicht war das die Botschaft der leuchtenden Lämpchen gewesen, die ich von Sheerness aus gesehen hatte. Hier war die Mitte, die nie stillstand.

36

Übergehung

Seitdem der Kroate fort war, sah ich Jackie öfters im Eingang der Stollerschen Lagerräume lungern. Er rauchte, seine Wangen wirkten unrasiert und etwas verschattet. Die Kippa saß schief, und wäre ich ihm jemals nahe gekommen, hätte mich ein säuerlicher Geruch der Verwahrlosung nicht verwundert. Vielleicht war er in Trauer. Doch die Stoppeln blieben Stoppeln und wurden nicht zum Bart, wahrscheinlich kratzte er gelegentlich mit einer stumpfen Rasierklinge darüber, um Mrs Stoller nicht zu sehr zu verstimmen. Er lungerte an die Wand des nun geschlossenen Laden gelehnt, der die Einfahrt auf einer Seite begrenzte. Dabei gab es viel zu tun, die Woche vor Pessach war keine Lungerwoche, sondern eine Woche der Betriebsamkeit. In den Frommenhäusern unternahm man Großputz, anschließend wurden die Einkäufe für die Woche ohne Gesäuertes ins Haus gebracht. Mazzenschachteln und Eier, Frisches und Bitteres, alles, was für feiertagsgerecht befunden worden war. Bei Stoller's und Greengrocer Katz, beim Fleischer und beim Fischhändler stand man Schlange und türmten sich die Bestellungen, im Supermarkt schoben die weniger wohlhabenden Frauen schwer beladene Einkaufswagen zur Kasse. Eine junge Frau brach in zornige Tränen aus, weil die Kassiererin die auf den Namen des Mannes ausgestellte Kreditkarte nicht annehmen wollte, auf ihrem Einkaufsberg, den drei blasse bebrillte Knaben umstanden, lagen als Krönung drei Tulpensträuße, und diese waren es, auf die die Frau schützend und trotzig die Hand legte, um zu schwören, es sei ihr eigener Mann, dessen Kreditkarte sie hier vorzeige. Die Kassiererin kannte kein Erbarmen, weil das nicht in ihren Wortschatz gehörte, obwohl ihr rundes Gesicht um eine Erbarmensregung zuckte und sie die junge Frau samt Kindern sicher gerne einfach durchgewinkt hätte, nur nicht wußte, wie. Die anderen frommen Frauen in der Schlange zügelten ihre Ungeduld, die Nichtfrommen murrten und spotteten. Da näherte sich ein Rabbiner im biblischen Troß, mit schlaksigen Schülern im Gefolge, die Rockschöße flatterten, die Schläfenlocken bebten unter den schwarzen Hüten, was machte der Rabbiner im Supermarkt? Er erkannte in der jungen Frau mit dem unausgelösten Einkaufswagen ein Gemeindemitglied, ein paar jiddische Worte flogen, die junge Frau bat ihn, für sie zu bürgen, die Kassiererin war verlegen und ratlos, der Rabbiner bezahlte den Einkauf, die drei Tulpensträuße fuhren ins Frommenhaus und würden dort dem Herz der jungen Frau guttun, während sich die drei blassen stummen Knaben vielleicht einmal danebenbenahmen.

Ich verbrachte die Woche damit, die zwischen August und April aus den Umzugskisten gezogenen Bücher, Landkarten und Kleidungsstücke wieder hineinzustecken und die aufgerissenen Kartons zuzukleben. Ich packte alles ein, was an den letzten Tagen entbehrlich war, bündelte, stapelte, richtete für den Umzugswagen, der nach dem Feiertag kommen und alles in ein anderes Land fahren würde. Ich schrieb letzte Briefe von meiner Londoner Adresse, stand im Postamt um die letzten hiesigen Briefmarken an, mit denen ich meine Briefe frankieren würde. Ich hörte keine Musik, ich las keine Bücher, ich fotografierte nichts. Gegen Abend spazierte ich zum Springfield Park, blieb aber immer am Rand des Hangs stehen, blickte in das blaß ergrünende Marschland und auf den Fluß, der zwischen den kaum belaubten Bäumen schimmerte und wie immer den Himmel und die Schwäne trug. Krähenvögel saßen auf kahlen Ästen, auf dem Wintergartendach des Pavillons und auf den dunklen Lebensbäumen, als warteten sie auf etwas. Sie stakten durch das Gras und pickten, drehten die Köpfe ruckartig hierhin und dahin, erhoben sich im Schwarm, und ließen sich an anderer Stelle nieder, ohne einen Laut.

Am Nachmittag des Vorfeiertags senkte sich Stille auf die Straßen. Greengrocer Katz' Laden war geschlossen, Jackie ging, säuberlich gekleidet und auch rasiert, an meiner Wohnung vorbei die Straße hinauf, Richtung Springfield Park, sicher um am Tisch eines Verwandten zu sitzen, dem das Wort für Erbarmen geläufig über die Lippen ging. Der Abend war lau und warm, so weich, als hätten sich alle in den Köpfen der Anwohner dieser Straße erhaltenen Kindheitserinnerungen an Liebliches zusammengetan um Frühling aufzuführen. Spät am Abend saß ich auf den Stufen zum Vorgarten, betrachtete die Passanten, die im Licht der Laternen vorübergingen, ohne mich zu bemerken, und schaute die Straße auf und ab. Im Billardcafé ging es manierlich zu. Vor dem Vierundzwanzigstundenladen auf der Ecke von Stamford Hill lungerte kaum Kundschaft. Die Taxifahrer auf der Bank vertrieben sich den ruhigen Abend mit einem Spiel, bei dem sie kleine Spielsteine einsetzten. Ich sah Fromme nach Hause wandern von den Festmahlen, bei denen sie zu Gast gewesen waren. Die Väter trugen schlafende Kinder, die Mütter schoben Kinderwagen. Größere Kinder schlurften müde. Alle hatten sie die Geschichte gehört, in der der Engel die Türen der Häuser übergeht, wo die Menschen den Türpfosten mit Böckleinblut bestrichen haben zum Zeichen, daß sie zur Abreise bereit sind. Dieses Zeichen erkennt der Engel und teilt sein Verderben nur an die anderen Häuser aus, wo man schläft und träumt und keinen Gedanken an einen Aufbruch verschwendet. Mit diesem abreisefreundlichen Engel der Übergehung im Kopf taumeln die Kinder nach Hause und in ihr Bett.

Als der Möbelwagen kam, fiel ein ganz leiser Nieselregen, so fein wie zu winzigen Tröpfchen verdichtete Luft. Ein Rumäne spielte den Aufseher. Er beteiligte sich nicht am Schleppen und Packen, stand nur an der Tür und klebte auf jeden Gegenstand und jede Kiste, die herausgetragen wurden, einen gelben Zettel mit einer Nummer und verzeichnete den numerierten Gegenstand auf einer Liste. Dreiundvierzig: Lampe. Einhundertundsiebenundzwanzig: Nähmaschine. Zwischendurch wischte er sich den Nieselregen von der Stirn als wäre es Schweiß. Er komme vom Donaudelta, erzählte er, als ich ihn nach seiner Heimat fragte. Er war ein Mann des Donauflusses, geboren in Giurgiu, mit dem flachen Marschland im Rücken und Blick auf die Schlote und Hafenkräne von Ruse in Bulgarien, und aufgewachsen im Delta, wo jede Sicherheit von Land- oder Meerzugehörigkeit aufgehoben war und alles schwankte wie ein Kahn. Ein paar Jahre lang hatte er als Kellner auf einem Donaudampfer gearbeitet, der den Fluß zwischen Wien und Constanţa auf und ab gondelte. Dort hatte er viele Fertigkeiten erworben, zu denen gute Manieren gehörten sowie das Falten von Servietten zu Mützchen und das Schreiben langer Listen der Dinge, die an den jeweiligen Anlegestellen zu besorgen waren. Das alles trug der Rumäne vor wie einen erlernten Spruch. Ich stellte mir ihn als beflissenen Kellner vor, während draußen vor den Schiffsfenstern die bröckelnden Uferfelsen von Rumänien und Serbien vorbeizogen, dann das Sumpfland von Bulgarien und Rumänien, die Anlegestellen der Fähren mit den wartenden Händlern, die mit Billigware beladen und ertüfteltem Gewinn im Kopf zwischen den Ufern und Ländern pendelten. Ein Junge vom Fluß, der es zum Aufseher über andere Jungs von anderen Flüssen gebracht hatte. Die Packer unterdessen schlurften ein und aus und sagten kaum ein Wort. Stumm trugen sie die Gegenstände hinaus, machten kurz Halt vor dem Rumänen, bis der Zettel aufgeklebt war, bewegten sich zum Möbelwagen. Miteinander verständigten sie sich leise in einer Sprache, die ich nicht verstand. Als die Packer alles im Möbelwagen verstaut hatten, mußte ich die Liste unterschreiben. Der Rumäne legte die Hand an die Schläfe wie zu einem militärischen Gruß und schlug die Hacken zusammen. Irgendwo zwischen hier in Ostlondon und dem Bestimmungsort in Osteuropa würde alles umgeladen. Dafür brauchte man die Nummern, denn so würde es keine Verluste geben. No losses, sagte er, aus seinem Mund hörte es sich an wie ein einziges Wort, nolossos, ein neues Wort das in einer unerfindlichen Verwandtschaft zu dem Wort colossus zu stehen schien.

Die Wohnung war fast ganz leer. Die Entfernung meiner Gegenstände war wie die Beseitigung einer Landschaft, in der sich mein Leben klein und behutsam herumgedrückt hatte, in Spalten, Klüften, Mulden, auf Anhöhen und in Abgründen. Was in den Zimmern geblieben war, wirkte wie unbeholfen zusammengestellte Requisite für eine bloße Theaterlandschaft, eine Kulisse, auf deren Landschaftsbedeutung man sich in Kenntnis des gespielten Stückes stillschweigend und nur für die Spieldauer immer wieder aufs neue einigen mußte. Eine Matratze hatte ich zurückbehalten, die ich hier in London lassen würde. Mein Koffer stand in der Mitte eines Zimmers, meine Kameratasche an der Tür, eine Tasse auf der Fensterbank, ein Buch lag auf der Matratze. Das Stück, das zwischen diesen Gegenständen zu spielen war, lag noch im Dunkeln.

Auf dem Kaminsims bemerkte ich ein Foto, das ich noch nie gesehen hatte. Es war eine alte, sepiabraune Fotografie, auf dicken Karton gedruckt, eine kleinformatige Postkarte, mit Adreßzeilen und punktiertem Umriß für eine Briefmarke auf der Rückseite. Das Format der Karte war für den Druck etwas zu groß, links von dem Bild befand sich ein breiter weißer Streifen mit einem halben sepiabraunen Fingerabdruck. Konnte einer der Packer eine solche Fotografie bei sich getragen haben? Eine Fotografie, die ganz offensichtlich so alt war, daß die abgebildete Gestalt nichts mehr direkt mit dem Leben eines der Packer zu tun haben konnte? War sie aus einem Buch gerutscht, das ich irgendwo an einem Karren, in einem Antiquariat gekauft und dann nie aufgeschlagen hatte? Ich konnte mir keinen Reim darauf machen. Die Fotografie zeigte ein Mädchen von vielleicht elf Jahren. Ihr helles Haar war im Nacken mit einer großen weißen Schleife zusammengehalten. Sie trug ein Kleid, das unter dem Brustkorb und an den Ärmeln mit dunklen Bändern verziert war.

Mit beiden Händen hielt sie einen Stock schräg vor sich. Sie blickte etwas fragend-verwundert, doch bestimmt und nicht träumerisch, das Gesicht ein wenig schräg aufwärts gedreht. Mund, Nase, Kinn waren deutlich zu erkennen, doch trotz der ahnenden Wachheit ihres Blicks wirkten die Augen geschlossen, unsehend. Das Mädchen stand in einem Garten. Hinter ihr ein Holztisch, Gebüsch, ein hoher Eisenzaun mit scharfen Spitzen. Alles rings um das Mädchen – die Blätter, Gräser, Blumen – strebte fort und verschwamm, wie von einem rasenden Sog ergriffen, der nur diesen stillen Mittelpunkt von Gesicht, Brust und Armen des Kindes verschont ließ. Ich stellte das Foto zurück auf den Sims. Ich wollte es nicht vergessen.

Die Nacht nach diesem nieseligen Tag war sehr schön, es duftete fast sommerlich. Ein warmer Wind strich an den Fenstern vorbei. Die Züge in der Bahnstation seufzten ohne Beschwernis. Ich setzte mich auf die Stufen vor dem Haus. Wenige Passanten kamen vorbei, es war tiefe Nacht. Zum ersten Mal bemerkte ich ein erleuchtetes Fenster über dem Laden von Greengrocer Katz. Eine Gestalt war auszumachen, die dort in einer Haltung stand, als versuche sie durch Abschirmen der Augen zu erkennen, was draußen im Dunkel vor sich ging. Unvermittelt fiel mir eine Szene aus einer Geschichte ein, die ich meinem Vater vorlas, als er einer Erkrankung des Sehnervs wegen mit verbundenen Augen liegen mußte. Er wünschte sich die Geschichte auf Italienisch vorgelesen und korrigierte ständig meine Aussprache. In dieser Szene beobachtet ein Mann in der Nacht aus seinem Zimmer Bauch und Füße eines Geckos, der sich müht, an der Fensterscheibe emporzuklettern. Es war ein kalter Frühling, als ich die Geschichte vorlas, und damals kam sie mir aus inzwischen unerfindlichen Gründen besonders traurig vor.

Ich sah das Stollerauto neben dem Laden des Kroaten vorfahren, es hielt vor der Einfahrt zu den Lagerräumen und hupte einmal kurz, so kurz, daß niemand davon aufgewacht wäre. Ich trat an die niedrige Vorgartenmauer und sah Jackie aus der Einfahrt kommen, er trug zwei Koffer. Er war nur eine dunkle, gesichtslose Gestalt im Finstern, ich erkannte ihn an einer leicht gebückten Haltung und fand es gleichzeitig sonderbar, daß ich ihn daran zu erkennen meinte, obwohl ich diese Haltung nie an ihm festgestellt, nie als für ihn kennzeichnend vermerkt hatte, ja sie überhaupt auch nur den Koffern geschuldet sein konnte, die offensichtlich schwer waren. Ich sah ihn die Klappe zum Laderaum des Autos öffnen und die Koffer hineinwuchten. Über dem Rand der Sitze konnte ich im Schein der Straßenlaterne die unruhigen Köpfe der Stollerknaben ausmachen, die zu dieser Nachtzeit doch im Bett liegen sollten. Jackie schloß den Kofferraumdeckel und drehte sich um. Er machte sich an etwas zu schaffen, hob die Arme, hielt etwas vor sein Gesicht. Ich fühlte mich plötzlich wie ertappt und hoffte, im Dunkel nicht aufzufallen. Im nächsten Moment blendete mich ein greller Kamerablitz, und ich kniff erschrocken die Lider zu. Von der plötzlichen Helligkeit schmerzten meine Augen, als ich sie nach einer Weile öffnete, tanzten immer noch gleißende Kreisel vor mir, die nur langsam aus dem Blickfeld wirbelten. Das Stollerauto war verschwunden. Die Straße war leer, wie ich sie noch nie gesehen hatte, und das Licht in dem Fenster über Greengrocer Katz' Laden war erloschen.

37

König

Alles erschien außergewöhnlich still in den letzten Tagen vor der Abreise. Nicht einmal Vögel hörte ich in den Bäumen hinter dem Haus. Nur ein, zwei Male am frühen Morgen kam der Möwenschwarm, beschrieb seinen Bogen und zog dann in Richtung Osten wieder davon. Die Frommen begingen ihre Feierwoche, Greengrocer Katz hielt das Geschäft geschlossen. Der Laden des Kroaten lag verlassen. Nichts regte sich am Eingang zum Stollerschen Lager. Ich wanderte durch die Straßen, lauschte auf die Feiertagsgeräusche, die aus geöffneten Fenstern drangen, versuchte mir das Licht der Apriltage einzuprägen, die Grautöne des vielfach ausgebesserten Straßenasphalts, die mir noch nie so seltsam geschichtet und zu Zeichen und Bildern gegossen und abgewetzt erschienen waren, die winzigen Blüten des Unkrauts in den Gehsteigritzen. Die Kreise meiner Wanderungen wurden kleiner, ich zögerte, meine alte Richtung zum River Lea einzuschlagen, vielleicht war es Furcht, ich könnte dann die Abreise weiter und immer weiter hinausschieben, mein fern in Osteuropa lagerndes Hab und Gut vergessen, das doch abgeholt werden und einen Platz in meinem neuen Leben finden wollte, ich könnte meine Gänge wiederaufnehmen, Ausschau nach dem halten, was ich noch nicht gesehen, was ich übersehen, ausgelassen, mißachtet hatte, jeden Flecken einer Landkarte füllen wollen, die doch in Bewegung war, die wogte und floß, Lohn und Preis alles Unsteten auf dem Rücken trug, nämlich daß nichts gleichbleibt.

In der letzten Nacht vor der Abreise konnte ich nicht schlafen. Ich saß in der leeren Wohnung. Die übriggebliebene Matratze war dünn und der Boden hart, in jedem Raum störte mich etwas, der Einfall des Straßenlichts, der Geruch der Dielen, die Leere. In der Küche standen die letzten Utensilien, die ich dem Laden des Kroaten hatte überlassen wollen, eine Spende zugunsten bosnischer Flüchtlinge, die sich längst an neuem Ort seßhaft glaubten und weder an Flucht noch an Flüchtlingsbedürftigkeit erinnert werden wollten. Gegen Ende der Nacht machte ich mich zu einem letzten Spaziergang auf und schlug endlich doch den Weg Richtung Osten ein. Es war dunkel, in den Bäumen längs der Straße jedoch begannen die ersten Vögel zu singen. Die Baumkronen waren dünn und spärlich belaubt, kleine Blättchen, die sich in der blassen Sonne der warmen Tage geöffnet hatten und noch zu keinem Rascheln in der Lage gewesen wären. In den Straßen der Frommen herrschte Stille im Schein der Straßenlaternen, die Lampen über den Haustüren warfen ihr Licht auf die betonierten Vorgartenstreifen und Einfahrten, hinter wenigen Fenstern regte sich etwas, Schatten, die sich an Herd oder Spüle zu schaffen machten, schlaflose Hausfrauen, perückenlos in der Verborgenheit, mit gebeugtem Kopf abwechselnd auf das Schlafeswogen ihrer vielköpfigen Familie und auf die Morgengeräusche außerhalb ihres Hauses horchend. Die Busse auf der Durchfahrtsstraße waren hell erleuchtet, kaum ein Passagier saß darin. Sie segelten leer und von übermütiger Geschwindigkeit schaukelnd auf dem dünnen Rinnsal von Strecke und Fahrplan die Straße hinauf und hinab. Das Tor von Springfield Park war noch verschlossen. Zwischen den Stäben sah man ins Graudunkel hinter den Umrissen der Büsche und Bäume, ins Ende der Nacht über dem Lea, dem kleinen Erlenhain, den Wasserspeichern, während sich an der Horizontlinie ein heller Dämmerstreifen auftat. Erst strömte blasses Licht durch diese Öffnung ein, dann überzog sie sich mit einem dünnen Rot, gegen das sich die Zeichnung der kahlen Bäume im Park, die eben noch grau im Dunkel gestanden hatten, ganz schwarz abhob. Der Himmel wurde heller, die Dinge dunkler. Streifen in lila, türkis und orange schichteten sich über dem tiefblauen Rand der Erde. Ein Schwarm Vögel flog auf, unter kurzen Krächzlauten aus schwarzen Kehlen. In der Mitte des Rasenrondells erhob sich eine Gestalt, die vorher wohl reglos zusammengekrümmt dort gelegen hatte, ein unförmiges Etwas, das ich, den Blick ganz auf den Horizont gerichtet, für einen niedrigen Busch gehalten haben mußte. Gegen den Morgenhimmel wirkte die Gestalt riesig. Ein Mensch mit einer federnden, sich in alle Richtungen spreizenden Kopfbedekkung, eine vielgeflügelte Haube, schwarz umzackt im aufsteigenden Licht. Unter dem schmalen, langgestreckten Oberkörper ein fleddrig-struppiges Röckchen, um magere Beine wippend. Der König war zurück. Der Verwahrung entkommen, in die man ihn vor meinen Augen verfrachtet hatte, hauste er jetzt womöglich zwischen den Büschen von Springfield Park, in Rufnähe seiner früheren Unterkunft, ich stellte mir vor, wie er nachts Laute ausstieß, an denen die beiden Frauen in der Erdgeschoßwohnung ihn erkennen mochten. Ein Rufen beim Namen aus der Dunkelheit wie aus der Fremde oder in die Fremde aus einer Art Heimat, oder eine Drohung, die sie veranlaßte, die Fenster der Wohnung zu schließen. Das Röckchen hatte die Pracht des Gewandes, in dem ich den König an Herbstabenden angetroffen hatte, eingebüßt, gab jedoch immer noch dieses schwache Leuchten von sich, das einzelnen Fäden, Federn, Flecken innezuwohnen schien, die Insignien des Königs aus einem anderen Land, der hier seinem Geschäft der Königlichkeit nachging so gut er es vermochte. Der König hob die Arme, wölbte die Finger zu bebenden zuckenden Hohlkörpern, der Kopfputz blähte und plusterte sich, ein gefiedertes Wesen auf dem Königshaupt, ein Kronenstatthalter, der in dem schnell zunehmenden Licht zu glänzen begann. Der König bewegte sich im Kreis, während rot und orange die Sonne über dem Marschland erschien, er streckte und dehnte Oberkörper und Arme, die Vögel umschwärmten ihn, ein Goldfaden im schütteren Rest seines federgemusterten Festkleids schimmerte schwach. Der König hielt inne, setzte an zu einem Sprung, in dem sich alle seine Kräfte sammelten, hob in die kreisenden Vögel hinein mit rudernden Armen vom Rasen ab, schwebte dicht über dem Boden in der Luft, Sonnenlicht strömte in den Zwischenraum zwischen dem schwebenden Fuß und dem fahlen Gras, er war ein Vogelkönig unter seinen Untertanen, der König flog! Dann stürzte er der Länge nach auf den Boden. Sonnenstrahlen breiteten sich über ihn, im Glanz der Sonne erbebten Goldflecken auf seinem Rock. Beim Sturz des Königs nach seinem kurzen Flug flatterten die Vögel erschrokken mit großem Flügelsurren davon, kehrten zurück, umkreisten ihn, ließen sich auf dem Rasen nieder, umstelzten ihn mit ruckartigen Kopfbewegungen. Hackten sie mit den Schnäbeln nach ihm? Erweckten sie ihn, zerpickten sie ihn, diesen Königsrest, den gefallenen Flugkörper? In einem Schwall ergoß sich jetzt das Licht über den Park, den gestürzten König, die Vögel, tauchte alles in diesen grellen Überfluß der Helligkeit, mit der Tage anheben, die später in Regendüsterkeit verdämmern, ließ einen Augenblick lang jeden Umriß scharf und schwarz hervortreten, bis sich dann alles in ein überschwengliches Strahlen verschwendete, zum Katzengold und Funkeltrug kühler Frühlingstage zerfloß, schimmerte, flimmerte, glänzte, und sich in ein blendendes goldenes Beben auflöste, in dem all das, was mich über Monate begleitet hatte, zerging wie eine der Sonne anheimgefallene Wolke, und in diesem über alles hinwegbrandenden Glanz verwandelten sich das Marschland jenseits des River Lea und der River Lea selbst in einen vom Meer kaum noch zu unterscheidenden Küstenstreifen, der sich wie Brandung hob und senkte und alles darauf Errichtete in dieser Bewegung untergehen ließ.

Matthes & Seitz Berlin · Paperback · 046

Erste Auflage dieser Ausgabe 2023

Großbeerenstr. 57A, 10965 Berlin
info@matthes-seitz-berlin.de

Umschlagmotiv: Falk Nordmann, Berlin
Umschlagtypografie: Pauline Altmann, Palingen
Druck und Bindung: GGP Media GmbH, Pößneck
ISBN 978-3-7518-0118-8
www.matthes-seitz-berlin.de

Esther Kinsky

Sommerfrische

128 Seiten, gebunden mit Schutzumschlag
978-3-88221-722-3

Üdülö, eine Feriensiedlung am Fluss, wird alljährlich zum Zufluchtsort vor der unerträglichen Hitze. Es ist der Ort der Sehnsucht, der Linderung verspricht und Träume von Liebe und Freiheit weckt. Als jedoch eine Frau aus der Fremde sich dort ihren Traum von einem anderen Leben erfüllen will, kommt Verwirrung in den Wellenschlag des Ewiggleichen. Der Refrain eines Volkslieds, »Eile nicht in die Fremde«, geht ihr nicht mehr aus dem Kopf – und doch überhört sie die Warnung. Das Fremde hat im ewiggleichen Rhythmus der Jahreszeiten keine Chance, es wird von der nächsten jahreszeitlichen Flut hinweggeschwemmt.

»Wortgenau, fast karg, mit enormer sprachlicher Kraft fängt Kinsky in ihrem Roman die schwermütige Öde dieses Grenzlandes zwischen Ungarn, Rumänien und Serbien ein. Schonungslos beschreibt sie das prekäre Sozialgefüge, in dem Perspektivlosigkeit den Alltag bestimmt.«
Heike Mund, *DW*

Esther Kinsky

die ungerührte schrift des jahrs

72 Seiten, Broschur
978-3-88221-535-9

Dieser erste Lyrikband von Esther Kinsky enthält 47 Gedichte, in denen sie an die Orte ihres Erzählens zurückkehrt. In ihren lakonischen, knappen Versen entfaltet sich eine auratische Welt, die den Leser mit der Melancholie von Vergänglichkeit und Einsamkeit verzaubert und ihn mit der darin aufblitzenden Ahnung von Ganzheit und Vertrauen in den Sinn der Dinge beglückt.

»Scheinbar lakonisch stehen die Gedichte da, vollkommen und schön – und wechseln doch das Gewand, wenn man sie laut vorliest. Da bekommen sie einen Klang von Härte, von Zorn und von Krallen – ein schillerndes Vexierspiel, das jeder sich deuten kann.«
Sibylle Mulot, *Spiegel Kultur*

Esther Kinsky

Aufbruch nach Patagonien

88 Seiten, Broschur
ISBN 978-3-88221-585-4

In ihrem zweiten Gedichtband führt Esther Kinsky ihre lyrische Erkundung des Lebens fort und erweitert den Kosmos ihrer Bilderwelt – Natur, Landschaft, Jahreszeiten – um Themen, die sie weit über ihr bisheriges Zentrum, Mitteleuropa, hinausführen. Mit leisem wissendem Humor bricht sie auf nach Patagonien, ein Land der Sehnsüchte und Träume, und folgt den Flügen der schwarzen Raben.

»Zeitlos schöne Gedichte, die mit allen Sinnen gegenwärtig sind. Ein wunderbares Buch, das sich mit der Rückkehr der Zugvögel in die Hand zu nehmen lohnt. Es wird uns ans Herz wachsen.«
Jan Volker Röhnert, *Frankfurter Allgemeine Zeitung*

Esther Kinsky

Fremdsprechen

144 Seiten, Broschur
ISBN 978-3-95757-645-3

Ausgehend von eigenen Erfahrungen schreibt Autorin und Übersetzerin Esther Kinsky über das Verhältnis zwischen Namen und Dingen und über die Veränderungen, die sich im Prozess des Übersetzens vollziehen. Wie wandelt sich die Erinnerung mit der Umbenennung von Dingen? Wie prägt sie die Wertigkeit der Benennungen und damit Wortentscheidungen beim Übersetzen? Was geschieht in dem Raum, der sich zwischen den beiden Namen in der Herkunfts- und der Zielsprache auftut? Kinskys Essay zeichnet die feine Grenzlinie nach, die zwischen eigenen und fremden Worten, zwischen eigener und fremder Sprache, zwischen eigenem und fremdem Leben verläuft.

»Wer die Bücher von Esther Kinsky liest, erfährt von dem Glück, sich ins Unsichere zu begeben und sich von ihrer Sprache, in einem leichten Wogen, halten zu lassen.«
Wiebke Porombka, *Chamisso Magazin*

Esther Kinsky

Banatsko

256 Seiten, gebunden mit Schutzumschlag

ISBN 978-3-88221-723-0

Banatsko ist die Feier einer Landschaft, des nördlichen Banat. Mit einem liebenden Blick betrachtet Esther Kinsky dieses Niemandsland zwischen Ungarn, Serbien und Rumänien. Während der Leser sie in die halbverfallenen Straßenzüge Battonyas und die flirrende Natur begleitet, erzählt Kinsky von den Dorfbewohnern, einer Liebschaft und dem langsamen Entstehen eines eigenen Zuhauses in dieser neuen Welt. Der Rhythmus ihrer Sprache macht den Alltag im ländlichen Banat zum Erlebnis, Einzelheiten gewinnen durch die Annäherung an eine fremde Sprache eine ungeahnte Bedeutung.

»Esther Kinsky erzählt von ihrer Poetik des Blickes, der im Schäbigen und Übersehenen einer ärmlichen Landschaft eine sinnfällige Ordnung und deren Schönheit findet.«
Jörg Plath, *Neue Zürcher Zeitung*

Esther Kinsky und Martin Chalmers

Karadag Oktober 13

220 Seiten, gebunden mit Schutzumschlag
ISBN 978-3-95757-143-4

»Im Oktober sah ich zum ersten Mal das Schwarze Meer.« So beginnt diese ungewöhnliche Erkundung der Krim, jene Halbinsel zwischen Asien und Europa, zwischen antiker Größe und romantischem Klischee, zwischen Armut und Prunk. Gemeinsam mit dem schottischen Übersetzer und Schriftsteller Martin Chalmers unternahm Esther Kinsky im Oktober 2013 eine Fahrt in diese Zwischenwelt, deren raue Winde, klappernde Fenster, streunende Pferde und grölende Betrunkene für die Leser unmittelbar erfahrbar werden. Kinskys sprachliche Prägnanz trifft hier auf das Erkenntnisinteresse Chalmers und ihre Stimmen verschwimmen zu einem atmosphärischen Ganzen.

»Was Esther Kinsky schreibt, ist von Poesie und Wahrhaftigkeit, von Lebenserfahrung, Einfühlung und einer ganz uneitlen Weltläufigkeit durchdrungen.«
Michael Schreiner, *Augsburger Allgemeine*